憲法解釈権力

蟻川恒正

keiso shobo

JN038537

母・良子と、亡き父・洪太郎に、捧ぐ

序

二〇一九年五月一日、「即位後朝見の儀」と称された儀式で、新たにその地位に就いた天皇は、「常に国民を思い、国民に寄り添いながら、憲法にのっとり、日本国及び日本国民統合の象徴としての責務を果たすことを誓い、国民の幸せと国の一層の発展、そして世界の平和を切に希望します。」と述べた。この言葉を、一九八九年一月九日の同じ儀式で、先代の天皇の逝去を受けてその地位に就いた当時の天皇が述べた言葉、「いかなるときも国民とともにあることを念願された御心を心としつつ、皆さんとともに日本国憲法を守り、これに従って責務を果たすことを誓い、国運の一層の進展と世界の平和、人類福祉の増進を切に希望してやみません。」と比較する。

識者の注目を集めたのは、一九八九年の儀式において「日本国憲法を守り」であった憲法遵守に関する表現が、二〇一九年の儀式においては「憲法にのっとり」に変わった点であった。「日本国憲法を守る」と「憲法にのっとる」とで、基本的意味に違いはない。目的語をより特定的に表記し（「日本国憲法」）、対象への commitment をより強く含むと目される動詞（「守る」）を用いた一九八九年の儀式での表現に、憲法遵守を主体的に引き受ける天皇の意思をより強く感じたという人がいる一方、そうした違いは読みとれないと感じる人もいる。

ここで最低限留意しておかなければならないことは、天皇は憲法上国政に関する発言を極力慎むべき立場にあり、国事行為として行われる儀式の本質的要素をなす天皇の発言の内容は、文面の原案に天皇自身の意向がどれだけ反映していようとも、内閣の助言と承認をもって決定されるものであり、その発言は、法的には、天皇による意思の発露としてではなく、天皇の在り方についての内閣によるメッセージ（government speech）として受けとる必要があるということである。

そのことを確認した上でいえば、「日本国憲法を守る」と「憲法にのっとる」との違い以上に私の関心を引くのは、一九八九年の儀式では語られながら二〇一九年の儀式では語られなかったある言葉である。それは、「皆さんとともに日本国憲法を守り」の、「皆さんとともに」である。

ここにいう「皆さん」とは、誰を指すのであろうか。一つの答え方は、国民を指すというものである。だが、天皇が憲法尊重擁護義務を課せられた存在であるのに対し、国民は同義務の名宛人ではない。天皇が国民とともに憲法尊重擁護義務を負うというのは背理である。

もう一つの答え方は、「皆さん」が、前記の儀式に参列した公権力担当者を指すというものである。前記儀式の参列者は、内閣総理大臣・国務大臣などの行政権担当者、衆参各議院の議長・衆参各議院副議長・事務総長などの立法権担当者、最高裁判所長官・判事、高等裁判所長官・最高裁判所事務総長といった司法権担当者、その他都道府県知事の代表及び都道府県議会の代表、市長の代表及び市議会の代表、町村長の代表及び町村議会の代表等の者である。これらの者は、いずれも憲法尊重擁護義務を課せられた公権力担当者である。一九八九年の儀式で述べられた「皆さん」の語が、これらの公権力担当者を指すと解せば、「皆さんとともに」は筋が通る。

それならば、一九八九年の儀式において天皇が憲法を遵守する旨を発言する脈絡で用いられた「皆さんとともに」という文言が、二〇一九年の同じ儀式においては用いられなかった事実は何を意味するのであろうか。

何も意味しないという理解も成り立たないわけではない。前記儀式は、天皇がその就任に当たって、内閣が確定した天皇の在り方についてのメッセージを述べる場であるから、天皇が憲法を遵守する旨を自らの発言を通じて表明することが儀式の構造の中核であり、天皇ではない誰かが憲法を遵守するかしないかは当該儀式の構造とは差し当たり関係がない。そうである以上、「皆さんとともに」という文言を天皇に述べさせないことにしたとしても、それは単に発言の簡素化であって、そこに特段の意味を読み込む余地はないという理解である。

けれども、たかだか七文字（「皆さんとともに」）の削減で、どれだけの簡素化になるだろうか。そうだとすれば、国事行為としてなされる儀式の本質的要素である天皇の発言の内容に関しては先例に従うとするのが、このような場合の通例の対応であるはずである。政府は、二〇一八年三月三一日、「天皇陛下の御退位及び皇太子殿下の御即位に伴う式典の挙行に係る基本方針」を策定して、

「平成の御代替わりに伴い行われた式典は、現行憲法下において十分な検討が行われた上で挙行されたものであることから、今回の各式典についても、基本的な考え方や内容は踏襲されるべきものである」と定めている。

それにもかかわらず、内閣が、一九八九年の儀式では用いた「皆さんとともに」の文言を二〇一九年の儀式では用いなかったのだとすれば、その事実は、何事かを暗示せずにはいない。儀式の構造とは関係がないかに見えるこのたった七文字が、二〇一九年五月一日にこの国の行政権を担当していた内閣にとって、除去しなければならない不発弾であった可能性が、そこには暗示されているのである。

「日本国憲法を守る」と「憲法にのっとる」が、いずれにせよ天皇が憲法を遵守することについての言明であるのに対し、「皆さんとともに」は、天皇以外の公権力担当者が憲法を遵守することについての言明である。

天皇が憲法を遵守する旨の発言に識者が注意を向けている裏で、二〇一九年の儀式を取り仕切った内閣は、最も重要な先例として「踏襲されるべき」先代の天皇の発言から、内閣総理大臣自身を含め、行政権・立法権・司法権を担う最高責任者たちが憲法を遵守する旨の発言を綺麗に抜き去っていたのである。

この削除が、この内閣の何らかの政治的志向性の存否もしくは法的廉直性の欠如を反映したものであるか否かは、これだけでは確言できない。読者には、この問いに答えるための基礎作業を積み重ねる行程を、本書を通読することを通して、私とともに辿ることが期待される。

もとより、これは、ほんの一例である。公権力担当者によって産み出される広義のテクストの細部から、公権力担当者が憲法を遵守することについてのあらゆる痕跡を採取し、そのひとつひとつを一旦文脈から引き剥がし、しかるべき分析手続を経由した上で再び文脈と接合させることによって、公権力担当者一般やそれぞれの職種の公権力担当者にとっての憲法遵守の型を再構成し、以て国政が憲法に従って運営されることを公権力担当者の法解釈行動の次元で確保するための理論モデルを獲得することが、本書の設定した課題であった。

課題は巨大であり、本書を構成する諸論稿がこの課題にはたして十分向き合いえたといえるかは覚束ないといわなければならない。本書が行いえたのは、課題全体に対する関係では極めて限定された視角からの考察にすぎない。その視角とは、公権力担当者が憲法を遵守するとはどのようなことであるかを——憲法への拘束の受動性（従属性）と能動性（従属性の主体的引き受け）との固有の結びつきの構造において——究明することであり、憲法を解釈するという営為がこの構造をどのような仕方で内面的に支えているかを究明することである。

本書が成るに当たっては、勁草書房の編集者・鈴木クニエさんに一方ならぬお世話になった。私が本書の構想を得てから、この序を書くまでには、優に十年の歳月を閲している。そのはじめの頃から本書の刊行を約束していただきながら、あと一本、いや、もう一本と、収録すべき論稿を私が追加していくうち、これだけの時間が経過してしまった。その間鈴木さんは私を叱咤し続けてくださった。深甚なる謝意を表する。

二〇一九年一二月

蟻川恒正

目次

I

解釈という権力

1　憲法を解釈する権力

序

本稿が試みるのは、憲法を解釈する権力（authority to interpret the Constitution）についての考察である。憲法を解釈する権力（憲法解釈権力）とは、憲法解釈を自己の権限ないしそれに随伴するものとして職務上課せられている主体、もしくは、その職務上の責務の内容を指す。憲法を制定する権力（憲法制定権力）との類比で私が仮設した概念である。

旧体制の憲法秩序の破壊を意味する近代市民革命を導き、それを正当化した憲法制定権力は、新たな憲法秩序を決定する始原的権力として、国民のみが持つ権力であるとされる。これに対し、憲法を解釈する権力は、憲法制定権力によって決定された憲法秩序に服し、個別の場面で法を適用する従属的な執行権力にとどまる。

だが、ここに、ひとつの逆説が働く。

憲法の意味に関して紛議があるとき、その意味を決定するのは解釈である。法の執行権力は、憲法を解釈するその職務を通じて、憲法の意味を変えることができ、憲法秩序の意味をも変えることができる。従属的権力が始原的権力に取って代わるという逆説である。

憲法解釈権力が自らに与えられた法階層秩序上の位置を乗り越え、法階層秩序そのものを宙吊りにするこの逆説の基底にあるのは、テクストを解釈する人間の行為がテクストに対して負っている制約とそれにもかかわらず有しているテクストに対する自由とが産み出す固有の創造的潜在力である。

法（憲法）の文言の意味が明確でない場合、法解釈（憲法解釈）以前に法（憲法）はなく、真の立法者（憲法制定権力）は法の解釈者（憲法解釈権力）である。この理解を延長すると、解釈以前にはそもそも権限もないことになるから、憲法解釈を自己の権限ないしそれに随伴するものとして行使する憲法解釈権力は、同時に、自らを実質的な憲法制定権力とする自己授権を行っていることになる(1)。真の憲法制定権力は憲法解釈権力であるという命題は、この自己授権の論理の内在的帰結である。この理解は、法階層秩序に占める憲法解釈権力の存在感とその比重の大きさを傍証する。

けれども、これまでの日本の憲法学では、憲法解釈権力がそれ自体として考察の対象とされることは少なかった。最高裁判所が憲法についての有権的解釈機関であるという通念が社会的にも憲法学説上も補強され続け、裁判所以外の機関による憲法解釈が憲法学上の考察の主題とされることは余り見られなかった(2)。

憲法解釈権力は、だが、司法過程にのみ発現するものではない。それは、政治過程全般にわたって姿を現わし、憲法の意味を不断に定義し、確認し、変更し続けているといってよい。とりわけ憲法の危機の時代にあっては、新たな憲法を制定する政治的コストを支払うことなく新憲法の制定と実質的には同等の効果をもたらしうる力を有する憲法解釈権力は、それが如何に行使され、あるいは、行使されないかによって、一国の憲法秩序の死命を制する力にさえなる。

現在の日本において、私が非力を顧みず、憲法解釈権力についてのささやかな考察を試みようとする所以である。

一　憲法違反回避義務

1

公権力の発動に責任を有する者は、公権力の発動それ自体に責任を負うのに付随して、憲法の解釈を職務として行うことがある。公権力の発動に責任を有する者が憲法の解釈を職務として行うのは、そこでの公権力の発動が憲法に違反するおそれがある場合である。

このことを日本国憲法の条文に即して確認しておこう。

公権力の発動は、憲法に違反するものであってはならない。

この命題が、以下の考察の出発点となる。

日本国憲法は、この命題を根拠づける規定として、憲法九八条一項を有している。憲法九八条一項は、「この憲法は、国の最高法規であつて、その条規に反する法律、命令、詔勅及び国務に関するその他の行為の全部又は一部は、その効力を有しない。」と述べ、いかなる公権力の発動も憲法に違反することができない旨定める。

けれども、憲法九八条一項は、憲法違反の公権力の発動は国法上の効力を有しないと宣言するにとどまるのであって、そのような公権力の発動を行わせないことを確保する手立てまでを規定しているわけではない。

そうであるとすれば、憲法の最高法規性といっても、その意味は控え目なものというほかない。たとえ憲法違反の公権力の発動は遡及的に無効となるにせよ、憲法違反の公権力の発動を前もって抑止することができないとしたら、憲法の最高法規性は、その名に値するとは言い難いからである。

だが、憲法の最高法規性は、憲法九八条一項のみによって定められているのではない。憲法の最高法規性は、憲法「第十章　最高法規」を構成する憲法九七条・九八条一項・九九条の相互連関のなかで捉えられるべきであり、さらにいえば、違憲審査制を規定した憲法八一条をも含めて、より広い裾野のもとで捉えられるべきである。

一般的にいって、憲法の最高法規性を直截的に規定する憲法九八条一項のような定めは、憲法の最高法規性を憲法自身が宣言する、その限りで憲法の自己言及というべき性格を強く有するから、単にそうした規定を設けるだけでは、憲法の最高法規性が画餅に帰すのは、むしろ当然である。だからこそ、憲法は、「人類の多年にわたる自由獲得の努力の成果」であり、「現在及び将来の国民に対し、侵すことのできない永久の権利として信託された」基本的人権を「この憲法」が保障するものであることを明記して、憲法の最高法規性に内容上の根拠を提供した上で（九七条）、憲法の最高法規性を担保する憲法保障の定めを、一方では事後的保障としての裁判所による違憲審査制（八一条）として、他方では事前保障としての公務員の憲法尊重擁護義務（九九条）として、用意しているのである。

このように、日本国憲法による憲法の最高法規性の宣言は、憲法違反の公権力が発動されることから憲法を守るための事前・事後の保障制度を伴い、決して単なる宣言にとどまるものではない。けれども、それらの保障がはたして自らの宣言する最高法規性を十全に保障するものといえるかは、それぞれの制度の実効性如何による。

以下では、憲法の最高法規性を保障すべく憲法自身が用意した上記の制度のうち、事前保障の制度である公務員の憲法尊重擁護義務を取り上げて検討することとする。公務員の憲法尊重擁護義務は、従来、現実政治の過程においては憲法保障の手段として事実上力を有しないとみなされることが多く、そのせいでもあろう、憲法学の主要な研究対象として選ばれることは少なかったように思われる。にもかかわらず本稿が公務員の憲法尊重擁護義務を取り上げるのは、この義務が、憲法を持つ国家の統治システムにおいて、目に見える現実の憲法運用には殆ど影響を与えていないかに見えて、憲法運用の質をその根底において左右する、統治システムにとっての要石ともいうべきものであると考えるからである。

2

憲法九九条は、「天皇又は摂政及び国務大臣、国会議員、裁判官その他の公務員は、この憲法を尊重し擁護する義務を負ふ。」と規定している。ある公権力の発動に憲法違反のおそれがある場合、当該公権力の発動に責任を有する者が当該公権力の発動が憲法違反となることを回避する義務を負うべきことは、憲法九九条による公務員の憲法尊重擁護義務から導出されると解される。

この義務を仮に憲法違反回避義務と呼ぶ。公権力の発動に責任を有する者が負う憲法違反回避義務は、憲法九九条による公務員の憲法尊重擁護義務の最も直截的な内容というべきものである。

けれども、憲法違反回避義務の義務内容そのものは必ずしも自明ではない。公権力の発動に責任を有する者が、今まさに行われようとする公権力の発動に対して、憲法違反回避義務を履行するには、どのような方法が考えられるであろうか。

ひとつの方法は、憲法違反のおそれがある公権力の発動を違憲と判断し、違憲の嫌疑がある当該公権力の発動それ自体を抑止するというものである。では、公権力の発動に責任を有する者による憲法違反回避義務の履行方法はこれのみにとどまるのであろうか。

憲法違反のおそれがある公権力の発動を合憲として正当化し、当該公権力の発動に対する違憲の嫌疑を払拭することは、先の方法とは対極をなし、一見すると、憲法違反回避義務の履行とは認められないようにも思われる。前者は憲法違反のおそれがある公権力の発動を許さないのに対し、後者はそれを許すから、前者の観点からすると、後者は憲法違反回避義務の履行とは認め難いであろうし、逆に、後者の観点からすると、前者は、憲法違反回避義務の履行とは認め難いであろう。

けれども、一般論としていえば、後者の方法も、前者の方法と同様、憲法違反回避義務の履行と認められる余地があるように見える。なぜなら、前者の方法にあっても、また、後者の方法にあっても、憲法違反の公権力の発動はされず、したがって、いずれの場合も、憲法の最高法規性が毀損される結果は回避されているといえるからである。

互いの方法から見て他の方法の帰結が憲法違反回避義務の履行とは認め難いのは、憲法違反のおそれがある当該公権力の発動を結局のところ違憲と見るか（前者）、合憲と見るか（後者）の違いの故であり、違憲と見る立場からは合憲とする立場が、合憲と見る立場からは違憲とする立場が、ともに正当な憲法違反回避義務の履行とは認め難いということに過ぎない。

それならば、憲法違反回避義務が履行されたといえるために必要なものは、つまるところ何であると考えるべきなのであろうか。

3

ありうべきひとつの解は、憲法を解釈することであるというものである。

先のふたつの方法に即していえば、両者を分けているのは、対象である公権力の発動を憲法違反と見るか否かの違いであり、いずれの方法にあっても共通して行われているのは、憲法の解釈である。前者の方法では、当該公権力の発動が憲法違反であると判定する際に、後者の方法では、当該公権力の発動が憲法違反ではないと判定する際に、憲法を解釈していることが認められる。

すなわち、もし憲法違反のおそれがある公権力の発動が、実際にも憲法に違反するものであり、しかも、当該公権力の発動に責任を有する者がそのことを認識しているのであれば、その者にとっては、当該公権力の発動が憲法違反であると判定することが、憲法違反回避義務の履行のために不可欠である。反対に、もし憲法違反のおそれがある公権力の発動が、実際には憲法に違反するものではなく、当該公権力の発動に責任を有する者がそのことを認識しているのであれば、その者にとっては、当該公権力の発動が憲法には違反しないと判定することが、憲法違反回避義務の履行のために必要である。

前者の場合における当該公権力の発動に対する違憲の判定、後者の場合における当該公権力の発動に対する合憲の判定は、憲法解釈をすることなしには行うことができないはずのものである。憲法違反回避義務の履行の前提には、当該公権力の発動に責任を有する者による憲法解釈があることになる。

公権力の発動に責任を有する者の憲法違反回避義務は、憲法九九条が規定する公務員の憲法尊重擁護義務の最も直截的な内容である。公権力の発動に責任を有する者がこの義務を履行するとき、その者は憲法解釈を行っているはずである。そうでなければ、当該公権力の発動に責任を有する者は憲法違反回避義務を履行することはできないはずだからである。

だが、公権力の発動に責任を有する者が憲法違反回避義務を履行していることの論理的前提として当該公権力の発動に責任を有する者が憲法解釈を行っていることを想定するここに見たような考え方には、固有の落とし穴がある。

4

例解する。

二〇一九年五月二八日、来日中のアメリカ合衆国大統領ドナルド・トランプを海上自衛隊横須賀基地に案内した安倍晋三内閣総理大臣は、自衛隊・アメリカ軍約五〇〇名に向けた異例の訓示のなかで、「かが」を含む「いずも」型護衛艦を改修して、これをF35Bステルス戦闘機を搭載できる事実上の「空母」として運用することを明言した。戦後日本の国是である専守防衛と抵触する可能性がある護衛艦のそのような運用は、憲法九条に違反するおそれがある。そうである以上、安倍内閣は、この運用が憲法九条に違反するという嫌疑を払拭しなければならず、違憲の嫌疑を払拭できない場合は、これを国策として遂行することを断念しなければならない。それが、憲法尊重擁護義務が課せられている国務大臣によって構成され、違憲の嫌疑がかけられている護衛艦の運用に関して責任を有する内閣が負うべき憲法違反回避義務の論理的帰結であるはずである。

これを逆にいえば、前記護衛艦の事実上の「空母」化を進める現内閣は、そうした「空母」化を進めることそれ自体において、そのような護衛艦の運用が憲法九条に違反しないと判定していることになる。

以上のことを憲法解釈が位置づけられている次元に降ろして点検するならば、そこには落とし穴が口を開けていることが分かる。

まず第一に、内閣は、この運用が憲法九条に違反せず合憲であるとの憲法解釈を行うことができない場合は、この運用を断念しなければならないはずであるから、この運用を進めていること自体がこの運用を合憲であるとする憲法解釈を行っていることになり、内閣において憲法違反回避義務は履行されていることになる（当該運用は断念しなくてよいことになる）という論理上の逆説がある。憲法違反のおそれがある護衛艦の運用を憲法上の正当化を施すことなく進めることは認められないから、内閣が憲法違反のおそれがある護衛艦の運用を進めているということは、それ自体、内閣が当該運用を合憲と解釈していることを意味せざるをえず、そうであるとすれば、内閣において憲法違反回避義務は履行されていると解するほかはないという逆説である。

加えて第二に、この局面での内閣には護衛艦の当該運用を合憲とする憲法解釈を行っていることが想定されているから、それにもかかわらず内閣がそもそも憲法解釈を行っていないと断定することは通常はできず、したがって、内閣における憲法違反回避義務の不履行を証し立てることが現実には著しく制約されているという実践上の困難がある。

ここに見た論理上の逆説と実践上の困難が、公務員の憲法尊重擁護義務の落とし穴をかたちづくっている。

従来、公務員の憲法尊重擁護義務が現実政治の過程において無力であるとされてきたのは、煎じ詰めれば、ここに見たような論理上の逆説と実践上の困難がもたらした副作用である可能性がある。このような論理上の逆説と実践上の困難とを再点検することを通じて、それらを別の意味連関のもとに置くことができれば、公務員の憲法尊重擁護義務をそれが現実政治の過程において陥っている隘路から救出するための手懸かりを獲得しうる可能性がある。

公務員の憲法尊重擁護義務が、もし憲法を持つ国家の統治システムにとっての要石ともいうべきものであるとすれば、前記の論理上の逆説と実践上の困難とを再点検することは、この統治システムの運用改善のための課題たりうると解される。

二　憲法尊重擁護宣誓義務

1

この課題に取り組むためには、憲法九九条をめぐる起草経緯を確認しておく必要がある。

日本国憲法制定過程における憲法九九条の前身は、連合国軍最高司令官総司令部案「第十章　至上法」九一条一項である。同九一条一項は、「皇帝皇位ニ即キタルトキ並ニ摂政、国務大臣、国会議員、司法府員及其ノ他ノ一切ノ公務員其ノ官職ニ就キタルトキハ、此ノ憲法ヲ尊重擁護スル義務ヲ

負フ」と定める。(3)

憲法九九条と総司令部案九一条一項は、基本的には同一の定めといいうるが、ここで取り上げるのは、義務を負う時点の記述の有無である。総司令部案九一条一項では、それぞれの主体が憲法尊重擁護義務を負う時点がそれぞれの公職に就く時点として記述されているのに対し、憲法九九条では、そうした記述がない。この点につき、連合国側の資料を用いた日本国憲法制定過程の代表的研究には、次のような指摘がある。「最高法規に関する規定として、第一次試案には、また、天皇その他の公務員に対し、この憲法を受け容れるという宣誓を求める条文が置かれていたが、討議において削除された」。／「第二次試案においては、これに代えて、憲法擁護の義務を定める、『天皇が皇位を継承したとき、および摂政、国務大臣、国会議員、裁判官その他一切の国の公務員が就任したときは、この憲法を支持する義務を負う。』という条文が書かれた」。／「『皇位を継承したときは』、『就任したときは』という文言に、宣誓について定めた第一次試案の余韻が残っているわけである」(4)(傍点原文)。

第二次試案における「支持」(「この憲法を支持する義務を負う」)と総司令部案における「尊重し擁護」(「此ノ憲法ヲ尊重擁護スル義務ヲ負フ」)との異同、および、前者が後者に変形した経緯については、ここでは問題としない。本稿が着目するのは、第一次試案において「この憲法を受け容れるという宣誓を求める条文が置かれていた」という記述である。

「討議において削除された」その条文の仔細は不明だが、それぞれの公務員に対し、公職に就任するときに「この憲法を受け容れるという宣誓」を義務づける規定が条文化されていたことは事実であるようである。総司令部案における「皇位を継承したとき」および「就任したときは」が示す義務を負う時点は、第一次試案においては、「この憲法を受け容れるという宣誓」、すなわち、憲法支持ないし憲法尊重擁護の宣誓をする時点を指すものであったことが窺われる。

憲法支持ないし憲法尊重擁護を宣誓する義務を、以下では、憲法尊重擁護宣誓義務と呼ぶ。憲法九九条における公務員の憲法尊重擁護義務は、第一次試案における公務員の憲法尊重擁護宣誓義務が変容したものと推測される。

2

第一次試案における公務員の憲法尊重擁護宣誓義務は、アメリカ合衆国憲法を参考とした発案であった。

アメリカ合衆国憲法[5]は、ふたつの条文に、公務員の憲法尊重擁護宣誓義務についての定めを置いている。

ひとつは、合衆国憲法二条一節八項である。同条項は次のように規定している。「大統領は、その職の遂行を開始する前に、次の宣誓または確約を行わなければならない。――『私は、合衆国大統領の職務を誠実に遂行し、全力を尽くして、合衆国憲法を維持し、保持し、擁護することを厳粛に誓う（または確約する）。[6]』」。

もうひとつは、合衆国憲法六条三項である。同条項は次のように規定している。「先に定める上院議員及び下院議員、各州の議会の議員、並びに合衆国及び各州のすべての執行府及び司法府の公務員は、宣誓または確約により、この憲法を擁護する義務を負う。ただし、合衆国のいかなる公職または公の信任に基づく職務についても、その資格要件として宗教上の審査を課してはならない。」。

ここでも、「維持し、保持し、擁護」（合衆国憲法二条一節八項）ないし「擁護」（合衆国憲法六条三項）と「尊重し擁護」（憲法九九条）との関係については問わないこととする。アメリカ合衆国憲法のこのふたつの規定、とりわけ六条三項の規定を参考にして、第一次試案における憲法尊重擁護宣誓義務の規定が起案されたことは確かであると思われる。

だが、第一次試案における憲法尊重擁護宣誓義務の規定は、「討議において削除された」。削除の理由は、先の研究によれば、「このような規定を設けることは、憲法よりも上にある権威の存在を前提とするものであるばかりでなく、日本にアングロサクソンのやり方を輸入するだけのことにすぎない」と考えられたからであるとのことらしい(7)。

憲法尊重擁護について公務員に宣誓を求めることそれ自体がキリスト教文化圏に属するイギリス・アメリカの立憲主義の伝統に法思想史上の背景を有していることは間違いなく、そうした法思想史上の背景に神を典型とする超越者への信仰が切り離し難く付着していることも否定できない。そのような超越者の観念を良かれ悪しかれこれまで国家的にも社会的にも育んでこなかった日本に憲法尊重擁護宣誓義務の観念を無媒介に移植すれば、「アングロサクソンのやり方」はそれにふさわしい受け皿を見出すことができず、「憲法よりも上にある権威」の不「存在」は、憲法尊重擁護宣誓義務を単に有名無実化するだけに終わると予測し、その移植を断念するに至ったのは、それとして条理に適ったことといえる。

だが、仮にそうであるとしても、アメリカ合衆国憲法が六条二項において合衆国憲法を the supreme Law of the Land とし、これに続く六条三項において「合衆国及び各州のすべての執行府及び司法府の公務員」に対し憲法尊重擁護宣誓義務を課しているのと全くパラレルに、総司令部案が「第十章　至上法」を構成しておきながら、九〇条で憲法を「国民の至上法」とした上で、しかし、これに続く九一条では「一切ノ公務員」に対し憲法尊重擁護義務を課すにとどめ、憲法尊重擁護宣誓義務を課さなかったことが、アメリカ合衆国憲法六条二項および六条三項を参照した起草過程の選択として得心のいくものであるといえるためには、憲法尊重擁護義務であっても憲法尊重擁護宣誓義務と同様の憲法保障上の役割を果たすことができるかについて何らかの補足的説明がなされて然るべきであったように思われる。

合衆国憲法六条二項と六条三項とは一対のものとしてアメリカの統治システムを形成してきたはずであり、その一方につき異なる定めをしながら、全体としてアメリカの統治システムと同様の統治システムが実現可能であると（説明なしに）判断することは合理的でない。公務員に対し、当初起案していた憲法尊重擁護宣誓義務（第一次試案）に替えて、あえてアメリカ合衆国憲法とは異なる憲法尊重擁護義務を課すと決断したことは、総司令部案が、合衆国憲法六条二項と六条三項とが形成する統治システムの採用を――そのことの自覚がはたしてまたどれだけあったかにかかわらず――実質的には断念したと解さざるをえない。それは、総司令部が、日本の憲法に関して、アメリカ合衆国憲法が六条二項と六条三項とを通じて形成してきた統治システムとは別の統治システムの形成に向かって舵を切ったことを意味する。

3

それならば、憲法の最高法規性の観念につきアメリカ合衆国憲法が六条二項と六条三項とを通じて形成してきた統治システムとはどのようなものであったのか。以下において、アメリカ憲法史における憲法尊重擁護宣誓義務（合衆国憲法二条一節八項および六条三項）の機能ぶりをごく掻い摘んで振り返ることとする。

はじめに、アメリカにおける裁判所による違憲審査制の成立について見ておこう。

アメリカ合衆国憲法制定当初、アメリカにおける憲法保障の働きを担ったのは、もっぱら憲法尊重擁護宣誓義務であった。事後保障としての裁判所の違憲審査制は存在していなかったからである。違憲審査制の運用は、合衆国最高裁判所による一八〇三年の記念碑的判決 Marbury 判決(8)を以て嚆矢とする。

ここでの立役者は、第四代合衆国最高裁判所長官ジョン・マーシャルである。一八〇〇年の大統領選挙で反対党のトマス・ジェファーソンに敗北を喫した現職の第二代合衆国大統領ジョン・アダムズは、一八〇一年司法権法を制定して、ジェファーソンに政権を明け渡すまでの期間に司法府に自党の勢力を伸ばすべく、判事の任命を精力的に進めた。だが、アダムズが正式に署名した判事の辞令のなかには、その送達が間に合わなかったものがいくつかあった。辞令送達の任に当たったのは、当時国務長官であったマーシャルその人である。遅れた辞令の送達は、後任の国務長官ジェイムズ・マディソンの役割となった。だが、ジェファーソンは、一八〇一年司法権法を廃止へと追い込み、マディソンは、辞令の送達をしなかった。そこで、アダムズにより合衆国治安判事に任命されながら辞令が送達されなかった一人、ウィリアム・マーベリーが、マディソンを相手どり、自身への辞令送達を求める訴えを合衆国最高裁に提起した。Marbury 判決の事案である。このとき、マーシャルが合衆国最高裁長官の任にあったことは、歴史の皮肉である。

マーベリーが合衆国最高裁に訴えを提起したのは、一七八九年司法権法一三条が職務執行命令の発布を求める訴えの第一審管轄権を合衆国最高裁に付与していたからである。一八〇一年司法権法が廃止されたことで、それ以前の一七八九年司法権法が有効な法となっていたのである。

ところで、アメリカ合衆国憲法三条二節二項は、「最高裁判所は、大使その他の外交使節及び領事に関係するすべての事件、並びに州が当事者であるすべての事件について、第一審管轄権を有する。」(9)と規定している。合衆国憲法のこの規定が、合衆国最高裁が第一審管轄権を有する事件を当該規定が定める事件に限定する規定であるとすれば、一七八九年司法権法一三条は、この規定と抵触する。このとき、マーベリーの訴えに対し適用すべき法は何であろうか。Marbury 判決においてマーシャルが対峙したのは、この問いである。

「法が何であるかを言うのは、司法府（the Judicial Department）の職権であり、義務であることが強調されなければならない(10)」とマーシャルは述べ、憲法と法律の優先関係について次のような原理的考察を展開する。

本件に適用されるべき法の候補はふたつある。ひとつは、合衆国憲法三条二節二項、もうひとつは、一七八九年司法権法一三条である。このうちのいずれを法と宣言すべきかは、二者択一の問いであり、中間的解決はない。ここで懸けられているのは、憲法とは通常の法律では変更することのできない最高の法であるのか、それとも、立法府が通常の法律によって変更しうるものであるのか、という窮極の選択である。もし前者の命題が真であるとしたら、憲法に違反した立法行為は法ではなく、逆に、もし後者の命題が真であるとしたら、成文憲法はその性質において制限することのできない権力を制限しようとする国民の側の馬鹿げた企てでしかない。

もう殆ど答えは導かれているといえよう。だが、Marbury 判決におけるマーシャルは、ここから直ちに、本件で自らが適用すべき法は合衆国憲法三条二節二項であって一七八九年司法権法一三条ではないというもはや殆ど歴然たる答えを下すことには向かわない。その代わりにマーシャルが向かったのは、憲法と司法府ないし裁判官との関係の考察であった。たとえ宣言されるべき法が合衆国憲法三条二節二項であることが（自身の推論によって）歴然たる答えになっているとしても、合衆国憲法はこの窮極の選択の権限までを本当に司法府に付与しているると言い切れるのかをなお追究しなければならないと考えたためである。

マーシャルにとってネックとなっていたのは、合衆国憲法の名宛人は司法府ではなく立法府なのではないかという懸念であった。この懸念を払拭するためだけに、と言ってよいであろう、マーシャルは、合衆国憲法の厖大な規定のなかから、司法府ないし裁判官がそれを適用しないでは済まないと目される条項を虱潰しに抜き出し始める。

最初に取り上げたのは、「いかなる州から輸出される物品に対しても、租税または関税を賦課してはならない。」とする規定(合衆国憲法一条九節五項)[11]である。マーシャルは問う。もし綿や煙草や小麦粉に対し課税がされ、これを回復する訴えが提起された場合に、裁判官は合衆国憲法のこの規定に目を覆い、もっぱら法律のみを見て判決を下さなければならないのだろうか。

次に取り上げたのは、「私権剝奪法または遡及処罰法を制定してはならない。」とする規定(合衆国憲法一条九節三項)[12]である。もしこの規定によって禁止された法案が議会を通過し、誰かがその法律により起訴された場合、裁判所はその被告人に死刑の非難を与えなければならないのだろうか。

さらに取り上げたのは、「何人も、同一の外的行為について二人の証人の証言があるとき、または公開の法廷で自白をした場合でなければ、反逆罪で有罪とされない。」とする規定(合衆国憲法三条三節一項)[13]である。マーシャルは、この規定はとりわけ裁判所に向けられた規定であると述べた上で、問うている。もし議会がこの規定から逸脱した証拠法上の規律を定立し、たった一人の証人の証言によってでも、また、法定外の自白によってでも、反逆罪で有罪にできるとの定めが設けられたとしても、憲法原則が立法行為の前に屈するのを裁判所は甘んじて受け入れなければならないのだろうか。

このようにして三つの規定を合衆国憲法から抜き出し、三つの反語を立て続けに発したマーシャルは、これら諸規定に徴するとき、合衆国憲法が立法府のための法であるだけでなく裁判所のための法でもあることは明らかであると結論する。(14)

そうして、最後にマーシャルが取り上げた規定が、裁判官に対し憲法尊重擁護宣誓義務を課す規定(合衆国憲法六条三項)であった。

合衆国憲法が裁判所のための法でもあると結論したマーシャルは、続けて次のように歎じている。「そうでなければ、どうして憲法は、自らを擁護する旨の宣誓を裁判官たちに命ずるというのか。この宣誓が特別の方法で(in an especial manner)裁判官たちの職務上の地位における行動に適用されることは確かである。もし彼らが、自分たちが擁護すると誓っているもの[合衆国憲法]に違反するための道具(the instruments)、それも、故意の道具(the knowing instruments)として利用される運命にあるとしたら、彼らに宣誓を課すことは何と非道徳的(immoral)なことか」(15)。

合衆国憲法が裁判官に憲法尊重擁護宣誓義務を課しながら裁判官が自ら憲法違反と考える法律を適用するのを放置するとしたら。マーシャルは言う。「宣誓を命ずることも、行うことも、ひとしく罪(a crime)になる」(16)。

ここまで追究して、はじめて、マーシャルは、本件で自らが適用すべき法は一七八九年司法権法一三条ではなく合衆国憲法三条二節二項であると断ずることができたのである。

これが、アメリカにおける裁判所による違憲審査制の成立の消息である。

だが、縷々引用したマーシャルの行論を総括して、違憲審査制という国家の統治機構の根本的制度の成立にとって裁判官の憲法尊重擁護宣誓義務が憲法上の正当化のための最後の一押しをしたと見るのは、正確ではない。

上記四つの合衆国憲法の規定を引証した時点では、先に述べたように、国家法秩序において憲法が通常の法律に優先することは既に論証済みであり、憲法の最高法規性の保障が客観的に確保されるべきであることを前提とした上で、ほかならぬ裁判所ないし裁判官がはたしてその憲法保障を担当する者としての主観的要件を満たすか否かの論証に進んでいた。憲法の最高法規性の客観的保障と裁判所ないし裁判官による主観的要件の充足とは差し当たり独立の問題であるから、一口に違憲審査制の憲法上の正当化といっても、この両者は論証の次元を異にする。その上で、しかし、裁判所による主観的要件が充足されているか否かを見るために選ばれた四つの憲法規定への引証の内部にも、前三者と最後の一者の間に分割線がある。すなわち、前三者の規定が裁判所ないし裁判官が憲法を適用せざるをえない個別条項であるのに対し、最後の憲法尊重擁護宣誓義務の規定は、裁判官による憲法の適用を「特別の方法で（in an especial manner）」嚮導する、統治システムの在り方それ自体にかかわる規定として突出した意味づけが付与されているのである。

裁判官の憲法尊重擁護宣誓義務がアメリカにおける裁判所による違憲審査制の成立に対して他を以てしては替え難い役割を担ったことがここに理解されるであろう。

4

次に、アメリカ合衆国憲法二条一節八項の憲法尊重擁護宣誓義務により合衆国大統領がそれぞれの就任時にした憲法尊重擁護宣誓が当の大統領をいかなる統治行動へと導いたかを、一九世紀前半と二〇世紀後半のふたりの大統領を取り上げて概観し、裁判所による違憲審査制とは異なる憲法の最高法規性の保障のかたちについて考察しよう。

その考察に先立ち、アメリカにおける憲法の最高法規性の保障（憲法保障）について、今日大きくふたつの主張があることを手短に紹介しておく。ひとつは、司法の優越（judicial supremacy）、もうひとつは、ディパートメンタリズム（departmentalism）という主張であり、それぞれ、有力な先例と論客とを擁し、歴史事象の説明や現下の実践的争点をめぐって、対抗し合っている(17)。

前者は、憲法の意味についてのラスト・ワード（the last word）を持つのは合衆国最高裁であり、他の統治機関は合衆国最高裁の憲法解釈に従わなければならないとの見解をとる。これに対し、後者は、憲法の意味についてラスト・ワードを持つ者は存在せず、統治機関はそれぞれ原則として独立に憲法解釈をすることができるとの見解をとる。それぞれの主張の射程は、憲法が扱う分野全般に広くわたっているほか、統治機構の実態や国民意識の評価等にも及び、簡単に要約することを許さない。大づかみにいえば、前者にあっては、憲法の意味についての紛議を収拾するためには確定(settlement)の権限の所在が定まっていることが不可欠であるという信念、後者にあっては、権威ある合衆国最高裁といえども憲法解釈を「誤る」ことはある以上、司法の優越を留保なく受け入れることは憲法の発展の妨げになるという(人間の)可謬性(fallibility)への信念が、重要な役割を演じていると思われる。

これを踏まえた上で、大統領が就任時にした憲法尊重擁護宣誓が大統領をいかなる統治行動へと導いたかについてのふたつの例を取り上げたい。

第一の例は、第二アメリカ合衆国銀行に対して合衆国第七代大統領アンドリュー・ジャクソンが採った行動である。

第二アメリカ合衆国銀行は、一八一七年に合衆国議会により公認された銀行である。公認期間は二〇年とされ、一八三六年に更新を迎えることになっていたが、ジャクソンは更新に反対し、一八三二年の大統領選挙の綱領でそれを主張しただけでなく、一八三三年には、同銀行に対する政府資金の預託を終わらせるための執行命令を発するなどした。ジャクソンが第二アメリカ合衆国銀行を敵視したのは、同銀行が各州の財政自治権を侵害していると考えたからであった。自らの政治生命を懸けて同銀行の閉鎖を目指したジャクソンは、一八三二年七月、公認延長を求める法案に対して拒否権を発動する。

本稿が着目するのは、この拒否権発動に当たって発表した声明のなかで、ジャクソンが第二アメリカ合衆国銀行の憲法適合性に対する挑戦を鮮明にしたことである。連邦議会の法案に対する拒否権の発動は、当時、法案に憲法違反の瑕疵がある場合に限って行われていたが、アメリカ合衆国銀行の憲法適合性に関しては、合衆国最高裁がこれを合憲とする判断[18]を既に下していた。ジャクソンが、にもかかわらず、異例というべき拒否権発動の挙に出たのは、たとえ合衆国最高裁による合憲判決が出されているとしても、自分が違憲と考える法案に対し拒否権発動もせず漫然とその法律化を許すとしたら、それは自らが大統領就任時にした憲法尊重擁護宣誓に悖る振舞いであると考えたからである。

拒否権発動に当たっての声明で、ジャクソンは、次のように述べている。「憲法を擁護する宣誓を行う個々の公務員は、自身がこれが憲法だと理解する憲法を擁護すると誓約しているのであって、他者によってこれが憲法だと理解された憲法を擁護すると誓約しているのではない[19]」。

拒否権発動を覆す特別多数を確保することに失敗した反ジャクソン派は、打つ手を失う。ジャクソンの諸政策によりその経営基盤を寸断された第二アメリカ合衆国銀行は、一八三六年の公認更新が叶わなかったのち、別銀行となり、一八四一年、破産した。

自らの名を冠したデモクラシーの標語にもその名をとどめる反権威主義の大統領といえども、合衆国憲法二条一節八項によって課された憲法尊重擁護宣誓を行っていなかったならば、合衆国最高裁が判決を以て合憲とした政府行為を違憲と断ずることはできなかったはずである。ジャクソンが最高法規として尊重擁護したのは、合衆国最高裁によって解釈された憲法ではなく、宣誓をした自らが解釈した憲法であった。

第二の例は、公立学校で黒人と白人の統合教育を開始するに当たり、黒人生徒の安全が脅かされる事態を招いたある地区での騒動に対して合衆国第三四代大統領ドゥワイト・D・アイゼンハワーが講じた措置である。

人種別学の公教育体制を撤廃するために、合衆国最高裁は、まず一九五四年のBrown判決において、公立学校における人種別学は憲法に違反するとの画期的判断を全員一致で下し[20]、翌一九五五年のBrown II判決[21]では、人種別学解消訴訟の管轄権を合衆国地方裁判所に付与して、人種統合教育を「可及的速やかに（with all deliberate speed）」実施することを求めた。だが、およそ摩擦なしに統合を推進することは、南部諸州では困難であった。アーカンソー州リトル・ロックでは、合衆国最高裁の判決を受け、白人校であった公立高等学校に新たに入学することになった黒人生徒たちに対して、通学路での妨害行動に出る勢力が現われ、一九五七年九月、アーカンソー州知事は、秩序維持を名目に、州兵を学校周辺に出動させて、黒人生徒たちの入校を阻止する動きを見せるに至った。

事ここに及んで、アイゼンハワーは、黒人生徒たちの生命を守るため、合衆国軍隊の投入を決断する。第一〇一空挺師団を派遣して、黒人生徒たちを校門までエスコートさせたのである。

もともとアイゼンハワーは、州の事項への連邦権力の介入には消極的であった。同年七月には、この問題では合衆国軍隊を出動させない旨を声明で公表していたほどである。

そのアイゼンハワーに翻意を迫ったのは、他の何ものでもない。大統領就任時に自らが行った憲法尊重擁護宣誓であった。ある私信のなかで、アイゼンハワーは、「憲法に対する尊敬がなければならない。憲法——それが意味するのは、合衆国最高裁の憲法解釈である。そうでなければ、我々は、混沌状態（chaos）に陥る」と書いている。[22]さらに公の場でも、彼は、次のように述べている。「［Brown 判決に対して私がどのような見解を有しているかなどは関係がない。なぜなら、判決は］合衆国最高裁が語ったものなのだから。そして、私は誓ったのだ。この国の憲法過程（the constitutional processes）を擁護すると。だから、私は［それに］従う」。[23]

アイゼンハワーは、Brown 判決に対し、必ずしも好意的ではない私的見解を有していたようであるが、憲法尊重擁護宣誓をしたからには、この国の憲法過程、すなわち、合衆国最高裁がこれが憲法であると言ったものに従うのが、宣誓をした者の務めだとしたのである。

合衆国最高裁が憲法について何を言おうとも憲法を尊重擁護すると宣誓した自分がこれが憲法であると考えるものに従うのが宣誓をした者の務めだとしたのがジャクソンであるとすれば、ジャクソンとともに時に反知性主義の大統領としてその名を挙げられることもあるアイゼンハワーが示したのは、それとは正反対の選択であったといえよう。

けれども、どちらの選択も合衆国憲法二条一節八項が彼らに課した大統領の憲法尊重擁護宣誓義務をこれ以上なく重く受け止めたが故の選択であることは間違いない。

ジャクソンの選択をディパートメンタリズムと呼ぶか、アイゼンハワーの選択を司法の優越の主張と呼ぶかは、ここでの問題ではない。合衆国憲法六条三項が裁判官に課す憲法尊重擁護宣誓義務が「特別の方法で（in an especial manner）」一八〇三年のマーシャルの職務上の地位における行動に作用したのと同じように、合衆国憲法二条一節八項が大統領に課す憲法尊重擁護宣誓義務が、一八三二年のジャクソンと一九五七年のアイゼンハワーというふたりの大統領の統治行動を確かに「特別の方法で（in an especial manner）」嚮導したということが、ここで押えておくべき事柄である。

5

われわれは、あらためて一八〇三年の Marbury 判決におけるマーシャルの思考の地点にまで歩を戻す必要があるように思われる。なぜなら、私の憶度するところでは、一八三二年のジャクソンと一九五七年のアイゼンハワーが、それぞれ独立に、その心底で対質していたのは、Marbury 判決でのマーシャルの思考であったに違いないからである。

Marbury 判決におけるマーシャルの思考には、二点において、奇妙な二重性がある。

ひとつは、憲法の最高法規性に対する事前保障と事後的保障との二重性である。

一八〇三年の Marbury 判決が切り拓いたのは、たしかに憲法の最高法規性の事後的保障としての裁判所による違憲審査制である。けれども、それを理論的に導出し、憲法上の正当化を施したマーシャルにとっては、憲法の最高法規性の事前保障としての裁判官の憲法尊重擁護宣誓義務の履行（をなぞったもの）がそのまま違憲審査制となったのである。憲法の最高法規性に対する事前保障と事後的保障が、そこでは二重写しになっている。

もうひとつは、あえてその語を用いるなら、ディパートメンタリズムと司法の優越との二重性である。

Marbury 判決でのマーシャルの論理は、司法の優越の主張の援護に使用されることが一般には多い。「何が法であるかを言う職権と義務」を持つ裁判所が、論理の紆余はあるものの、だからこそ「何が憲法であるかを言う職権と義務」をも持つとするのがマーシャルの論理であるのだから、そうした成り行きも当然かもしれない。けれども、Marbury 判決の行論を仔細に辿るならば、そこに浮かび上がるのは、巧まずして選ばれたディパートメンタリズムの語彙である。「法が何であるかを言うのは、司法府（the Judicial Department）の職権であり、義務である」という司法の優越の主張の中核的命題それ自体からして、ディパートメンタリズムを暗示させる言葉の選択になっているほか、「自分たちが擁護すると誓っているもの［合衆国憲法］に違反するための道具、それも、故意の道具として利用される運命にあるとしたら、彼らに宣誓を課すことは何と非道徳的なことか」というマーシャルの言葉は、裁判官のみに当て嵌まるものではない。全ての公務員が等しく憲法尊重擁護宣誓義務を課され、宣誓を行っているのであるとしたら、「自分たちが擁護すると誓っている合衆国憲法に違反する」と目される政府行為に手をこまねいているのでは義務を果たしたことにはならない。独自に憲法違反回避義務の履行に向かうことは、全ての公務員にとって必要なことといえる。憲法の最高法規性を守るのは司法府であるとの主張の制度化が裁判所による違憲審査制であるとすれば、憲法の最高法規性を守るのは司法府であるとするその論理の裏面で、憲法尊重擁護宣誓を行った全ての公務員には等しく憲法の最高法規性を守る「職権と義務」があると示唆しているのが、Marbury 判決におけるマーシャルの思考であったように見える。

一八三六年のジャクソンにとって、マーシャルが合衆国最高裁判所判例集に残したこの思考以上に励ましとなったものは他になかったはずである。一八〇三年のマーシャルの思考の二重性を、その襞を分け入って、最も正確に読んだのは、実はジャクソンであった可能性がある。

また、アイゼンハワーは、司法の優越の主張者であるといえるだろうか。むしろ、大統領という「最も危険な（the most dangerous）」(24)統治部門——ディパートメント——が真に実現すべきは、合衆国最高裁の憲法判断に敢えて自らを服従させることだという自前の憲法解釈を選択したという意味で、謂わばディパートメンタリズムのひとつの発現として司法の優越を進んで選びとったのではないか。アイゼンハワーのなかでは、ディパートメンタリズムと司法の優越の主張との間で、一八〇三年のマーシャルとは裏返しの二重性が、葛藤を孕みつつ、演じられていたのではないか。

以上、アメリカ憲法史における憲法尊重擁護宣誓義務（合衆国憲法二条一節八項および六条三項）の機能ぶりの一端を眺めた。合衆国憲法が大統領を含め全ての公務員に課す憲法尊重擁護宣誓義務がそれら公務員の統治行動を「特別の方法で（in an especial manner）」嚮導していることは、もはや疑いがないであろう。

三　憲法尊重擁護義務

1

先に、本稿は、アメリカ合衆国憲法は、憲法の最高法規性についての六条二項と公務員の憲法尊重擁護義務についての六条三項を通じて、固有の統治システムを形成してきたと述べた。より正確には、憲法の最高法規性についての六条二項、ならびに、大統領を含めた全ての公務員の憲法尊重擁護宣誓義務についての二条一節八項および六条三項を通じて、というべきであろう。

日本国憲法が憲法の最高法規性についての九八条一項と公務員の憲法尊重擁護義務についての九九条とを通じて形成してきた統治システムは、アメリカ合衆国憲法が六条二項、六条三項、二条一節八項を通じて形成してきた統治システムと、どこが同質で、どこが異質であるのだろうか。

以下に記すのは、この、これまで殆ど主題化されることのなかった比較憲法上の論題について考えるための基礎前提のひとつにすぎない。

憲法が公務員に対し憲法尊重擁護宣誓義務をおよそ課していないことは、既に見た通りである。それならば、公務員はそもそも憲法尊重擁護宣誓義務とみなす余地のある義務を全く負っていないのかといえば、そうとはいえないようにも見える。なぜなら、一部の公務員には、法律上、憲法尊重擁護宣誓義務らしき義務が負わされていると見ることができないわけでもなさそうだからである。

それは、公務員の服務の宣誓といわれるものである。

一般職国家公務員については、国家公務員法九七条が、「職員は、政令の定めるところにより、服務の宣誓をしなければならない」と規定している。国家公務員法九七条にいう「職員」は、職員の服務の宣誓に関する政令一条一項により、同政令が別記様式として定める「宣誓書」に署名して、任命権者に提出しなければならない。「宣誓書」の内容は、「私は、国民全体の奉仕者として公共の利益のために勤務すべき責務を深く自覚し、日本国憲法を遵守し、並びに法令及び上司の職務上の命令に従い、不偏不党かつ公正に職務の遂行に当たることをかたく誓います。」と定められている。

一般職地方公務員については、地方公務員法三一条が、「職員は、条例の定めるところにより、服務の宣誓をしなければならない。」と規定しており、宣誓文の様式は、各自治体ごとの条例により定められている。

警察職員については、特に警察法三条が、「この法律により警察の職務を行うすべての職員は、日本国憲法及び法律を擁護し、不偏不党且つ公平中正にその職務を遂行する旨の服務の宣誓を行うものとする。」と規定している。

特別職国家公務員には、原則として国家公務員法の適用がなく、特別職国家公務員全体に適用される規定もない。

防衛省職員は、自衛隊法二条五項および自衛隊法施行令により自衛隊員から除外されている者を除き、自衛隊員とされている。自衛隊員については、自衛隊法五三条が、「隊員は、防衛省令で定めるところにより、服務の宣誓をしなければならない。」と規定し、自衛隊法施行規則三九条が、「隊員（自衛官候補生、学生、生徒、予備自衛官等及び非常勤の隊員（法第四四条の五第一項に規定する短時間勤務の官職を占める隊員を除く。第四六条において同じ。）を除く。以下この条において同じ。）となつた者は、次の宣誓文を記載した宣誓書に署名押印して服務の宣誓を行わなければならない。自衛官候補生、学生、生徒、予備自衛官等又は非常勤の隊員が隊員となつたとき（法第七〇条第三項又は第七五条の四第三項の規定により予備自衛官又は即応予備自衛官が自衛官になつたときを除く。）も同様とする。」と定めている。「宣誓書」の文面は、「私は、我が国の平和と独立を守る自衛隊の使命を自覚し、日本国憲法及び法令を遵守し、一致団結、厳正な規律を保持し、常に徳操を養い、人格を尊重し、心身を鍛え、技能を磨き、政治的活動に関与せず、強い責任感をもつて専心職務の遂行に当たり、事に臨んでは危険を顧みず、身をもつて責務の完遂に務め、もつて国民の負託にこたえることを誓います。」と定められている。

裁判所職員については、裁判所職員臨時措置法により、国家公務員法九七条が準用される。裁判所職員は、裁判所職員の服務の宣誓に関する規程の別紙様式に定められている、「私は、日本国憲法を遵守し、法令及び上司の職務上の命令に従い、国民全体の奉仕者として、公共の利益のために誠実かつ公正に職務を行うことを誓います。」という内容の「宣誓書」に署名押印しなければならない。

国会職員については、その服務に関して、国会職員法一七条が、「国会職員は、国会の事務に従事するに当り、公正不偏、誠実にその職務を尽し、以て国民全体に奉仕することを本分とする。」と規定し、同一八条が、「国会職員は、その職務を行うについては、上司の命令に従わねばならない。但し、その命令について意見を述べることができる。」と規定しているが、服務の宣誓についての規定はない。

内閣総理大臣を含む全ての国務大臣、国会議員、裁判官については、法律上、服務の宣誓についての規定はない。

2

公務員の服務の宣誓に関する以上に瞥見した日本法の仕組みからは、差し当たり、次の三点を指摘することができそうである。

第一点は、日本では、憲法尊重擁護宣誓とみなす余地のある宣誓が義務づけられているのは、原則として一般職公務員に限られているということである。

第二点は、その憲法尊重擁護宣誓とみなす余地のある宣誓を一般職公務員その他に義務づけているのは、法律であって、憲法ではないということである。

第三点は、その憲法尊重擁護宣誓とみなす余地のある宣誓の義務づけは、憲法尊重擁護宣誓義務とは別の義務と考えるのが適当である可能性があるということである。

第一点について。

日本では、憲法尊重擁護宣誓とみなす余地のある服務の宣誓が義務づけられているのは、特別職国家公務員である自衛隊員、裁判所職員などの例外はあるものの、原則として一般職公務員に限られている。

これが何を意味するかにつき、簡単に断定することはできない。なるほど、物理的な実力行使を伴う職務遂行が職務の内容として予定されている類型の公務員の場合に、一般職（警察職員）・特別職（自衛隊員）の別を超えて、憲法尊重擁護宣誓とみなす余地のある宣誓が義務づけられていることは、違法な実力行使やその威嚇が憲法秩序に対する基本的な脅威となりうることに対する法的対処であると捉えることができる。とはいえ、そういう趣旨が徹底されているとも必ずしも言い難い。例えば、そういう趣旨からここでの義務が設けられているのであれば、ここで義務を課されている公務員に職務上の命令を発する立場にある公務員（先に言及した自衛隊法二条五項で「自衛隊員」から除外され、したがって、防衛省職員でありながら「服務の宣誓」を義務づけられない「防衛大臣、防衛副大臣、防衛大臣政務官、防衛大臣補佐官、防衛大臣政策参与、防衛大臣秘書官」等の政治任用職の防衛省職員）にこそ、命令を受ける立場の「自衛隊員」と同様に「服務の宣誓」を義務づけて然るべきではないか(25)。

第二点について。

日本では、憲法尊重擁護宣誓とみなす余地のある宣誓を一般職公務員その他に義務づけているのは、国家公務員法その他の法律であって、憲法ではない。

既に瞥見した総司令部での起草過程で憲法規定として憲法尊重擁護宣誓義務を設けることは断念されたのであるから、憲法尊重擁護宣誓義務と同種の義務を導入するとしたら、それが法律以下のレヴェルでなされるのは当然であるともいえよう。けれども、一般に義務を法律に取り込むとすれば、取り込まれた義務は、取り込んだ法律の立法目的と整合的なものとして成文化される必要があるから、法律に取り込まれた憲法尊重擁護もまた、その必要に合わせて再構成されることになる。国家公務員法を例にとれば、九七条は、「第七節　服務」を構成する諸条項のなかに位置づけられ、「法令」および「上司の職務上の命令」（九八条）「に従」うことと一体のものとして憲法尊重擁護を義務づけるような恰好になっている。「法令」と憲法とが抵触すると公務員が考えたとき、どちらに「従う」かという問題が切実であるが（九八条の「法令」に「従う」義務の基盤には、近代法治主義における議会制定法優位の思想がある）、この規定の名宛人は、この規定の故に、かえってダブル・バインドに陥る可能性さえある。

第三点について。

日本では、憲法尊重擁護宣誓とみなす余地のある服務の宣誓の義務づけは、憲法尊重擁護宣誓義務とは別の義務であると考えるのが適当である可能性がある。

第二点に即して見たことは、憲法尊重擁護宣誓を法律で義務化する場合の不可避的な技術的帰結である。だが、憲法尊重擁護宣誓を法律により義務化する場合の最大の問題は、その原理的帰結にある。法律による義務化は、憲法保障、すなわち、憲法の最高法規性の保障としての憲法尊重擁護宣誓義務の本質を著しく減殺する。なぜなら、法律に取り込まれた憲法尊重擁護宣誓義務では、仮に公務員に憲法を守らせることはできても、憲法そのものを守ることはできないからである。法律の助けによってはじめて憲法の最高法規性が守られるなら、その憲法は最高法規というに値しない。日本における各種公務員が負う服務の宣誓義務は、憲法尊重擁護宣誓義務とは異なる別の義務である可能性がある。

3

しかも、以上に概観した日本法の仕組みにおいては、憲法尊重擁護宣誓義務とは異なるものであるとしてもともかくも服務の宣誓によって憲法遵守の宣誓が義務づけられているのは、一般職国家公務員、一般職地方公務員、自衛隊員、裁判所職員等に限られている。これに対して、内閣総理大臣を含む全ての国務大臣、国会議員、裁判官は、服務の宣誓もしくはそれに準ずる憲法尊重擁護の宣誓に相当する宣誓をそもそも義務づけられていない。

憲法の最高法規性を脅かすおそれのある統治行動をとる蓋然性が相対的に高く、また、そうした統治行動がとられた結果もたらされる憲法の危機の度合いが相対的に高いのは、一般職公務員等よりは、内閣総理大臣を含む全ての国務大臣、国会議員、裁判官である。それにもかかわらず前者の公務員に対しては、服務の宣誓により法律上ではあれともかくも憲法遵守の宣誓を義務づけ、後者の公務員に対しては、憲法尊重擁護宣誓義務はおろか前者の公務員には課している法律上の憲法遵守の宣誓義務さえ課さないのが、日本法の仕組みにほかならない。

アメリカ合衆国憲法が、憲法の最高法規性についての六条二項、ならびに、大統領を含めた全ての公務員の憲法尊重擁護宣誓義務についての二条一節八項および六条三項を通じて形成してきた統治システムと、それを最も参照しながら、日本国憲法が、憲法の最高法規性についての九八条一項、ならびに、全ての公務員の憲法尊重擁護義務についての九九条を通じて形成してきた統治システムとが、一見したところの類似性にもかかわらず、別の統治システムというほかないものであることは、ここまで述べてきたところから明らかであろう。

以下に述べるのは、ここに見るようなアメリカと日本の統治システムの違いが具体的にいかなる違いを意味するのかについての私の所見である。

両国のこの点での統治システムの違いは、端的に、憲法尊重擁護宣誓義務（合衆国憲法二条一節八項および六条三項）と憲法尊重擁護義務（日本国憲法九九条）との違いに集約される。

憲法尊重擁護宣誓義務と憲法尊重擁護義務との違いは、憲法尊重擁護の義務づけ方の違いである。それは、憲法尊重擁護宣誓義務が憲法尊重擁護を宣誓という形式によって義務づけるのに対し、憲法尊重擁護義務は憲法尊重擁護を宣誓という形式によらずに義務づけるという違いである。

宣誓という形式による義務づけにおいては、憲法尊重擁護の義務づけ方が独特である。宣誓時は、憲法尊重擁護宣誓義務を課す憲法規定による義務づけのように見えるが、同時に早くも、宣誓の事

実を受け止めた宣誓者自身による拘束が加わる。自己義務づけである。(26)

憲法尊重擁護宣誓義務を憲法尊重擁護義務から分かつのは、この自己義務づけの有無である。自己義務づけがあるとないとの違いは、自己の主観的係り合い（commitment）(27)が生まれるのと生まれないのとの違いである。憲法尊重擁護宣誓においては、宣誓した自らの言葉への忠実の要求が宣誓者を縛る。そこでは、憲法尊重擁護は、憲法規定により外面的に要求されるだけのものであることをやめ、宣誓という行動により自己自身が係り合ったものとなって内面化する。憲法尊重擁護に反する統治行動をとることは、宣誓後の宣誓者にとって、単に憲法尊重擁護宣誓義務を課す憲法規定に違反するだけでなく、憲法を尊重擁護すると宣誓した自己自身を裏切る意味を持つこととなる。(28)

憲法尊重擁護宣誓義務の根底にあって憲法尊重擁護の義務づけ方を支えるのは、そうした裏切りに進もうとする自己の行動を抑止し、自己自身への忠実を恢復しようとする宣誓者の内面的要求である。これに対し、憲法尊重擁護義務における憲法尊重擁護の義務づけは、どこまでも憲法規定による外面的要求である。自分が一度も憲法の尊重擁護に主観的係り合いを持たずとも課せられうるのが憲法尊重擁護義務である。

もっとも、宣誓をしても憲法尊重擁護への主観的係り合いが生じないという宣誓者もいるだろう。だが、そういう宣誓者であっても、自らのした宣誓に対する忠実への要求が未来永劫どんな状況に至っても自己の内面的要求となって自らの統治行動を決定する駆動因になることはないと断じられる人は少ないはずである。たとえ全ての公務員が宣誓によりそうした主観的係り合いを感じなかったとしても、それでもそう感じるときが将来その宣誓者に訪れるその僅かな可能性に賭けて憲法尊重擁護宣誓義務を憲法に定めたのが、憲法の最高法規性についてアメリカ合衆国憲法が形成してきた統治システムであると私は考える。

その僅かな可能性に賭けるかどうかが、憲法尊重擁護義務を以て満足するか、それとも憲法尊重擁護宣誓義務を憲法上要請するかの憲法的選択の違いを帰結する。これは、日本国憲法の統治システムとアメリカ合衆国憲法の統治システムとを分かつ憲法的選択の違いである。

その選択の分水界は、憲法の最高法規性の客観的保障を主観的義務に変換しようとする制度的意思の強度にあると考えられる。

一般に憲法尊重擁護を公務員に義務づける憲法構想は、客観的保障である憲法の最高法規性の保障を——それだけでは憲法自身の自己言及にすぎず、公権力の発動に責任を有する者による協働が伴わなければ画餅に帰すことから——公権力の発動に責任を有する者の主観的義務として再構成しようとするところに生まれたものである。主観的係り合いを動機形成に利用して公務員を憲法尊重擁護へと嚮導する憲法尊重擁護宣誓義務は、こうした憲法構想に照らして合理的な制度設計といえる。これに対し、公務員を憲法尊重擁護へと嚮導する固有の要素をそれ自身のうちに内在化させていない憲法尊重擁護義務の前記の意味での合理性は、必ずしも高いものとはいえないように見える。

4

先に見たジャクソンとアイゼンハワーの例に徴するならば、それぞれの政策判断の当否やディパートメンタリズム・司法の優越双方の主張に対する評価など、究明すべき論点はなお多いものの、主観的係り合いを憲法尊重擁護の動機形成に利用した憲法尊重擁護宣誓義務の制度設計がアメリカでの憲法運用を生気あるダイナミックなものにしてきた事実は疑う余地がない。

けれども、硬貨には裏面がある。

憲法運用のダイナミズムは、その不安定さと背中合わせである。ひとりの英雄的大統領が自分自身に誓ってとった統治行動は、それを支える憲法解釈への主観的係り合いが強ければ強いほど、国家の憲法秩序を危殆に陥らせる蓋然性を大きくする。国民の面前で宣誓した。自らの宣誓した憲法の意味にどこまでも忠実であることが国民との特別の約束の履行である。こうした自覚が昂進した場合、憲法尊重擁護のエネルギーが暴発しないとどうしていえよう。そこには、主観的係り合いと一対の、憲法の意味を属人化する危険が常につきまとう。大統領の国民的基盤の強さと憲法秩序の安定性が反比例する。アメリカ合衆国は、その憲法運用の生気あるダイナミズムを、こうしたリスクと引き換えに手にしたのである。

これを反転させれば、日本の憲法運用を評価するに当たっての参照軸となる。内閣総理大臣を含む全ての国務大臣、国会議員、裁判官のような、重大な公権力の発動に責任を有する者に対して憲法尊重擁護宣誓義務を課さず、それらの者の憲法解釈が主観的係り合いによって動機づけられることを憲法上要求しない日本法の下で、この国の憲法運用は、総じて活力に乏しいスタティックなものであった。しかし、そのような制度設計であったからこそ、戦後日本の政治過程は、一握りの政治指導者が情熱に任せて自らの憲法観を奔騰させるなどして憲法秩序に不安定要因を持ち込むようなことにはなりにくかった。

とはいえ、名宛人に主観的係り合いを求めない憲法九九条の憲法尊重擁護義務は、義務づけ方において弱い。主観的義務の形はとっているものの、憲法の最高法規性の客観的保障に実質的には回収されているといってもよいくらいである。もし客観的保障としての憲法の最高法規性を公権力の発動に責任を有する者の主観的義務に再構成する憲法構想がそれ自体として採用に値するものであるとすれば、アメリカ合衆国憲法の統治システムにおけるそれとは異なるにしても、なお憲法尊重擁護義務の主観的義務としての実質化を図る方途を摸索すべきである。

私が考えるその方途は、単純なものである。公務員の憲法尊重擁護義務の基底に憲法解釈を示す責務を据えるというものである。

単に憲法解釈を前提要件に置くのでは足りない。憲法違反回避義務としての憲法尊重擁護義務の論理的前提に憲法解釈があるとするだけではこの義務が現実政治の過程において力を有しないことは既に見た。ある公権力の発動に憲法違反のおそれがある場合、当該公権力の発動に責任を有する者に対し、それが憲法違反ではないとの憲法解釈を示すことを責務として課すことが必要である。なお、公権力の発動に責任を有する者に責務として課すのであるから、その憲法解釈は、法律学の標準的方法に則り、学問としての法律学の水準と憲法運用過程における合理的な先例の蓄積とをともに尊重したものでなければならないと解される(29)。

そのような憲法解釈を示すことなく内閣総理大臣を含む国務大臣その他が政府行為を合憲と断ずることは、憲法尊重擁護義務に違反し、許されないというべきである。憲法違反のおそれがある公権力の発動を合憲として正当化し、当該公権力の発動に対する違憲の嫌疑を払拭することも、憲法違反回避義務としての憲法尊重擁護義務の履行となりうるが、それが憲法尊重擁護義務の履行となるためには、そこにいう「合憲としての正当化」、「違憲の嫌疑の払拭」が前示の意味での憲法解釈の結果である場合に限られると解すべきである。

従来、公務員が憲法尊重擁護義務を履行することの具体的意味内容については議論されることが少なかった。国務大臣が憲法改正の主張を行うことや国会議員が憲法改正の適式な手続を逸脱して改憲を発案することなど、限られた主体が限られた場面で限られた行為をすることとの憲法九九条適合性の検討に議論が集中した。そのことには理由がある。公務員の行為の憲法違反性を問うとすれば、行為が憲法の個別条項に違反したか否かを判定すれば足り、通常は行為が憲法九九条に違反したか否かを問題とする余地がない上、仮に憲法九九条違反の存否を固有に判定する必要がある場合でも、憲法を尊重擁護することの意味内容を一般的に定義するよりは、憲法尊重擁護義務に反する行為の意味内容を特定的に定義するほうが思考経済上効率的といえるからである。そのような従来の憲法尊重擁護義務論の前提にあるのは、憲法の尊重擁護を基本的に公務員の内面的な活動と捉え、内面的活動であると捉えられた憲法尊重擁護の意味内容を一般的に定義することは内心の自由保障の見地からして問題であるとする、憲法尊重擁護の一般的定義に対する正当な抵抗感である。けれども、そうして憲法尊重擁護という行為の性格を過度に内面的活動に引き寄せた余り、公務員の憲法尊重擁護義務をかえって無用の長物にしてしまった憾みがないとはいえない。

だが、公務員の憲法尊重擁護義務は、それほどまでに内面的活動を要求する義務であったろうか。むしろ逆である。憲法尊重擁護義務の起草過程で憲法尊重擁護宣誓義務でなく憲法尊重擁護義務が選ばれたのは、（そのことの当否は別として）憲法尊重擁護への主観的係り合いを必要としない義務を課す憲法的選択が――どこまで意識されていたかはともかく客観的には――されたからである。

そうである以上、公務員の憲法尊重擁護義務に内面的活動性を過剰に読み込むのは適当でない。憲法尊重擁護の意味内容から過剰に想定されている内面的活動性を引き剝がすと、最後に残るのは憲法を解釈するという行為である。ある政府行為に憲法違反の疑いがあるとき、それを遮二無二合憲であると強弁するのも、また、自分の直感で違憲と断ずるのも、どちらも憲法を尊重擁護したことにはならない。先に述べたような仕方で然るべく憲法を解釈し、それを示し、その結果違憲となれば、当該政府行為を排除することが憲法尊重擁護となるし、合憲となれば、当該政府行為を有効としても憲法尊重擁護に反することにはならない。然るべき憲法解釈を示した上での行動であるか否かが、憲法尊重擁護義務を履行しているか否かの限界を画すると考えるべきである。

私が公務員の憲法尊重擁護義務の基底に憲法解釈を示す責務を据えるのは、このような形で、憲法尊重擁護義務を客観的に討議可能な主観的義務にする必要があると考えるためである。

跋

憲法九六条一項は、「この憲法の改正は、各議院の総議員の三分の二以上の賛成で、国会が、これを発議し、国民に提案してその承認を経なければならない。この承認には、特別の国民投票又は国会の定める選挙の際行はれる投票において、その過半数の賛成を必要とする。」と規定している。この規定において、憲法改正をするかしないかを最終的に決定するのは、国民である。けれども、憲法改正を国民に提案できるのは、国会議員である。憲法改正に当たり、国会議員は、単に憲法改正の発議をして国民に提案すればよいのではない。国会議員には憲法尊重擁護義務が課せられている。憲法尊重擁護義務の基底には憲法解釈を示す責務が存している。憲法改正の発議に当たり、何よりも国会議員がなすべきことは、以下に提起するような憲法解釈を示すことである。

憲法改正にはふたつの場合がある。ひとつは、当該改正を行っても憲法の基本的同一性が失われない場合であり、もうひとつは、当該改正を行うと憲法の基本的同一性が失われる場合である。改正を行っても憲法の同一性が失われない場合は、憲法改正の発議をしても、それが国会議員の憲法尊重擁護義務に違反することにはならない。これに対し、それまで尊重擁護の対象としてきた憲法の基本的同一性を失わせる憲法改正を後述のような憲法解釈を示すことなく発議することは、国会議員の憲法尊重擁護義務に違反すると解するのが相当である。

後者の場合を敷衍する。

憲法の基本的同一性を失わせる憲法改正がそもそも許されるかどうかについては、憲法改正権限の根拠や憲法改正限界説無限界説などの立場によっていろいろな考え方がありうるが、本稿では立ち入らない(30)。以下では、便宜上客観的には後者の憲法改正も不可能ではないと仮定して議論を進める。

憲法の基本的同一性とは、その憲法をその憲法たらしめている内容上枢要な特質を指し、その特質を損なうような変更が加えられる場合には、変更後の憲法は、変更前の憲法とは別の憲法になったと認めるほかないものをいう。

そのような憲法の基本的同一性を失わせるおそれのある憲法改正を発議しようとする国会議員は、国会議員が負う憲法尊重擁護義務の基底に存する憲法解釈を示す責務を履行しなければならない。具体的には、第一に、当該憲法改正により改正の対象とされる憲法条項が、その憲法をその憲法たらしめている内容上枢要な特質を形成しているといえるか否か、形成していると認めない場合は、当該条項が果たしている役割を過小評価することなく、形成しているとする批判に対して反論を提出できるか、形成していると認めた場合は、形成しているにもかかわらず当該条項を改正することを正当化するに足る憲法次元での目的ないし必要性を提出できるか、第二に、当該憲法改正により、当該改正によって変更されない他の条項の憲法解釈は改正前のその条項の憲法解釈から変更されるか否か、変更されると認めない場合は、後法優位の原則（これにより同条項の憲法解釈は変更される可能性が極めて高い）がこの場合には妥当しないとする正当な理由はあるか、変更されると認めた場合は、新たな憲法解釈は、その憲法をその憲法たらしめている内容上枢要な特質を損なわないといえるかを、憲法解釈を示すことを通じて国民に説明した上でなければ、当該憲法改正を発議することは認められないと解すべきである。

憲法の基本的同一性を失わせるおそれのある憲法改正は、一国の憲法秩序の帰趨を左右する、国民にとって最も重大な政治的決定である。このような重大な決定を国民投票に付すことが認められるためには、それを発議しようとする国会議員は、単に憲法改正案を説明し、国民に提案するのでは足りず、上記のような仕方で、自らが負う憲法解釈を示す責務を果たすのでなければならない。

同様に、憲法の基本的同一性を失わせるおそれのある憲法改正の発議に反対する国会議員は、単にその憲法改正案を批判し、反対の意思表示をするのでは足りず、当該憲法改正がその憲法をその憲法たらしめている内容上枢要な特質を損なうこと、改正後には既存の憲法条項の解釈も維持されないこと等を、憲法解釈を示す責務を果たすことによって、国民に説明する義務を負う。

発議しようとする者、発議に反対する者のそれぞれに対し課されるこれらの義務は、ひとりで「全国民を代表する」（憲法四三条一項）国会議員に憲法（九六条一項、九九条）が課した主観的義務である。この主観的義務が尽くされないままなされる憲法改正の発議は、最も重大な政治的決定を国民に委ねるために必要な最低限の憲法上の資格を欠く。

(1) この理解をとるミシェル・トロペールの憲法理論の紹介と批判については、長谷部恭男『権力への懐疑——憲法学のメタ理論』(日本評論社、一九九一年)九一一三頁、二五一二八頁、同「憲法典における自己言及——A・ロスの謎」『憲法訴訟と人権の理論——芦部信喜先生還暦記念』(有斐閣、一九八五年)八二三頁が特に参照されるべきである。

(2) 例外的に裁判所以外の機関による憲法解釈を主題化し、特に日本におけるそれら憲法解釈実例への憲法学説の向き合い方について吟味したのが内野正幸である。参照、内野正幸『憲法解釈の理論と体系』(日本評論社、一九九一年)一六一—一八一頁、同「政府の憲法解釈の位置づけ」『法律時報』七五巻二号(日本評論社、二〇〇三年)九二頁。内野は、現実に日々生産され続ける憲法解釈実例に対して憲法解釈学として責任をとろうとしたと同時に、憲法解釈学それ自身を(再)確立しようとしたのである。

(3) 森清監訳『憲法改正小委員会秘密議事録——米国公文書公開資料』(第一法規出版、一九八三年)五一四頁、五二三頁。

(4) 高柳賢三=大友一郎=田中英夫編著『日本国憲法制定の過程——連合国総司令部側の記録による Ⅱ解説』(有斐閣、一九七二年)二八二—二八三頁。

(5) 以下、アメリカ合衆国憲法の条文の邦訳は、高橋和之編『新版世界憲法集』(岩波文庫、二〇〇七年)六六頁、七三頁(土井真一訳)の訳文に従った。

(6) この条項と大統領の憲法解釈については、大林啓吾「大統領の憲法解釈権の淵源——憲法の宣誓条項の意味」『社会情報論叢』一三号(十文字学園女子大学社会情報学部、二〇〇九年)九九頁が参照されるべきである。また、現代アメリカにおける大統領の憲法解釈をめぐる諸問題については、参照、横大道聡「執行府の憲法解釈機関としてのOLCと内閣法制局——動態的憲法秩序の一断面」『鹿児島大学法学論集』四五巻一号(鹿児島大学、二〇一一年)一頁、同「大統領の憲法解釈——アメリカ合衆国における Signing Statements を巡る論争を中心に」『鹿児島大学教育学部研究紀要』五九巻(二〇〇七年)八九頁。

(7) 高柳ほか・前掲註(4)二八二—二八三頁。

(8) Marbury v. Madison, 5U. S. 137 (1803).

(9) 高橋編・前掲註(5)六八頁。
(10) 5U. S. 177.
(11) 高橋編・前掲註(5)六一頁。
(12) 高橋編・前掲註(5)六一頁。
(13) 高橋編・前掲註(5)六九頁。
(14) 5U. S. 179-180.
(15) 5U. S. 180.
(16) *Id.*
(17) ディパートメンタリズムと司法の優越については、大林啓吾「アメリカにおける憲法構築論と三権の憲法解釈――ディパートメンタリズムからみる司法審査の位置づけ」『社会情報論叢』一四号(十文字学園女子大学社会情報学部、二〇一〇年)七一頁、同「ディパートメンタリズムと司法優越主義――憲法解釈の最終的権威をめぐって」『帝京法学』二五巻二号(帝京大学、二〇〇八年)一〇三頁、安西文雄「憲法解釈をめぐる最高裁判所と議会の関係」『立教法学』六三号(立教大学、二〇〇三年)六一頁を参照されたい。
(18) McCulloch v. Maryland, 17 U. S. 316 (1819).
(19) 一八三一年七月一〇日の声明。THE ANNALS OF AMERICA, Vol. 5: 1821-1832 STEPS TOWARD EQUALITARIANISM 528 (Mortimer J. Adler ed., 1987).
(20) Brown v. Board of Education of Topeka, 347 U. S. 483. (1954).
(21) Brown v. Board of Education of Topeka, 349 U. S. 294 (1955).
(22) 一九五七年七月二二日のエヴァレット・E・ハズレット宛書簡。ELMO RICHARDSON, THE PRESIDENCY OF DWIGHT D. EISENHOWER 116, 200 (1979).
(23) 一九五四年五月一九日のニュース・コンファレンスでの発言。RICHARDSON, *supra* n. 22, at 110, 200.
(24) 「最も危険な」は、以下の論文のタイトルから採った。Michael Stokes Paulsen, *The Most Dangerous Branch: Executive Power to Say What the Law Is*, 83 GEO. L. J. 217 (1994-1995). このタイトルは、合衆国最

高裁を「最も危険でない」統治部門という鍵概念のもとに論じたALEXANDER M. BICKEL, THE LEAST DANGEROUS BRANCH: THE SUPREME COURT AT THE BAR OF POLITICS (1986) のタイトルをもじったものである。

(25) ある政党幹部宅に警察によって盗聴器が仕掛けられた事件があった。上官の職務上の命令に従い実際に盗聴器を仕掛けた警察職員は、「通信の秘密」を侵害する違憲違法な行為を行ったといえる。だが、当該警察職員がそれを違憲の行為と判断しても、警察の一体性の要請があるため、自己の憲法解釈に従い命令を拒むことができない。一般に、指揮命令系統の下にある警察職員は、自分ではない誰かが考えた「これが憲法だ」という憲法解釈に従わなければならない。この問題に関しては、参照、蟻川恒正「自由をめぐる憲法と民法」同『尊厳と身分——憲法的思惟と「日本」という問題』(岩波書店、二〇一六年)二五三頁、二六〇—二六二頁。

(26) 憲法尊重擁護宣誓義務については、何よりも石村修『憲法の保障——その系譜と比較法的研究』(尚学社、一九八七年)第二章(八九—一二八頁)が参照されなければならない。石村は、ドイツ近代における憲法宣誓の起伏ある歴史のなかから、その意義と重要性、今日における危険と留意点を探り、重厚に論じている。とりわけ、コンラート・ヘッセを引いて、憲法「秩序が思考法則のように、人間の意欲から独立したものではなく、意思的行為によってのみ妥当し、維持されるという意識」の制度化として憲法宣誓の特質を見出し、それが創出する「秩序形成への」持続的「努力」の契機を重視する件り(一二五—一二七頁)は、ドイツ史が経験した影の部分の総括の必要と表裏の指摘であり、憲法尊重擁護宣誓義務の構想に対して可能性と同時に重い課題を提起している。

(27) 合衆国憲法につき、ある論者は、「憲法は、宣誓をしていない者に対しては同じ種類の義務を課さない」と説いている。H. JEFFERSON POWELL, CONSTITUTIONAL CONSCIENCE: THE MORAL DIMENSION OF JUDICIAL DECISION 120 (2008).

(28) 憲法尊重擁護宣誓に私が論及したものに、蟻川恒正「〈通過〉の思想家——サンフォード・レヴィンソンの憲法理論」藤田宙靖=高橋和之編『憲法論集——樋口陽一先生古稀記念』(創文社、二〇〇四年)六八七頁(本書Ⅲ-4、八七頁)、とりわけ七二四—七三二頁(本書一三一—一四〇頁)がある。

(29) 但し、この点を前提とした上でいえば、責務として課される憲法解釈の在り方は、憲法尊重擁護義務の名宛人の別によって異なることを指摘しなければならない。この点については、本書「Ⅲ 権力に応じた義務」を参照されたい。天皇については、樋口陽一の次の指摘が決定的に重要である。「天皇自身に憲法の解釈権をみとめることは、天皇を「国政に関する権能を有しない」(四条)ものとした憲法の基本的選択に反することとなる。天皇が九九条の憲法尊重擁護義務に従おうとすればするほど実は憲法に反する行為をもしなければならなくなる、という逆説的な可能性を、憲法自身が定めているのである。一般に、君主の憲法秩序維持機能への期待が持たれることがあるが、日本国憲法は、よかれあしかれ、そのような deus ex machina (急場にあらわれる救いの神)の役目を、天皇にみとめていない」(樋口陽一『憲法Ⅰ』(青林書院、一九九八年)一二〇頁)。この指摘は、内閣が助言と承認をした「天皇の国事行為——および、それ以外のなんらかの公的行為を天皇が行うことを認める見解からすればそれらの行為」が天皇自身によって憲法に違反すると考えられた場合、天皇は当該行為をすることを「そのまま受け入れなければなら」ない(と解釈すべき)ことについて説明したものである(同一一九—一二〇頁)。違憲の疑いがある行為への歯止めと天皇の政治利用への歯止めを同時に失う内閣が現われたとき、憲法秩序の危機は修復し難いものとなる。それでも天皇に憲法解釈権力を行使させせないとする「憲法の基本的選択」を貫けるかは、今日、空想上の問題ではない。本書Ⅳ-13の参看を乞う。

(30) これらについては、木庭顕「日本国憲法9条改正の歴史的意味」同『憲法9条へのカタバシス』(みすず書房、二〇一八年)二〇五頁が特に参照されるべきである。木庭の主張の骨子は、憲法改正手続は徹底して知的なものとして組み立てられなければならないという点にあると思われる。

Ⅱ 権力の叡智

2 「憲法の番人」に関する考察

序

二〇一六年三月二九日、新たな安保関連法制が施行された。新法制を憲法違反と考える野党四党は、その廃止法案を国会に提出した。同法制を憲法違反ではないとする政府・与党は、廃止法案を審議しない構えである。この法制が憲法違反であるか否かは、現下の最重要争点のひとつである。

このような憲法問題に決着をつけるのは最高裁であるとする見方は根強い。だが、最高裁は、誰かによって提起された訴訟が上告され、しかも、憲法適合性の存否が争点として最高裁の前に提出された場合でなければ、自らの憲法判断を示すことがない、その限りで能動性を持たない国家機関である。最高裁による決裁を見るまでは憲法問題は決着しないと考えることは、問題の永遠の先送りに帰着する可能性がある。しかも、その争点が、憲法問題のなかでも、とりわけ高度の政治性を有するものである場合には、法的問題として終局的解決が可能な紛争であっても、統治行為論が援用されて、裁判所の審査にはなじまないとの宣告が下される蓋然性が高い(1)。しばしば「憲法の番人」とも称される最高裁であるが、統治行為論の存在は、ほかならぬ当の最高裁自身が、自らの憲法判断を国政上最終的なものとは考えていないことを示している。

では、誰の判断であれば、国政上最終的なものとの評価を与えるに値するであろうか。「憲法の番人」という観念を借りて本稿が考察しようとするのは、そうした問題である(2)。

一　国民

それは国民の判断であるとする立場がある。

その典型的な論者に、宮沢俊義がいる。

「憲法の番人」と題した一九五四年の文章(3)で、宮沢は、次のように書いている。「憲法の番人はいるか、という問いに対して、私は、いる、と答える。では誰が憲法の番人か、と聞かれれば、われわれ国民自身だ、と答えたい」。

きっぱりとした宣明である。けれども、この引用部分の歯切れのよさとは裏腹に、文章全体の調子は、必ずしも明快とはいえない。宮沢は、この文章を次のように閉じている。「この問題は、裁判というものの本質を考え、諸国の経験を参考として、慎重に、冷静に考えるべきだ。目の前の現象にとらわれて観念論や感傷論に走ることは禁物だ」。

宮沢がここで「裁判」と言っているのは、明言はしていないけれども、苫米地事件を指している。一九五二年八月二八日の抜き打ち解散によって失職した前衆議院議員が、憲法六九条によらない解散（いわゆる「七条解散」）は憲法に違反するとして、任期満了までの議員資格の確認と歳費の支払いを求めて出訴した。前議員の訴えを斥ける第一審判決（一九五三年）の翌年の宮沢の文章は、それを受けたものである。

統治行為論は、第一審でも、第二審（一九五四年）でも、採用されず、上告審で採用された。一九六〇年の上告審判決で、最高裁は、次のように述べている。「あらゆる国家行為が無制限に司法審査の対象となるものと即断すべきでない。直接国家統治の基本に関する高度に政治性のある国家行為のごときはたとえそれが法律上の争訟となり、これに対する有効無効の判断が法律上可能である場合であつても、かかる国家行為は裁判所の審査権の外にあり、その判断は主権者たる国民に対して政治的責任を負うところの政府、国会等の政治部門の判断に委され、最終的には国民の政治判断に委ねられているものと解すべきである」。

これは、「一見極めて明白に違憲無効であると認められ」る場合には司法審査をなしうるとした点を除き、前年（一九五九年）に下された砂川事件・跳躍上告審での最高裁判決と同様の判断といえる。砂川事件の最高裁判決は、次のように述べている。「本件安全保障条約は、……主権国としてのわが国の存立の基礎に極めて重大な関係をもつ高度の政治性を有するものというべきであつて、その内容が違憲なりや否やの法的判断は、……純司法的機能をその使命とする司法裁判所の審査には、原則としてなじまない性質のものであり、従つて、一見極めて明白に違憲無効であると認められない限りは、裁判所の司法審査権の範囲外のものであつて、それは第一次的には、右条約の締結権を有する内閣およびこれに対して承認権を有する国会の判断に従うべく、終局的には、主権を有する国民の政治的批判に委ねられるべきものであると解するを相当とする」。

以上に見た、苫米地事件と砂川事件での最高裁による統治行為論には、注目すべき特徴がある。それは、高度の政治性を有する国家行為に対する憲法適合性判断が最後的に委ねられるのが国民であるとされている点である。

一般に、統治行為論の法的性格をめぐっては、それを権力分立から説明する立場と司法の自制から説明する立場とがあるとされているが、いずれの説明から考えるとしても、国民という存在を窮極的主体に据えることは、論理の必然的に導かれるところとはいえない。そうであるとしたら、苫米地事件と砂川事件での最高裁による統治行為論が、にもかかわらず、いずれも、国民を以て「憲法の番人」の座に据えるが如き姿勢を見せているのは、いかなることを意味しているのであろうか。

宮沢の先の文章が出された一九五四年の日本公法学会で、当時最高裁裁判官であった入江俊郎が「統治行為」と題する報告を行っている。一九五二年から一九七一年にかけて最高裁裁判官を務めた入江は、砂川事件と苫米地事件の両最高裁判決に参加している。

その学会報告(4)のなかで、入江は、次のように述べている。「いうまでもなく近代民主国家の政治上の基本形態は国民主権主義の下における三権分立制である。そして権力分立論の主眼点は、その三権がばらばらの三権ではなく、互に check と balance とを保ちながら互に働き合って、一個の主権の作用を完成せんとする点にあるといえる。しかもその基盤には、参政権を持つ国民が主権者として存在しているのである。……国民は三権分立によって三権にそれぞれ国政の運営を信託するけれども、なお且つ三権に分属せしめないで国民が直接判断し、監督し、運営する為に留保した若干の事項が考えられる。何が国民に直接留保されたかは、例えば或る国の憲法が認めているような人民投票、人民発案、罷免請求のごとく、憲法の明文に直接の規定があれば、それに依るのは勿論であるが、明文のない場合であっても、一切の国家作用を check と balance とで互に相交渉し合う三権のいづれかに分属せしめて終局的に割切ってしまうことが、却って三権分立を認めた趣旨に反すると認められるような事項は、わたくしは、解釈上、三権のいづれにも属せず、結局それは国民に留保された事項と考えるべきではないかと思う。司法権の限界という面からいえば、統治行為がそれに当るのである。尤も、かように考えると、そのような事柄につき国民が参与するのは、憲法に人民投票等特別な規定を置き、広く国民に直接参政の途を認めるか、または、そのような国民の権能を委任して行わしめる為の特別な機関（例えば憲法裁判所のような）を設けたりしない以上は、通常は国民は、選挙を通じて間接にこれが判断、監督をなしうるに止まるのであって、その効果は間接的且つ政治的たるに止まり、直接的且つ法律的たることを得難い。従って統治行為は、理論的には違法無効であっても、これを行った行政権又は立法権がこれを適法有効であると主張する以上、そのまま適法有効なものとして扱われる外はない。しかし、若しそれが望ましくないというならば、憲法に、それにふさわしい適切な国民直接参政の規定か、又は特別な機関の設置を考慮すべきであり、それがない以上は、次の選挙を通じて国民の公平な審判に待つべきこととなるのである。以上のことは、別の言葉でいえば、現在認められている三権分立の下における司法権には、それが政治の領域と対決した場合に、政治の必要と妥当との為に、さもなければ踏み込みうる領域であるに拘らず、踏み込み得ないとされる領域があるということになるのである。それが統治行為であり、わたくしは、三権分立の下における司法権とは、そのようなものとして形づくられているのだといいたいのである。法律問題である以上、何事でも裁判所へゆけば解決するというようなことは、必ずしも健全な国民主権主義の下の三権分立主義ではないのであって、或る事項は通常の司法裁判所にいっても解決されず、憲法が特別の規定を、その為に特に設けていない以上は、それは結局において、国民自身の政治的識見が解決すると考うべきではないかと思う」。

ここには、窮極の判断主体として国民を据えることの苛烈な意味が開陳されているように、私には思われる。入江が考えているのは、裁判所が「政治の領域と対決した場合」（傍点引用者）であるそのような場合に司法がそこに「踏み込む」ことの危険を、入江は警戒しているように看取される。

同じことを、おそらく宮沢も考えていた。さきの文章とは別の論述において[5]、宮沢は、次のように書いている。「これらの問題が、権力分立の原理にもとづくにせよ、「統治行為」または「政治問題」としてにもせよ、裁判所の審査権から多かれ少なかれ除かれるべきだと解するのは、それらを裁判所の審査に服させることが、実際上合目的的でないからである。これらの問題においては、かりに裁判所が議院なり内閣なりの行為の違法ないし無効を宣言してみたところで、その執行はほとんど不可能であり、むしろ、それらを選挙や、一般の政治上の言論をつうじて、いわば政治的なコントロールに服させるほうが、はるかに効果的であると考えられるからである」。

ここで、宮沢が、「これらの問題においては、かりに裁判所が議院なり内閣なりの行為の違法ないし無効を宣言してみたところで、その執行はほとんど不可能」（傍点引用者）と書いていることは、重要である。

宮沢が恐れていることは、入江が恐れていることと、おそらく同じである。政治部門と決定的に「対決」した場合、自らの判断を「執行」するための固有の（政治的）資源を有していない裁判所は、挫折するほかない。その政治的敗北が不可避的にもたらす司法の威信の喪失は、当該事件のみで終わるものではない。その波及効果は、当該事件をこえて、司法が果たすべき役割の全般にわたって、将来のその活動を阻害し続けかねないのである。その事態を防止することは、だから、司法にとっての死活的問題なのである。日本の統治行為論が高度の政治性を有する国家行為の憲法適合性判断を窮極的には国民の政治的批判に委ねるとすることには、こうした逸すべからざる消息が存するのである。

二　個人

だが、そうした消息は消息として、窮極の主体として国民を立てることには、それとして、また別な警戒をしなければならないように、私には思われる。

ここで、あらためて、「憲法の番人」という観念に立ち返ろう。国民は、違憲立法審査権（憲法八一条）を与えられている裁判所と違って、法令その他の国家行為を違憲審査できるわけではない。それどころか、憲法尊重擁護義務（憲法九九条）を負う公務員一般とも違って、自らの行為で憲法を遵守するということも、一般的には、できない。その国民が「憲法の番人」であるとは、いかなる意味においていえるのか。

この点で、高橋和之が述べていることは示唆的である。一九八九年一月に行われた現天皇の就任後の儀式（「即位後朝見の儀」）に際して、高橋は、次のように書いている(6)。「国民は、憲法を制定することを通じて、統治者に権力を授け、同時にその権力を制限する。そして、統治者に対してこの憲法を守ることを命じ、守る限りにおいてその権力に服することを受諾するのである。憲法は、主権者たる国民が統治者に課した法規範であり、だから統治者は憲法を守る義務を、国民に対して、負うのである。それに対し、国民は憲法の制定者であって、憲法の名宛人ではない。だから、憲法を守る義務は負わない。少なくとも、統治者と同じ意味では負わない。国民は統治者に憲法を守らせる立場にある。だから、統治者が憲法を守るよう監視する「義務」を負う。しかし、それは、義務だとしても、統治者に対する義務ではなく、むしろ国民同志の間で相互に負う義務である」。国民は、公権力担当者に対して憲法を守らせる義務を負っているというのである。国民が「憲法の番人」であるとされることの意味も、そのようなものとして理解することができるであろう。

そのことを踏まえた上で、統治行為論に再び戻る。

国民の判断に委ねるとは、一体いかなることを意味するのか。

入江自身が認めているように、「人民投票、人民発案、罷免請求のごとく、憲法の明文に直接の規定があれば、それに依るのは勿論であるが」、「憲法に人民投票等特別な規定を置き、広く国民に直接参政の途を認めるか、または、そのような国民の権能を委任して行わしめる為の特別な機関（例えば憲法裁判所のような）を設けたりしない以上は、通常は国民は、選挙を通じて間接にこれが判断、監督をなしうるに止まる」。

しかも、それが広い意味での制度として国政上大きな意味を果たすことを期待し難いのは、入江がいうような意味で、「その効果［が］間接的且つ政治的たるに止まり、直接的且つ法律的たることを得難い」からばかりではない。選挙で、誰が、もしくは、どの政党が、どれだけの票を獲得すれば、国民は、当該の高度の政治性を有する国家行為について、「間接に」ではあれ、「判断、監督をなし」えたといえるのか。当該国家行為を推進した政治部門の主たる担い手といえるであろう与党の票をどこまで切り崩せば、国民は、「政治判断」を下したといえるのか。殊に、高度の政治性を有する当該国家行為を選挙の争点から隠して与党が選挙戦をたたかう場合、たとえ野党が選挙に勝ったとしても、その意味を「主権の存する国民の政治的批判」（傍点引用者）と解釈することができるのか。

国民は、結局は、主権者であって、あるいは、実定法制度上は、有権者（集団）であって、その思想と行動は、集団としての行為としてしか立ち現われない。その行為の意味も、また、効果も、つまるところは誰かによる解釈を通じてしか、立ち現われることがない。

そうであるとすれば、国民が公権力担当者に憲法を守らせるという命題は、守らせえたか、守らせえなかったかを、客観的かつ合理的に検証することの不可能な命題であるというほかはないであろう。それにもかかわらず、国民に「憲法の番人」という地位を与えることは、虚偽表象であるとの疑惑を招きかねない。

疑惑の源は、国民という観念にある。そのことを踏まえた上で、いましばらくこの観念を用いるとすれば、国民が公権力担当者に憲法を守らせるのは、国民が主権者であるからではない。いいかえれば、公権力担当者が憲法を守らなければならないのは、民主主義の故ではない。公権力担当者が憲法を守らなければならないのは、立憲主義の要請である。そうであるとすれば、公権力担当者に憲法を守らせる国民は、個人として表象されるのがふさわしい(7)。中世立憲主義において貴族が王とたたかって権利章典をかちとったように、近代立憲主義のもとでは、尊厳の担い手となった個人が公権力担当者に憲法を守らせるのである(8)。国民が政府に憲法を守らせたかは検証不能であるけれども、個人が政府に憲法を守らせる義務を果たしたかは、誰が見ていなくとも、当該個人自身がわかっている。誰が見ていようといまいと、「憲法が国民に保障する自由及び権利」を侵されないよう憲法をさぼる政府に憲法を守らせるべく自らの義務（「不断の努力」）を尽くすのが、「個人の尊厳」（憲法一二条・憲法一三条前段）の要請である。

跋

「憲法の番人」として個人が「努力」を尽くすべき場は、むろん選挙に限らない。だが、選挙は、個人を決定的に問う(9)。ほかに誰も入れない投票スペースは、人を、否応なく、個人にする（「イゾロワール（isoloir）(10)」）。そこでは、自らの帰属する中間集団の指図から自由になれるだけではない。自分自身を裏切ることさえできるのである(11)。誰も見ていないが、自分が知っている（共に知っているもの＝conscientia＝「良心」）。

（1）安保関連法制でなされたことは憲法改正でなされるべきであったと考えられた場合には国民の判断（憲法九六条）に直接委ねられるべきであるとして政治部門の判断が尊重されない可能性もないとはいえない。

（2）本稿は、この問題が仮象問題である可能性を否定しないとともに、「憲法の番人」という観念が概念としての精密さを欠くものであることも否定しない。そうしたことを留保してもなお問うべき問題があるといえるかは、読者の批判に委ねるほかない。

（3）宮沢俊義「憲法の番人」同『神々の復活』（読売新聞社、一九五五年）一八頁、一八頁。
（4）入江俊郎「統治行為」『公法研究』一三号（一九五五年）七五頁、九〇―九一頁。なお、参照、山本龍彦「国民主権と統治行為」『法学セミナー』七二九号（日本評論社、二〇一五年）五〇頁。
（5）宮沢俊義・芦部信喜『全訂 日本国憲法』（日本評論社、一九七八年）五九八頁。
（6）高橋和之「天皇の国事行為に思う」『世界』五二五号（岩波書店、一九八九年）一〇四頁、一〇八頁。
（7）水島朝穂「「憲法の番人」をめぐる抑制と均衡の力学」『法律時報』八六巻八号（日本評論社、二〇一四年）一八頁は、国民を「憲法の番人」とするが、憲法九九条と憲法一二条に言及するその論旨は、本稿のいう「個人」を意味していると解することができるように思われる。
（8）参照、蟻川恒正『尊厳と身分――憲法的思惟と「日本」という問題』（岩波書店、二〇一六年）。
（9）長谷部恭男『憲法〔第六版〕』（新世社、二〇一四年）三三〇頁の「秘密投票」に関する記述が玩味に値する。
（10）田村理『投票方法と個人主義――フランス革命にみる「投票の秘密」の本質』（創文社、二〇〇六年）一一二頁。
（11）樋口陽一「「人」と「市民」の緊張の中に立つ個人」同『憲法という作為――「人」と「市民」の連関と緊張』（岩波書店、二〇〇九年）二六四頁、二六七頁。

3　九条訴訟という錯綜体

序

九条訴訟は、特異な訴訟である。

憲法九条を守ることが訴訟の狙いだと、誰もが——当の訴えの当事者も含め——当然のように思っているところがあるが、恵庭事件にせよ、長沼事件にせよ、これまでの代表的な九条訴訟の被告人（恵庭事件）や原告（長沼事件）が訴訟の眼目としてきたのは、九条とは差し当たり独立の、当事者たちの個別具体的な権利を守ることであった。

もちろん、その個別具体的な権利の重要性を弁証する上で、あるいは、その個別具体的な権利に対する政府の侵害の厳しさを弁証する上で、九条が、被告人・原告らにおいて、有効な武器と感じられたことは確かであろう。けれども、この武器は、存外使いにくい武器でもあって、無暗に振り回すと、当事者たちの個別具体的な権利を守る上で役に立たないだけでなく、かえって妨げにさえなることも少なくない。

はたして、当事者たちの個別具体的な権利を守ることと憲法九条を守ることとが容易には整合しないところに、九条訴訟の――あまり語られることのない――困難さが存する。(1)

以下では、この困難さに直面し続けた一人の憲法研究者の思考の軌跡を辿ることを通じて、九条訴訟という錯綜体に向き合うための最低限の準備をしておきたいと思う。

その憲法研究者とは、深瀬忠一（一九二七―二〇一五）である。

一　恵庭訴訟（一九六三―一九六七）

深瀬が恵庭事件を知ったのは、三六歳の時であった。その時のことを、(2)深瀬は、一九八二年のある講演で、次のように話している。「一九六三年の三月の昼、北大のわきの小さな食堂で、……笹川紀勝先生と一緒に昼食をとっていました。当時、笹川先生は北大法学部の学生［正確には法学部転部前の理学部学生――引用者註］……、私は助教授でありましたが、笹川さんがポケットから北海道新聞の小さな三面記事の切抜きを取り出して「これは大変な問題だと思いますがいかがですか」と言いました。私はそれをみて、ゾーッとしたというか、武者振いというか、全身を戦慄のようなものが走るのを覚えました。その記事とは、「島松演習場に隣接する乳牛牧場経営の野崎兄弟が通信線を切って陸上自衛隊の……加農砲射撃を防止したため、札幌地方検察庁は札幌地方裁判所に自衛隊法一二一条の防衛供用物損壊罪重罰規定を適用して起訴した」というもので、この一週間前の小記事は私が（九九％の道民と同様）全く読み落としていたものでした。……その後、知り合いの弁護士彦坂敏尚氏と、札幌の三越わきの喫茶店で、三人で面談しました。私は言いました。『この刑事裁判は、日本国民の平和と人権を守るために憲法訴訟として争わざるをえないと思うが、どうか』と。彦坂さんはちょっと考えていましたが、言いました。『先生、おっしゃるとおりです。売られた喧嘩です。やりましょう』、と。このようにして、わが国における憲法の平和主義に関する最も重要な裁判の一つである『恵庭事件』は、まず一人、ついで二人、そして三人から始まったのであります(3)」（傍点原文）。

こうして始まった恵庭訴訟に、深瀬は、特別弁護人として深く関与した。わけても、これまで誰によっても試みられたことのない自衛隊法の憲法適合性審査を行うことができるようにするための理論的基礎を裁判所に提供することに努めた。一九六〇年代前半といえば、日本の憲法訴訟論の薄明期である。芦部信喜や時国康夫によって切り拓かれつつあった立法事実論などを手懸りに、深瀬は、同じく特別弁護人(4)となった行政法研究者の今村成和とともに、裁判所が自衛隊法の憲法適合性判断という難事業を手懸けることができるようにするための道筋をつけるべく力を尽くした(5)。

だが、札幌地裁による恵庭事件第一審判決は、自衛隊法の憲法判断には踏み込まなかった。同地裁は、被告人である野崎兄弟が切断した通信線が自衛隊法一二一条にいう「その他の防衛の用に供する物」には当たらないとして、兄弟の行為が同条の構成要件に該当しないことを理由とする無罪判決を下したのである。自衛隊法の憲法適合性をめぐって正面から組み合った被告人・弁護団と検察官の双方の予測を裏切って憲法判断を回避した恵庭事件第一審判決は、当時広く「肩すかし判決」と呼ばれた(6)。

深瀬は、判決後、この判決について、「いいようのない割り切れなさ、やり場のなさ」を感じたことを告白している(7)。「恵庭判決は、……違憲審査権を極端に矮小化する論理の中に自からを閉じ込め、憲法判断を回避してしまった」というのである(8)。深瀬は、「本件公判は判決が全く採用しない憲法論争に大部分を費し、判決の決め手となった構成要件該当性に焦点のあった当事者の主張・立証がなされていない」点を指摘し、「憲法判断を回避しない言明を(留保なしでも)繰り返しながら」、「もっぱら職権による法解釈により断を下した訴訟指揮は、当事者に対する信義に背く不意打ちとして、厳しい批判を免れないであろう」と言明した(9)。

けれども、深瀬は、この「肩すかし」に消極面だけを見たのではない。判決が自衛隊法の憲法判断に立ち入らなかったことに、深瀬は、「下級審の護憲の実務的知慧」(傍点引用者)を見出してもいる(10)。

砂川事件が第一審・東京地裁の日米安保条約違憲判決(一九五九年三月三〇日)の後、直ちに跳躍上告され、変則的統治行為論を用いた限りなく合憲判決に近い最高裁判決(一九五九年一二月一六日)を招いた先例を本件と照合し、深瀬は、「まず、札幌地裁は最高裁ではないという事実、地裁違憲判決はただちに跳躍上告され、一年そこそこで最高裁判決が出るだろうこと、その判決が違憲判決を支持することよりも、破棄する蓋然性の方が大きいという事実を直視することを、回避することは許されまい。かりに最高裁が砂川判決流の自衛隊法合憲判決を出したとするならば、どんなに悲惨な憲法状況に変遷するか。その結果に責任をとる立場からは、地裁違憲判決は最悪の事態を最も早く招く導火線になりかねないことを考慮しなければならない」（傍点原文）と述べている。[11]
憲法規範と牴触すると思われる法令が存する場合には、一般的には当該法令を違憲と断ずることが、裁判所としてなすべき護憲の振舞いであるだろう。けれども、下級審が違憲判決を下すことが、かえって最上級審での反対のモーメントの高まりに火を点ずることにしかならないとしたら、合憲判断を下さざるをえないと最上級審に思わしめる状況を作出しないことこそが、それぞれの時点での憲法状況を悪化させないために下級審が採りうる最良の方策となる。こう推論すれば、被告人無罪の結論を導出しつつ憲法判断を留保した恵庭事件第一審判決は、「右のような熟慮の末ギリギリの護憲行為をしたと解する余地」（傍点引用者）があるというのが、深瀬の見立てであった。[12]

だが、判決直後の深瀬は、この見立てにいう最良の方策を心底から最良の策であると得心していたわけではない。なぜなら、深瀬にとって、この見立ては、恵庭事件第一審判決後にはじめて思い至ったものではなく、本事件の公判当初から議論の俎上に上せていたものであり、俎上に上せた上で、いわば「熟慮の末」に棄てた筋だったからである。

深瀬は、一九六四年のある研究会での自らの報告を回顧し、「最高裁が現状のままでは、違憲判決の可能性に乏しいことを前提として、次の三つの態度のうち、いずれを最良とすべきかについて検討を乞うた」と記している。「三つの態度」とは、以下の如くである。「①『うられたケンカを受けて立ち、堂々と正攻法でたたかう。……地裁違憲判決の跳躍上告に対して学者の智性を結集し、世論をできるだけ盛り上げて、最高裁の堅塁をゆさぶる』／②『最高裁の本陣前に猪突猛進して全員討死』にということでは、『わな』にはまるようなものだ。『自衛隊法一二一条のいう防衛に供する用具に電話線はあたらぬ、「防衛」といった漠然たる概念で、馬やトラックや兵舎まで入れるようなやり方で、重罰を課する自衛隊法を適用した起訴は、憲法三一条違反だ。ましてや、侵略の可能性が現実に全然ないのに、「防衛」に供する用具とはいえぬ。その違法の急所をつけば自衛隊の憲法第九条違反性を問題とするまでもなく……被告無罪というやり方でいけば、むしろ必ず勝つんじゃないか』（傍点原文）／③『両者の折衷説。自衛隊の違憲性を理論的にも実際的にも徹底的に実証する。そして自衛隊法一二一条の違憲の疑いは極めて強い。直接違憲は断定せぬ。そのような規定の適用はできるだけひかえ、防衛に供する用具は縮小解釈し、刑法の規定を適用すべきだったのに、それを排して適用した起訴処分は違法である、といった構成をとる』[13]」。

こうした検討の上で、深瀬は、②を——「必らず勝つんじゃないか」と思いながら——あえて棄て、自らは、①を、その「わな」にもかかわらず、採用するとしたのである。深瀬は、検察による控訴の可能性もありえたし、刑法上の器物損壊罪に切り替える可能性もないではなかったにもかかわらず、「無罪判決の確定をもたらしたのは、弁護団・学者・支援の人々が、①方式で真正面からたたかったからこそ、ありえたのである」と書いている[14]。恵庭事件第一審判決後の深瀬が、判決の採った②の態度に寄り添い切れないのは、むしろ当然でさえあるだろう。

ここに露頭しているのは、当事者たちの個別具体的な権利を守ることと憲法九条を守ることとが容易には整合しないという九条訴訟の困難である。

九条訴訟ではない通常の憲法訴訟であるならば、侵害されている当事者たちの個別具体的な権利を恢復するためには、彼らの権利を侵害している政府行為に対して違憲判断を求めるのが、当該当事者にとっての護憲の振舞いであるところ、九条訴訟にあっては、とりわけ下級審において政府行為に対する違憲判断を求めることは、最上級審での合憲判断を導くことを意味しかねず、したがって、当該当事者にとっての護憲の振舞いにならない、といった塩梅なのである。

政府行為と憲法が抵触すると思われるとき、違憲判断によって政府行為を無効とし、憲法の優位を確認することが、当該政府行為によって侵害されている当事者たちの個別具体的な権利を守ることであると同時に、「憲法を守る」ことでもある。その限りで、権利の保障と憲法の保障は重なる。違憲判断を控えることは、一般的に考えれば、憲法を守っているとは言い難いことのように思われる。

だが、九条訴訟では、政府行為に対して敢えて違憲判断をしないことによって憲法が守られる場合があるというのである。とはいえ、合憲判断にまで至れば、それが如何に当事者たちの個別具体的な権利を守ることと両立しうるとしても、憲法を守る振舞いとは流石にいえないであろう。

そうであるとすれば、ここにいう「護憲の実務的知慧」は、違憲判断を控えることであるとしても、合憲判断をすることではありえない。「護憲の実務的知慧」とは、恵庭事件第一審判決の場合、憲法判断の回避であるほかはない。

だが、これを狙うことは、「護憲」を志す者の訴訟戦略としては、少なくともふたつの意味で、すこぶる困難である。

第一に、政府行為が違憲であるとも合憲であるとも裁判所に言わせないということは、「護憲」を志す者の法戦略として魂を揺さぶるものに乏しい。

第二に、にもかかわらず、政府行為が合憲であると裁判所に言わせないためには、当該政府行為によって個別具体的な権利を侵害されたと訴える訴訟当事者としては、強い違憲主張をすることが必要となる場合があるが、この強い違憲主張が通常の意味で奏功した場合には、政府行為が違憲であると裁判所に言わせることに帰結しかねず、ダブル・バインドに陥る。

恵庭事件第一審判決が下された後の深瀬を次第に捕えたのは、このような意味での錯綜体としての九条訴訟の制禦し難い性格であった。

二　長沼訴訟（一九六九—一九八二）

錯綜体としての九条訴訟は、恵庭事件第一審判決から僅か二年で、再び、深瀬の前に、その制禦困難な相貌を現わす。

長沼事件である。

古くから水害に悩まされ続けてきた北海道夕張郡長沼町は、町内に聳える馬追山が水源涵養保安林に指定されていることによって、川の氾濫等から守られていた。ところが、航空自衛隊ナイキミサイル基地建設のために、農林大臣が馬追山の保安林指定を解除する処分をした。この処分の適法性を問題として、多くの住民が処分取消しを求める訴えを提起したのが、長沼事件である。

保安林の指定解除が認められるのは、「公益上の理由により必要が生じたとき」（森林法二六条二項）であるとされていた。本件の保安林指定解除は憲法九条二項によって保持できないとされる戦力のための施設設置を目的とするから「公益上の理由」があるとはいえないとする原告の主張と、国の防衛施設の設置はきわめて高度の公共性をもつ国家作用であるから本件の指定解除には「公益上の理由」があるとする被告の反論とが、正面から対峙し、恵庭事件に続く大規模な九条訴訟として注目を集めた。

一九七三年九月七日、第一審・札幌地裁は、「自衛隊の存在およびこれを規定する関連法規が憲法に違反するものである以上、自衛隊の防衛に関する施設を設置するという目的は森林法の右条項にいう公益性をもつことはできない」と述べ、本件保安林指定解除処分は「「公益上の理由」を欠く違法なものであり、取消しを免がれない」との判断を下した。

長沼訴訟が、深瀬の前に、その錯綜体としての険しい面貌を現わしたのは、このときからである。この地裁違憲判決に対し、深瀬は賛辞を惜しまない。けれども、そうであればあるだけ、深瀬には、最上級審での反動が懸念された。弁護団[15]による違憲主張が奏功すればするだけ、錯綜体としての九条訴訟は、困難な課題を突きつける。裁判所が違憲とも合憲とも言わなかった恵庭事件第一審判決の場合には突き詰めずに済んだ模擬問題が、長沼事件第一審判決の後、ついに現実問題となったのである。

長沼事件第一審判決は、保安林指定解除処分を取消す点において、原告らの具体的な権利利益を保護するとともに（権利保障の契機）、違憲判断をした点において、憲法九条の価値それ自体の確認までをもなしえたが（憲法保障の契機）、ほかならぬその後者の点の故に、むしろ最上級審での形式的ないし実質的逆転判決への導線をつけたともいいうる。

それならば、最上級審で違憲判決が維持されればそれでよいのかというと、それも、深瀬の課題意識からいって、単純には肯定できない。最上級審で違憲判決が出されれば、そこでの憲法解釈上の問題は、司法過程を含む通常の政治過程から憲法改正過程へと場を移して（いわゆる「転轍手の理論」）、当該問題を合憲であるとする政治勢力の主導のもと、憲法改正過程で再審査の対象とされることとなるだろう。

護憲勢力にとっての到達点といわれた長沼事件第一審判決は、そうであるが故に、その戦果を、上級審・最上級審において、守り、摩耗させないためには如何なる戦略が必要か、という極めて深刻な実践的課題に、護憲勢力を直面させずには措かなかった。

恵庭事件第一審判決の直後には、自ら同判決中に見出した「下級審の護憲の実務的知慧」を積極的に承認する覚悟までは把持していなかったように見受けられた深瀬は、ここにおいて、九条訴訟という錯綜体の孕む固有の困難を正面から引き受けるに至ったと想像される。

深瀬は言う。

「①……平和憲法を守るとは、次のようなことだと考えられた。

『恵庭事件は、……わが国における戦力強化の動きを阻止し、さらに公平・厳正な裁判所に一見明白な違憲事実を違憲と宣言せしめることによって立憲民主制の姿勢を正す……、最後の抵抗の場であるというべきであろう。』

「恵庭裁判」は、右のような基本的認識と課題意識において一致し、弁論、理論そして世論の理解・支援が三論一体となり、違憲論が合憲論を圧倒した裁判過程だったといえる。しかし、刑事事件における一審の違憲判決と跳躍上告、一年以内の逆転最高裁合憲ないし統治行為判決については「砂川事件」の例があり、あくまでも慎重かつ結果に責任を負う判断が必要であった。かつ、最高裁判所の憲法解釈（最終決定）権と憲法「変遷」ないし憲法改正との関連も十分考えねばならない」。（傍点原文）

「②……このような最高裁との関係で、困難かつ追いつめられた国民にとって、次のようにつきつめて考えねばならなかった。

『検察官が主張するような端的な自衛隊（法）合憲判決の確定は、客観的に積極改憲論者の主張の実現を意味することを、充分考慮しなければならないと思う。そのような憲法変遷の確定＝実質的改憲を、いかにして遷延させ、限定し、解体しあるいは阻止するか、そのことによってどれだけ平和憲法を自らの力で確立することができるかという国民的課題に、いまわれわれは直面しているというべきであろう。(16)』」(傍点原文)

ここには、憲法を守ることの意味が、違憲な政府行為ないし事実を端的に「違憲と宣言」することと(1)と、「憲法変遷の確定＝実質的改憲を、いかにして遷延させ」るかを戦略的に考えること(2)との、ふたつの関心からの意味に分節して提示されているが、かかる戦略論を、深瀬は、長沼事件第一審判決を承けた原告側弁護団の争い方ないし訴訟目的の設定として具体化した。

深瀬は、次のように書いている。「長沼一審判決の否定としての、逆転判決＝自衛隊合憲ないし実質的合憲（統治行為）判決を「阻止」する「長沼弁護団」の作戦（自衛隊の合違憲判断を最高裁に訴求せず、「訴の利益」のみを争い「破棄差し戻し」を請求――この点を見落して最高裁判決を論評する者が意外に多い）は、上記(1)の主張が反対極に逆転しうるという最高裁の現実状況を直視しつつ、上記(2)の「憲法変遷の確定＝実質的改憲を……遷延させ、限定し、解体しあるいは阻止する」ことをねらった」（傍点原文）ものである。(17)

「長沼弁護団」が、「作戦」として、「自衛隊の合違憲判断を最高裁に訴求」しない道を選択したということは、「長沼弁護団」および深瀬が、長沼事件第一審判決を護憲運動の誇るべき到達点としながらも、上級審・最上級審では、別の戦略をとり、長沼事件第一審判決がしたような自衛隊ないし自衛隊法に対する違憲判決を、高裁・最高裁に対しては、むしろしないよう求めるという訴訟戦略を打ち樹てたことを意味する。

違憲の政府行為に対しては違憲の烙印を押すことこそが護憲の通常の発現形態であるとする一般的な理解からすれば、これは、護憲の在り方として特筆すべきものであろう。まさしく前記の②である。深瀬は、前記①に尽くされないもうひとつの意味を「憲法を守る」営為の新たな形態として創造したのである。

既に見たように、恵庭事件第一審判決の憲法判断回避のうちに、深瀬は、「下級審の護憲の実務的知慧」を汲みとった。これとの対比でいうならば、第一審の違憲判決を承けての長沼事件の訴訟展開に対して深瀬が期待したもの――最高裁が自衛隊を合憲とする判断を下さないだけでなく違憲判断をも下さないこと――は、「最上級審の護憲の実務的知慧」というべきものであろう。

「自衛隊の合違憲判断を最高裁に訴求せず、「訴の利益」のみを争い「破棄差し戻し」を請求」するという「長沼弁護団」の作戦は、深瀬によれば、最高裁による「合憲判決（実質的合憲判決の効果をもつ統治行為判決をも）を「阻止」することによって達成した(18)」。

一九八二年九月九日の長沼事件上告審判決は、原告らの訴えの利益は消滅したとして、原告らを敗訴させている。同判決は、「乙と表示のある上告人らの原告適格の基礎は、本件保安林指定解除処分に基づく立木竹の伐採に伴う理水機能の低下の影響を直接受ける点において右保安林の存在による洪水や渇水の防止上の利益を侵害されているところにあるのであるから、本件におけるいわゆる代替施設の設置によって右の洪水や渇水の危険が解消され、その防止上からは本件保安林の存続の必要性がなくなつたと認められるに至つたときは、もはや乙と表示のある上告人らにおいて……訴えの利益は失われるに至つたものといわざるをえない」と述べ、「洪水の危険は社会通念上なくなつた」とする原審の判断は是認できるとして、上告を斥けた。だが、「長沼弁護団」の作戦はその目的を「達成した」とする深瀬の言葉は、負け惜しみではない。訴えの利益が認められなくとも、最高裁に違憲とも合憲とも判断させないことによって、憲法改正過程を始動させることなく、今日まで「憲法変遷の確定＝実質的改憲を……遷延させ」ていることそれ自体が、錯綜体としての九条訴訟の訴訟過程をよく統禦し、「最上級審の護憲の実務的知慧」を引き出したと評しうるからである。

最後に、長沼事件上告審で裁判長を務めた団藤重光裁判官の反対意見に触れる。団藤重光反対意見は、次のように述べている。「多数意見［は］、「原審は、……各砂防堰堤の土砂流出防止機能とb一号堰堤の洪水調節能力とにより、乙と表示のある上告人らの居住する地域における洪水の危険は社会通念上なくなつたものと認定判断しているものと解される」としている［が］、原判決がはたしてそのように洪水の危険が社会通念上なくなつたものと認定判断しているものといえるかどうかについて、わたくしとしては、なお、不安を払拭し切れないのである。問題は、原審が訴えの利益の問題について、かならずしも多数意見（私見も同様）と同一の見解をとつてはいないのではないかとおもわれる点にある。原判決はもつぱら本件代替施設が「伐採前の本件保安林が果していた理水機能による洪水防止の機能に代る機能を十分に営み得るものである」かどうかの点に着眼して、これを肯定的に認定判断しているのである。つまり、多数意見や私見においては、端的に本件代替施設の設置によって洪水や渇水の危険が解消されたと認められるにいたったかどうかを問題としているのに対して、原審は、単に右施設の理水機能が伐採前の本件保安林のそれと同程度のものになったかどうかを問うているにすぎない。……わたくしは、やはり、原審をして正しい理論的前提のもとに改めて訴えの利益の消滅の有無について審理を尽くさしめるのが本筋だとおもうのであり、原判決を破棄して事件を原審に差し戻すのが相当であると考える」。

ここには、「自衛隊の合違憲判断を最高裁に訴求せず、「訴の利益」のみを争い「破棄差し戻し」を請求」するとした「長沼弁護団」の作戦どおりの判断が表現されている。団藤重光反対意見を折に触れ深瀬が高く評価するのは、当然であろう。

だが、その意味は矮小化されてはならない。原判決と上告審・多数意見との間にあり、多数意見が気づいていない可能性がある見解の差違を厳密に捉える団藤は、訴えの利益という行政訴訟の訴訟要件にかかわるテクニカルな問題領域に分け入って法専門家のみが玩味しうる高度に技術的な論議に耽っているのではない。「ややもすれば安易に徒過されかねない本件事案について、あえて緻密・鋭利な分析を加え、最高裁のより厳格な基準を鮮明にし、かつ、洪水等の被害から住(国)民の生命・生活・基本的人権を保護しようとする「人権の砦」の強靱な「本筋」を貫いたものとして、国民はこれを高く評価しなければならない」(傍点引用者)と深瀬は書き[19]、「同裁判官の本件裁判の本質に対する深い洞察に、国民と平和憲法の立場から、敬意を表することを忘れてはならないと考える」と付記している[20]。

跋

今日に至るまでの九条訴訟の積み重ねのなかで、長沼事件上告審判決における団藤重光反対意見は、特筆されることが多くはない。けれども、九条訴訟という錯綜体にあって、訴えの利益が消滅したか否かのみを精緻に論じ、憲法判断に一切及ぶことのない同反対意見には、当事者たちの個別具体的な権利を守ることと憲法九条を守ることとを真に整合させるための「最上級審の護憲の実務的知慧」が濃縮されているように思われる。その意義を誰よりも重く受け止めたのが、九条訴訟の困難さに生涯直面し続けた憲法研究者であったことは、偶然ではない[22]。

（1） 違憲審査制には、私権保障と憲法保障のふたつの機能が託されているが、九条以外の憲法上の条項にかかわる違憲訴訟の場合には、当事者の個別具体的な権利を守ることが当該憲法条項を守ることと緊張関係に立つことは一般に考え難い。

（2） この出来事については、笹川紀勝「恵庭訴訟の原点——権力によって選ばれた時と国民の決意する時」『法律時報』八八巻九号（日本評論社、二〇一六年）六〇頁を参照。

（3） 深瀬忠一「一人の価値と力——世界平和の建設に寄与しうるもの」同『平和の憲法と福音』（新教出版社、一九九〇年）一八七頁、一九七—一九八頁。

（4） 特別弁護人として、ほかに、憲法研究者の久田栄正がいる。久田については、西村裕一「北海道と九

条」『法律時報』八八巻九号（日本評論社、二〇一六年）七〇頁を参照。

（5）一九六五年に執筆された深瀬と今村成和による「自衛隊の実体審理の必要性にかんする特別弁護人の共同意見(1)」（深瀬忠一『恵庭裁判における平和憲法の弁証』（日本評論社、一九六七年）六七頁）を参照されたい。

（6）但し、恵庭事件第一審判決が憲法判断に踏み込まないことを裁判所の訴訟指揮等から予測した新聞記事があった。判決言渡し二日前、一九六七年三月二七日の北海道新聞である。

（7）深瀬忠一「恵庭裁判の残した問題」『法律時報』三九巻九号（日本評論社、一九六七年）二二頁、二一頁。

（8）深瀬・前掲註(7)二一―二二頁。

（9）深瀬・前掲註(7)二二頁。

（10）深瀬・前掲註(7)二四頁。

（11）深瀬・前掲註(7)二五頁。なお、宮沢俊義「恵庭判決について」『ジュリスト』三七〇号（有斐閣、一九六七年）二五頁を参照。

（12）深瀬・前掲註(7)二五頁。

（13）深瀬・前掲註(7)二六頁註3。

（14）同上。

（15）内藤功「恵庭・長沼裁判の今に活きる教訓」『法律時報』八八巻九号（日本評論社、二〇一六年）六六頁を参照。内藤は、恵庭事件・長沼事件等、代表的な九条訴訟の弁護団にあって重要な役割を果たした。

（16）深瀬忠一「平和憲法は冬眠しているか――憲法解釈学の一つの今日的課題」『法律時報』五六巻六号（日本評論社、一九八四年）二二頁、二五頁。

（17）深瀬・前掲註(16)二六頁。

（18）同上。

（19）深瀬忠一「長沼最高裁判決と憲法の平和主義毅――恵庭・長沼裁判の二〇年の意義と今後の展望」『法学セミナー』三三七号（日本評論社、一九八三年）一六頁、一八頁。

(20) 深瀬・前掲註(19)二一頁。

(21) 本稿は、私が企画に携わった二〇一六年の法律時報八八巻九号「小特集 9条裁判を再考するために――深瀬忠一の actualité」に寄せた小稿(同号五四頁)をもとにしている。本稿のほかに私が深瀬を取り上げたものとしては、蟻川恒正「「不断の努力」と憲法」辻村みよ子ほか編『国家と法の主要問題――Le Salon de théorie constituionelle』(日本評論社、二〇一八年)一〇九頁がある。なお、深瀬の九条論の actualité については、岡田信弘「深瀬9条論の今日性――「丸山9条論への応答」として読み解く」『法律時報』八八巻九号(日本評論社、二〇一六年)七六頁を参照。

(22) 九条訴訟に対する私の考えは、蟻川恒正「裁判所と九条」同『尊厳と身分――憲法的思惟と「日本」という問題』(岩波書店、二〇一六年)九五頁。

III　権力に応じた義務

4 《通過》の思想家　サンフォード・レヴィンソンの憲法理論

序

一九八〇年代半ば以後のアメリカに、ほぼ時を同じくして、公的生活から宗教が系統的に排除されているという現状把握を提起し、これを梃子として、かかる現状を産出・再生産するアメリカ社会の基本枠組を告発する論陣を張る一群の法理論家が現われる。ケント・グリーナウォルト、マイケル・J・ペリー、スティーヴン・L・カーター、サンフォード・レヴィンソン、マイケル・W・マコンネル、メアリー・アン・グレンドン、スティーヴン・D・スミスらである。

彼らは、政治的立場も宗教的帰属も学問的方法も区々であるが、アメリカ社会の現状の問題性を「宗教の私事化（privatization of religion）」という共通の仮説によって剔出する一点で、辛うじて繫がっている。そのような彼らを、以下では、New Religionist と呼ぶ(1)。

公的生活における宗教の排除という多面的問題の全体を通観した彼らは、その過程で、ある決定的な問題に触れる。それは、公的討議からの宗教的要素の排除という問題である。ここに、公的討議（public dialogue, public deliberation）とは、緩やかに、市民・公務員・立法者・裁判官等がその性格差に応じてそれぞれの公的資格において行う議論ないし役割行動を指す。

アメリカにおける公的討議からの宗教的要素の排除の徴表を、New Religionist は、アメリカ連邦最高裁判所の政教分離判例史に一時代を画した Lemon 判決のなかに見出す。但し、それは、Lemon 判決がその法廷意見の結尾に記す、「宗教は、個人・家族・私的に選択された諸制度にとっての私事（private matter）でなければならない」[2]という命題ではない。なぜなら、この命題――これは New Religionist が「宗教の私事化」仮説[3]の主要な典拠とするものである――は、その主張の射程を公的討議の場面に限定していないからである。彼らが公的討議からの宗教的要素の排除の徴表とみなすのは、Lemon test、とりわけ、その世俗的目的の基準である。Lemon test によれば、法律が合衆国憲法修正第一条の国教樹立禁止条項に違反し無効とされないためには、その立法目的が世俗的目的でなければならない。これは、立法の合理性を弁証しようとする公的討議の空間から宗教的理由の提出を排除するものである。

New Religionist は、このことを、二つの連邦最高裁判決によって、例示する。一つは、一九八五年の Wallace 判決[4]である。これは、公立学校において瞑想ないし黙禱を可能とする沈黙の時間の創設を定めた州法を、――公立学校における祈りの時間の設営を違反とする確立した判例の下で明らかな憲法違反の可能性を回避しつつ実質的に学校での祈りを復活させようとした立法の動機は宗教的なもの以外には考えられないとして――修正一条違反と宣告した判決である。いま一つは、一九八七年のEdwards判決である。[5] これは、公立学校において、人類の起源に関する創世説を進化論とともに教えることを義務づけた州法を、――その明らかな宗教的意図の故に――違憲無効とした判決である。

この二つの判決は、New Religionistによれば、それぞれの法律内容を実体的に無効と判断した判決である以前に、或る一つの不可視の原理――（この場合でいえば立法者の法律制定活動という）公的討議の場に（この場合でいえば動機として）宗教的要素が投入されることを排除する原理――の存在を透し見せた判決である。[6]

この原理は、明確な輪廓をもった独立の法原理でない代わりに、法生活の多様な局面に潜伏して、汎くアメリカの法思考を基底づけている遍在的原理であるとされる。一般に、公的討議における宗教的要素の混入は、それだけで国教樹立禁止条項に反するわけではない。それにも拘らず、アメリカの法思考には、かかる混入を拒絶しようとする「事実上の国教樹立禁止（*de facto* disestablishment）[7]」とでも呼ぶべきものが普遍的に作用しているというのである。この点に、New Religionistは、「宗教の私事化」問題の窮極の発現を見る。New Religionistは、狭義には、かかる問題次元を共有する法理論家として定義されるべきである。

公的討議からの宗教的要素の排除という問題次元への着目は、New Religionistの営為を、アメリカ社会における「宗教の私事化」への危機感を共有する非＝法理論家のそれから区別する。例えば、歴代大統領がその公式演説中に神の語や聖書的表象を散りばめる事実を以て、アメリカにおけるcivil religionの隆盛として肯定するロバート・N・ベラーは、象徴的な紋切型をこえる宗教的思考が公的討議において占めるべき位置についての課題意識に乏しい(8)。また、アメリカの公的領域が宗教に対する敵意から脱宗教化したことを、公的生活を世俗的全体主義に対して無防備(naked)にするとして歎くリチャード・J・ノイハウスは、公的討議に宗教論が貫徹しないことに対しては、それが同じ敵意に発するものであるかもしれないにも拘らず、殆ど抵抗を示さない(9)。

この二例は、公的討議を如何に構成すべきかという主題が、——いわゆる公共圏(public square)やいわゆる公宗教(public religiosity)に関する知のみでは完結しない——法学に固有の学理によって対処されなければならない現代法理論の理論課題であることを暗示する。はたして、公的討議に対するNew Religionistの強烈な問題意識の背後には、とりわけ一九八〇年代以降のアメリカ法哲学がこの問題に払ってきた持続的関心の蓄積がある。

以下の本論では、公的討議と宗教の関係に関するアメリカ法哲学における議論の潮流を概観し(一)、かかる議論との理論的相互交渉のなかで展開されたNew Religionistの代表的な立論を追跡した上で(二)、この問題に対するサンフォード・レヴィンソンの対応がNew Religionistの理論営為一般から区別されるべきものであることを示す(三)。

一

1

公的討議のあるべき形を一貫した理論構想によって設計するアメリカ法哲学の基本文献の一つが、ブルース・A・アカーマンの一九八〇年の主著“Social Justice in the Liberal State”[10]である。正義の原理として中立的対話を掲げるこの著作は、公的討議への宗教的要素の介入を認めない見解の代表例と目され、New Religionist の批判の標的とされる[11]。真理性要求の強い宗教の公的生活への投入は、善に関する多様な観念の間の中立を志向する正義論と容易には接合し難い。しかし、中立的対話が凡そ宗教的要素を免れた公的討議を理想とするかは、想像されるほど分明でない。以下では、アカーマンの公的討議理論の構造を概観する。

アカーマンが前提する人間像は、力への闘争によって枷を嵌められた自我（selves very much encumbered by a struggle for power）である[12]。資源の稀少性によって特徴づけられる社会では、ある資源の現在の保持者は、常に、その資源への支配を要求する現在の不保持者からの挑戦に晒される。「我々は生きている限り、力への闘争から逃れることはできない[13]」。この挑戦者に対し、挑戦者の抑圧を以て応じるのでなく、挑戦者との間に会話（conversation）の関係を樹立し、その関係のなかで自己の保持の正当性を主張する途を選ぶことは、――会話に着手するや否や、彼の主張の正当性が崩されるかもしれない以上――資源の現在の保持者に有利な見透しを与えるものではない。にも拘らず、アカーマンは、資源保持者は、「正当化のゲーム（game of justification）」[14]に従事すべきであるとする。力への闘争を、資源の保持者と不保持者との間にとりもたれる会話によってたたかわせようとするアカーマンにとって、正義とは、かかるゲームを運営するための取極である。ゲームの規則を構成する正義原理は、三つから成る。第一は、合理性原理である。誰かが他の者のもつ力の正当性に疑問を付するときは如何なる場合であれ、力の保有者は、疑問提起者（questioner）を抑圧することによってではなく、なぜ自らが当該資源を保持すべき権原を疑問提起者よりも強く持っているかを理由を挙げて説明することによって応じなければならない、とするものである[15]。第二は、整合性原理である。ある機会に力の保有者によって提出される理由は、別の機会に彼が力に対する諸権原を正当化するものとして提出する諸理由と整合していなければならない、とするものである[16]。二つの原理は、正当性のための議論に占める理由の重要性を示すものである。しかし、理由のもつ重要性は、一定の種類の理由を排除する第三の原理を俟って、はじめて、その十全性を具備する。第三の原理とは、中立性原理である。如何なる理由も、それが力の保有者に次のような主張、すなわち、（a）善に関する彼の観念が同僚市民の誰によって主張されるものよりも優れているという主張、または、（b）善に関する彼の観念が如何なるものであれ彼は同僚市民の誰よりも本来的に勝っているという主張、を要求するならば、その理由は、よい理由ではない、とするものである[17]。中立的対話とは、第三の原理が示す「制約された会話」の思想を中核とするアカーマンの正義原理の全体を指す。

かかる正義原理に宗教への直接の言及はない。しかし、New Religionist は、その第三原理（a）が、善に関する諸観念のなかでも別けても抗争的性格の強い宗教を公的対話から排除しない筈がない、と解釈する。この解釈は、中立性原理の原基をなす特権的洞察排除の原理に照すとき、首肯できないものではない。「何人も、他の者には与えることのできない道徳的世界への特権的洞察を主張することによって政治的権威を擁護する権利を有しない[18]」とするその原理は、元来パターナリズムへの駁論であるとされるが、「特権的洞察（privileged insight）の概念は、子に対する関係での父ないし国民に対する関係での国家が排他的に到達できる境地を指すよりは、同僚市民に通有な理性による検証を受け付けない宗教の固有な世界観を指すのに一層親和的であるように思われる。しかも、自己の中立的対話原理の最終的正当化を試みる行論のなかで、アカーマンが、自らの標榜する「制約された会話」を、「地上における神の代理人を装う全ての者の世俗的権威に概念上の限界を画するための装置[19]」であると云うとき、その言明は、特権的洞察排除の原理を語った先の件りをそのまま繰り返しているようにも見える。しかし、アカーマンの公的対話に宗教の占めるべき場所が一切ないかといえば、それは疑問である。これを見定めるために、いま暫く吟味する。

一九八九年の論文 'Why Dialogue?[20]' において、アカーマンは、「道徳的真理について意見を異にする人々が、にも拘らず、共に生きるという進行中の問題を筋道だてて解決するためにはどうすればよいか」、という――「政治的秩序」に関する――設問を立て[21]、これまで公的対話による解決策として三つのものが考案されてきたと述べる。第一は、道徳的意見に関する不一致を「切り札で切る（trump）」というものである。これは、より小さな道徳的不一致をこえて全ての人々が最重要とみなす単一の価値の承認を対話参加者に迫る、という戦略である。「自己保存（self-preservation）」の価値を奉ずるトマス・ホッブズの理論がそれに当るとされる。(22) 第二は、道徳的意見に関する不一致を「翻訳する（translate）」というものである。これは、一定の公分母に従って対話参加者間の抗争を変換するという戦略である。「効用（utility）」を函数とするジェレミー・ベンサムの理論がそれに当るとされる。(23) 第三は、道徳的意見に関する不一致を「超越する（transcend）」というものである。これは、対話参加者から個別の人生経験を剝ぎ取ることにより道徳的不一致に新たな視野を拓こうとする戦略である。「原初状態（'original position'）」の概念に大きく依存したカント的段階のジョン・ロールズの理論がそれに当るとされる。(24)

以上に対し、アカーマン自身の解答は、道徳的意見に関する不一致については「何も語らない（say nothing at all）」とするものである。これは、人々を分裂させる道徳的理想に関する議論を会話の議題に上せないという戦略である。(25) ホッブズ的戦略は、対話参加者に、彼女が誤り（false）であると考えるかもしれない内容――「自己保存」の価値の至上性――を語ることを強いる。ベンサム的戦略は、対話参加者に、――立論の根拠を「効用」に還元させることを通して――自己の道徳的信念を偽る（falsify）ことを求める。ロールズ的戦略は――対話に参加する条件として自己の道徳的意見の忘却を要求する限りで――対話参加者の道徳的 commitment を無用にさせる（falsify）。

これらに対し、「何も語らない」とするアカーマンの戦略は、対話参加者に――「会話の制約」を課しはするが――積極的に嘘をつかせることがない（none of us will be obliged to say something that seems affirmatively false）。「政治的秩序」が、相互に対立する道徳的意見の間に――それらのいずれをも損うことなく――平和をもたらすために確立されるべきものであるとすれば、対話に参加する各個の道徳的主体に嘘をつかせないことは、「政治的秩序」が充すべき第一条件でなければならない。アカーマンが第四の戦略を採用する理由は、ここにある。

道徳的意見の不一致に関して人々に「何も語らない」ことを要求することは、しかし、公的対話からの宗教的要素の排除――宗教もしくはそれに準ずる強い道徳的確信を持つ人々に公的生活における沈黙を強いること――を意味するのではない。一方で、力への闘争を媒介する役割を期待されるアカーマンの「対話のプロジェクト」は、「誰もが如何なる質問をも発しうるものでなければならない(26)」。しかし、そうであればこそ、他方で、そのような対話における質問に対する回答は、「全る対話参加者が理に適ったものであると考える〔観点から〕解決案を提出する(27)」ものでなければならない。「問」と「答」の間には、非対称が内在しているのである。かくして、アカーマンの「何も語らない」とする戦略が及ぶのは、対話における「答（answers）」であって、「問（questions）」ではない(28)。したがって、この意味での「問」の文脈においては、宗教的要素は、公的対話から排除されない。

更に、宗教的要素は、「答」の文脈においても、公的対話から一切排除されるわけではない。道徳的意見に関する不一致について「何も語らない」ことが求められるのは、対話の第一段階にすぎない。第二段階では、道徳的意見に関して潜在的に重なり合いを見込みうる範囲内で、政治的議論に動員しうる「公的価値前提」[29]を同定し、かかる価値前提から公的対話に参入可能な議論を形成することが期待されている。「制約された会話」・「何も語らない」戦略が公的対話における否定性の契機をなすとすれば、「公的価値前提」の同定とそれをもとにした議論の構築は、公的対話における肯定性の契機をなす。そうして、かく構築される議論のなかに、一旦は排除された宗教的要素が――一定の操作を施されて――更めて導入される可能性はある。

アカーマンの公的討議理論に New Religionist から批判されるべき点があるとすれば、余りに厳格に実践された否定性は、その上に生産的な肯定性を築くことを望み難くする、という点[30]であろう。

2

道徳的意見に関する和解し難い不一致が支配する時代の公的討議の原理は、人々の間に討議を可能とする最低限の共通基盤を発見ないし創造することができるかどうかをその成否の鍵とする。かかる意味での共通基盤を、異る道徳観によって共有される道徳的価値実体の実在に見出そうとする余り、アカーマンが、彼のいわゆる対話の第二段階を構想する具体的イメージを描くことができなかったとすれば、公的討議に関するジョン・ロールズの理論の強みは、そのようなイメージ抜きに討議世界の自己完結性を志向するところにある。以下、ロールズの公的討議理論の一面を再構成する。

ロールズによれば、一九七一年の"A Theory of Justice"[31]から一九九三年の"Political Liberalism"[32]までの間に、現実社会のなかに相互に通約不能な「包括的教義（comprehensive doctrine）」——善き生の構想を指示することを通じて人にその生の全局面に亙る思考と行動を命ずる宗教的ないし世俗的な世界観——の多元化が進行し、それが、彼の世界把握に変更を迫る。例えば、人が他の者に対して過度な道徳的要求をした場合に、かかる要求の当否を裁定する基準として単一の「共通見解（common point of view）」が人々の間に承認されているとき、社会は「充分に秩序づけられている」、というのが、一九七一年のロールズの立場である[33]。道徳的価値観の多元的並立は、この立場が想定する形態の共通基盤を掘り崩す。自らの正義論のなかで暗黙裡に同質的道徳観を持つ人々から成るものとして想定されていた「充分に秩序ある社会（well-ordered society）」の概念を、異質な道徳観を持つ人々が構成する社会への適用にも耐えうるように鋳直す必要が自覚される[34]。そのための鋳型として一九九三年のロールズが選んだ概念が、「分別ある多元主義（reasonable pluralism）」である。包括的教義は、それが市民の基本的自由平等性を承認し、他者との間の相互的交流の可能性に開かれたものである場合、異る包括的教義との間に一定の秩序を形成することが可能となる。そのような包括的教義を構成要素とする多元主義を、ロールズは、自己の理論が適用される現代の民主主義社会にとっての基礎的条件とするのである。

通約不能だが「分別ある」異る複数の包括的教義が形成する秩序は、共通の道徳的実体価値や道徳的問題についての単一の裁定基準は持たないが討議の規則に服することだけは受け入れた人々から成る秩序である。ロールズの描く公的討議の規則が如何なるものであるかは必ずしも明瞭でない。だが、その規則には次の二つの要素があると推断される。一つは、どちらかと云えば実体的なもの――人々は公的討議を通じて基本的な政治的問題についての自己の立場の正当化を「正義についての政治的構想（political conception of justice）」の観点から行わなければならないという規則――である。[35]「正義についての政治的構想」とは、相互に対立し合う包括的教義のいずれからも独立に、民主主義社会の基底的文化のなかに潜在する基本的諸観念から組み立てられる正義の構想をいう。討議参加者が正義に関して偶々世界観を共有していたとしても、かかる世界観にもとづく正義構想は、一九七一年の「充分に秩序ある社会」を規律した「正義についての共通の構想（public conception of justice）」[36]ではあっても、一九九三年の「充分に秩序ある社会」を規律すべき「正義についての政治的構想」ではない。一九九三年のロールズにとっては、共通の世界観にもとづく正義構想は、端的に、一つの包括的教義である。「正義についての政治的構想」は、如何なる包括的教義からも独立した正義構想でなくてはならない。いま一つは、どちらかと云えば手続的なもの――討議において用いられるべき推論の道具立ては人々の間に広く認知されたものでなければならないという規則――である。[37]現実的与件としての「分別ある多元主義」は、討議における探求の諸指針・証拠援用の諸法則にも制約を及ぼし、常識への依拠や共有の知識・方法への定位を要求する。

討議の規則についての以上二つの要素は、相俟って、ロールズの志向する公的討議の像を結ぶ。その像を集約的に表現するのが、〈公的推論＝public reason＝公的理性〉の概念である。これは、一方で、討議を組成すべき推論の方法をあらわすとともに、他方で、討議に従事する者が備えるべき市民としての能力をあらわす、ロールズにおける公的討議の指導原理である[38]。

ロールズは、public reason に関して、その観念（idea）と理念（ideal）とを区別する。Public reason の観念においては、public reason の規範を及ぼすべき公的討議は、最も基本的な諸主題――「憲法上の重要な諸命題と正義に関する基本的諸問題[39]」――に係る討議に限定され、その規範名宛人は、大別して、最高裁判所裁判官を典型とする裁判官、大統領・知事・行政長官や議員をはじめとする公務員、公務員候補者等、の三者とされる。Public reason の理念においては、公的討議を「正義に関する政治的構想」に照して遂行することが「市民であることの義務（duty of civility）[40]」とされ、一般市民も、public reason の理念を実現すべく行動することを要請される。市民に求められるのは、主として、public reason の規範に違反した公務員および公務員候補者の行動を否認し、それらの者の行動を public reason の観念に緊縛すること――これは「民主主義の政治的・社会的淵源の一つであり、民主主義が長くその勢力と活力を維持するために不可欠のもの[41]」とされる――であり、次に、「憲法上の重要な諸命題と正義に関する基本的諸問題」についての投票――広義の強制力の発動場面――においては、自らも public reason の規範に服して行為することである。

New Religionist は、かかる public reason の原理を批判する。[42] 公的討議を「正義に関する政治的構想」によって統禦しようとする public reason の原理は、アメリカの公的生活における宗教の衰退を憂う New Religionist にとっては、公的討議から包括的教義の、何よりその非世俗的形態としての宗教の、占めるべき位置を失わせる企てと映ずるのである。New Religionist は、一面で誤っている。なぜなら、public reason の原理生成過程は、包括的教義の公的討議への段階的組み入れの過程といえるからであり、[43] ロールズの最後の立場は、包括的教義に依存し切らない然るべき理由づけを提出すれば包括的教義それ自体も一定の条件の下で公的討議の場に導入してよいとするものだからである。[44] しかし、New Religionist は、一面で正しい。なぜなら、ロールズにおける包括的教義の取り込みは、宗教への敬意に発するのではなく、宗教を信仰する人々の立憲民主主義への commitment を調達することによって public reason の理念を堅固ならしめようとする意図に発するからであり、[45] public reason の最終的理念は、公的討議において宗教を含め包括的教義に訴える推論を極小化しようとするところにあるからである。[46]

はたして、公的討議に宗教的要素を部分的に導入しようとするロールズの関心の背景には、立憲民主主義への鞏固な意志がある。ロールズは問う。「宗教的・世俗的な包括的教義、特に教会や聖書のような宗教的権威に依拠した教義を奉ずる人々が、同時に、立憲民主主義社会を支える筋道だった正義の政治的構想を抱くことは如何にして可能か」。これは、public reason についてのロールズの最後の立場を表明した一九九七年の論文の末尾に記された問[47]であるとともに、著書 "Political

"Liberalism" の全体を貫き乍ら書き込まれることのなかった問として、一九九六年のペーパーバック版序文に記された問[48]である。ロールズは、一九九七年論文の冒頭近くで、目立たぬ仕方で、この問に答えている。答は、公的討議において、前述した「包括的教義に依存し切らない然るべき理由づけ」を宗教者が提出したとき、彼らは「立憲民主主義への commitment を公に表明したことになる」、というものである[49]。

これが上記の困難な問に対する答でありうるためには、当該「理由づけ」の提出が、立憲民主主義を支持する真に内発的な義務履行としてなされる必要がある。「市民であることの義務」は、かかる内発性に支えられた強い倫理的義務として、ロールズの理論が要請した概念に外ならない。それは、一九七一年の"A Theory of Justice"を跨いで、一九五〇年代のロールズが、「規則(rule)」によって制約されつつ運営される「ゲーム(game)」――ロールズはこれを「実践(practice)」と呼ぶ――の原理を考究した[50]、そのときの問題意識を遙かに引き継ぐ概念でもある。

ロールズの答に対しては、New Religionist であれば、なぜ「包括的教義に依存し切らない然るべき理由づけ」を提出しなければならないのか、と反問するだろう。しかし、ロールズの公的討議理論は、この反問によっては揺がない。なぜなら、自己完結したロールズの討議世界は、このような問を発して上記「理由づけ」を提出しない宗教者を、「分別なき(unreasonable)」者と見て、はじめから「ゲーム」に引き入れないからである。

3

一九八〇年代以降のアメリカ法哲学における公的討議理論の支配的動向は、公的討議の参加者に、各々の道徳的表象体系からずれた何らかの共通基盤に訴える議論の構築を要求する。アカーマンとロールズの公的討議理論は、かかる議論構築の必要性を論証しようとする二つの範型的な理論である。しかし、このような理論に対しては、重要な異論が提起されている。例えば、政治哲学者ウィリアム・A・ギャルストンは、共通基盤に訴える議論の構築に固執することは、公的討議において「平和」[51]の価値を諸個人に対する「平等な尊重」[52]の価値に優越させることであると述べて、支配的な公的討議理論を批判する。対話相手に対する「平等な尊重」とは、ギャルストンによれば、対話者の採用する真の理由を――それが対話相手の議論前提に合致するか否かに依らず――対話相手に呈示することである[53]。しかし、政治哲学者チャールズ・E・ラーモアは、対話相手が既に獲得している議論前提に依拠して討議することこそが対話相手を「尊重」する態度であるとする[54]。ギャルストンとラーモアは、「平等な尊重」規範を中核に据えた「現代リベラリズム」の観念を共有する。その上で、ギャルストンは、対話者の道徳的基盤から遊離した共通基盤に討議の拠点を求めるラーモアの志向を、――ラーモアの自己理解に反して――「現代リベラリズム」の要請と相容れないものであると断定する。

しかし、この考えを示した同じ著書のなかで、――個人的な帰属への繋留を欠いた「足枷のない自我（unencumbered self）」に社会理論を定位させることへの政治哲学者マイケル・J・サンデルの批判を「正当」としつつ――「現代リベラル」が描く自我像を、個人的帰属の対象にcommitmentを持つこととかかるcommitmentに批判的距離をとることを使い分ける「分裂した自我（divided self）」に見る仮説を提出したギャルストン[55]が、各個人が帰属する道徳的表象体系から批判的距離をとって行われる公的討議の運営を「現代リベラリズム」の名において批判するためには、別著を著す必要がある[56]。

支配的な公的討議理論に対するギャルストンの批判は、「現代リベラリズム」――但し、本稿は、ラーモアとギャルストンのいずれの理解が「現代リベラリズム」と呼ばれるべき実体により近いものであるかを問う場ではない――との間によりも、「現代リベラリズム」に懐疑的なNew Religionistの理論との間に共鳴板を持つ可能性がある。以下、New Religionistの理論を見る。

二

1

New Religionistのなかでも、公的討議における道徳的・宗教的議論の位置に関する論究に最も夙く着手したのは、ケント・グリーナウォルトとマイケル・J・ペリーである。この問題に関するグリーナウォルトの論究は、彼自身の言によれば、ミシガン大学から委嘱された一九八六年度のクーリー記念講義の準備のために一九八四年秋から開始した作業に端を発する[57]。ペリーも、この問題に対する自らの討究が一九八〇年代半ば以来のものであることを述懐している。[58]現在も継続しているこの問題に対する二人の論究は、一九八八年の二人の「ほぼ同時」（リチャード・H・ファロン[59]）に出版された著書を合理的例外として、相互参照的に進行し、互いに影響力を行使し合っている。それぞれの大まかな軌跡は、一九八八年の著書“Religious Convictions and Political Choice”[60]から一九九〇年の論文‘Religious Convictions and Political Choice: Some Further Thoughts’[61]を挟んで一九九五年の著書“Private Consciences and Public Reasons”[62]に到るグリーナウォルトの理論展開が、どちらかと云えば、不変的な色調を骨格としているとすれば、一九八八年の著書“Morality, Politics, and Law”[63]から一九九一年の著書“Love and Power”[64]、一九九三年の論文‘Religious Morality and Political Choice’[65]、一九九七年の著書“Religion in Politics”[66]を経て二〇〇三年の著書“Under God?”[67]に続くペリーの歩みには、最後に挙げた著書で彼自身が言う、「私の見解は絶えず発展し、幾つかの重要な点では、絶えず変化しさえする」[68]という評価が当て嵌る。

以下では、この二人の理論を検討することを以て、New Religionistの理論の全体像の概観に替える。公的討議と宗教的要素の関係に関してNew Religionistが採りうるほぼ全ての理論的選択は、それぞれ二〇年に及ぶグリーナウォルトとペリーの理論営為の推移の裡に、何らかの仕方で、その対応物を求めることができるからである。

2

政治的決定を下すに当って、人は自らの宗教的確信に依拠することを許されるか。これが、ケント・グリーナウォルトの立てた問題である。一九八八年の著書におけるグリーナウォルトの答は、「正義の共有された諸前提および真理発見のための共通の基準」――彼のいう「公衆によって利用可能な諸理由（publicly accessible reasons）」――では、「重要な事実問題・価値についての基本的な問題・競合する諸利得と諸害悪との重み付けの問題を解決することができないと人々が考えることに合理性がある場合には、人々がそれらの問題に答えるために宗教的諸確信に依拠するのは適当である」というものである。この答は、一般市民・立法者に妥当し、場合により、裁判官にも妥当するとされる(69)。これに対し、一九九五年の著書におけるグリーナウォルトは、「公衆によって利用可能な諸理由（public reasons）」による解決不能性は、宗教的諸前提の援用を許す場合の典型例にすぎず、一般市民は、自らの面する広範囲の「困難な(70)」政治的諸争点の解決に当り、宗教を含む包括的諸見解の援用を許されてよいとした上で、立法者にも、市民の包括的諸見解を考慮することに加え、自らの宗教的その他の諸確信に依拠することを、また、裁判官にも、稀に、自らの個人的諸確信に頼ることを、許す(71)。二つの著書の間で、グリーナウォルトは基本的に解答を変えていないが、政治的決定に際しての一般市民の判断における宗教的確信への依拠の自由度を高めているように見える。以下、このことの意味を論ずる。

一九八八年のグリーナウォルトによれば、例えば胎児の生命を強く保護するか否かについて「公衆によって利用可能な諸理由」が発見されない場合、胎児の「地位（status）」に関する宗教的確信を根拠として女性の妊娠中絶の自由を制限する判断を下すことが認められる[72]。これに関しては、「世俗的動機の原理（principle of secular motivation）」を掲げる哲学者ロバート・アウディーの所説が参考になる。アウディーは、充分な「世俗的理由（secular reason）」を持ち、かかる理由を提出する用意があるだけでなく、かかる理由によって動機づけられているのでなければ、人間の行動を制限する法または公共政策を支持ないし推進してはいけない、と主張する[73]。これによれば、胎児の生命を強く保護すべきであるとする「世俗的理由」が見出されない限り、女性の妊娠中絶の自由を制限する判断を下すことは認められない。アウディーの「世俗的理由」の原理は、——人間の行動の制限を伴う公的決断を下すためには単に理由づけが世俗的であるだけでなく動機までもが世俗的であることを要求する点で——不合理なまでに徹底している。その主張を支えているのは、法政策上の問題解決を宗教的確信から徹底して切り離すことによって辛うじて確保されるとアウディーが考える少数者の信教の自由への配慮である[74]。アウディーは、その「世俗的理由」の原理を、広く認知されている「制度」次元の政教分離原則の影でしばしば看過されがちであると彼が主張する「個人」次元の政教分離原則の派生原理として導出する[75]。アウディーの論理に従うならば、グリーナウォルトの所論は、政教分離に源由する公的諸理由による統制（正義）から多数者の宗教的確信の充足（善）を一定の条件下に解放する企てであり、善に対する正義の優先性の仮説の断念を疑わしめるに足る[76]。

アウディーが批判する公的諸理由と宗教的確信との間のグリーナウォルトにおけるかかる論理身分の位階の融解は、「公衆によって利用可能な諸理由」と宗教的確信との関係に対するグリーナウォルトの自己理解とも通底する。一般論において「宗教的根拠への依拠と共有された諸理由への依拠は調和しない」[77]とし乍らも、グリーナウォルトは、「宗教的信念が倫理的諸争点を理解する上での判断の源泉を提供する」[78]人々にとって、宗教的諸前提は「公衆によって利用可能な諸理由」についての自己の考え方の「下地」を形成するものであるから、かかる諸理由を評価する際に宗教的確信を「棚上げ」することは困難であると言うのである。[79]政治的決定を下すに当って汎く宗教的確信を根拠に用いることを許す一九九五年段階のグリーナウォルトの思考は、かくして、広い意味では、一九八八年段階のグリーナウォルトの思考に内在する。

一九九五年の著書が政治的決定に当っての宗教的確信への依拠の許容度を高めているように見えることの意味を論ずるためには、更に、グリーナウォルトにおける政治的決定と公的討議の区別の意味を考えなければならない。グリーナウォルトは、「公衆によって利用可能な諸理由」が発見されない場合に宗教的確信を政治的決定の根拠とすることを許す劈頭に触れた一九八八年の所説に続けて、「そのような状況下で宗教的確信に依拠することは適当であるが、宗教的言語によって議論することは、しばしば、公的対話（public dialogue）にとって不適当[80]」であると述べている。「諸前提と推論方式の共有」を欠いた討議は、「多元的社会の秩序ある運行を乱す[81]」。政治的討議の「通貨（common currency）[82]」は、非宗教的議論でなければならない、とするのである。宗教的確信は、これを、決定（decision）の根拠としては許すが、決定のための弁論（advocacy）の論拠としては許さない、というその論理は、宗教的確信の故に一定の政治的選択を下した人に対して、自らの選択の基礎をなすものを公的討議に反映させることを禁ずることを意味する。これは、発見連関と正当化連関とを区別すべきであるとする主張の一亜種である。その孕む問題を、一九八八年のグリーナウォルトは、単に討議における「隠匿（concealment）」の問題として片付ける。すなわち、自らの論理に対する批判を、主に、「市民は、宗教的根拠に依拠するのならば、そのことを公言し、その立論過程を説明しなければならないのではないか」という批判に限定し、公的討議は立場決定を導いた全る個人的判断の開示を話者に要求するものではなく、宗教的確信によって導かれた立場を非宗教的議論に組み直して討議に付することは「不誠実（dishonest）」ではないとする。(83) かかる対応は、一九八八年におけるグリーナウォルトの主要敵が、「しばしば口にされるだけでなく時に体系的に擁護される」(84)、「市民と公務員はその判断の基礎を非宗教的根拠に求めるべきである」とする考え方であったことに因る。一九八八年のグリーナウォルトは、当時のアカーマンやロールズの議論が公的討議を公的諸理由に拠って運営すべきであると主張するのを正当と認めた上で、それら諸理論がその内部に同時に妊み持つと彼が解する、政治的決定それ自体までをも公的諸理由によって統制しようとする理論傾向を、問題とする。故に、公的正当化を要求することが、彼が宗教的確信を政治的決定の基礎として認めることと矛盾しないことの弁証に精力が注がれる。ところが、一九九五年——グリーナウォルトにとっては夙くも一九九〇年——までに、宗教的確信を公的討議から排除することを批判する立場が――マイケル・J・ペリーを代表格として――有力化し、グリーナウォルトの主要敵の列に加わる。このため、正当化連関を発見連関から区別する主張の問題性は、選択の真の根拠を弁論に提出してはならないと要求することが個人に課す負担の問題として取り組まれねばならなくなる[85]。グリーナウォルトは、政治的決定の真の根拠から離れた公的正当化の要求が宗教的個人に対して過重な負担を強いるものでないことの弁証を求められる。

ここにおいて登場するのが、「不一致（discrepancy）[86]」の概念であり、「自制（self-restraint）[87]」の概念である。グリーナウォルトは、宗教的確信に従って政治的決定を下す個人に対して、――公的討議の論拠として依拠する理由に、政治的決定の根拠として依拠する理由と「一致しない」理由を要求することを通して――宗教的確信を貫徹させることへの「自制」を要求する。公的諸理由を以て討議の正当化過程を律しようとするグリーナウォルトよりすれば、宗教的確信に依拠して行動する個人には、何であれ一定の「自制」を求めざるをえない。問題は、宗教的確信を政治的決定の根拠にしてはいけないとして、彼に、その真の判断と合致しない判断を下すことを求めるか、それとも、宗教的確信を公的討議における弁論の論拠にしてはいけないとして、彼に、発見の文脈とは異なる正当化の文脈を提出するよう求めるか、である。グリーナウォルトによれば、「判断の自制は、公的言説の自制に比べて、遙かに信教の自由に関して制限的（much more restrictive）」であり[88]、「公的言論における自制は、判断の実際の根拠に関する自制に比べて、遙かに要求するところが少い（much less demanding）[89]」。かくして、グリーナウォルトは、宗教的個人に対して、一方で、公的正当化過程の「自制」を要求するとともに、他方で、政治的決定において宗教的確信と「一致しない」判断根拠を持つことを要求しないのである。政治的決定の根拠として宗教的確信への依拠を許容することの弁証にグリーナウォルトが意を注いだのは、公的正当化の過程に宗教的要素の介入を認めないにも拘らず宗教的個人に自我の分裂を惹き起さないためには何らかの形で導入せざるをえない分裂ないし「不一致」を、私的判断過程（私的自我）とそこから切れた公的判断過程（公的自我）との間にではなく、全人格的判断を後景に持つ公的判断過程と公的正当化過程との間に設定する必要があると考えたからであり、故に、宗教的確信から切断されない公的判断の次元を——公的正当化の次元から分離して——確保する必要があると考えたからである。先のペリーは、公的正当化過程に宗教的議論の投入を認めないグリーナウォルトの所論を、その限り、アカーマンやロールズと撰ぶところがないとして批判する。(90) グリーナウォルトは、これに応え、自らの New Religionist としての矜持を保つべく、「私は、宗教が単なる私事（private affair）であるとは考えない」(91) と書く。そこに看取されるのは、正当化の過程から区別された政治的決定のための判断過程そのものを公的領域として確立しなければならないとする意志である。一九九五年のグリーナウォルトが明確にしようとしたのは、かかる判断過程から宗教的確信を排除することの重大な問題性に較べれば、公的正当化過程から宗教的議論を排除することは「遙かに」問題が少い、ということである。

3

マイケル・J・ペリーの一九八八年の著書の結論部から、二つの件りを抜き出す。「人の基本的な道徳的＝宗教的諸確信は、（部分的に）自己構成的であり、それ故、政治的な討議と選択の主要な——第一の——原理である。そのような諸確信を「括弧に入れること（bracket）」は、それ故、人の自我そのものの本質的諸側面を括弧に入れる——消滅させる——ことである。そのような諸確信を括弧に入れて、政治と法に参加する——とりわけ法を制定し、破り、または解釈する——とすれば、それは、自己自身として参加しているのではなく、他の人——むしろ他の物——として参加しているのである[92]」（以下、第一命題と呼ぶ）。「我々は、我々の諸確信が、それらを共有しない他者との間の宗教間対話（ecumenical dialogue）においてテストされるのを受け入れる用意がなければならない。我々は、宗教間対話において、我々の共有しない諸確信によって我々自身がテストされるのを受け入れなければならない。つまり、我々は、無謬性の誘惑に抗しなければならない[93]」（以下、第二命題と呼ぶ）。ペリーは、政治を「政治的正当化」の実践と捉え[94]、人間の善に関する諸信念が政治的選択をめぐる公的討議と公的正当化において基本的な役割を演ずる政治の在り方を、「宗教間政治（ecumenical politics）」の名のもとに構想する。「宗教間対話」は、そのような政治の主要な構成要素をなすものである[95]。New Religionist であるペリーは、宗教を対話の企てを頓挫させるものと見て公的討議から閉め出すべきであるとする哲学者リチャード・ローティーの所説[96]を批判し、対話において「宗教を公事化する（"public-ize"[97]）」必要を説く。第一命題（たとえ公的討議に必要と思われる規制によってであっても個人の道徳的確信を縮減することは個人の人格の核心を傷けるとする命題）と第二命題（異る道徳的確信が公的討議を通じて出会うことが個人の道徳を改訂可能性に開くとする命題）は、したがって、公的討議から宗教的要素を排除すべきでないとする主張を支える二つの論拠となる。

だが、この問題に対するペリーの立場には幾度かの変遷がある。二つの命題は、自動的には何らの立場をもペリーに保証しない。

一九九一年の著書におけるペリーは、アカーマン、ロールズとグリーナウォルトの所説を、いずれの立場も宗教的要素の公的討議への寄与を軽視するものとして斥ける。その際、寄与の例としてペリーが挙示するのが、人権（human rights）価値の弁証である。人権価値の根幹には、「全ての人間（human beings）は等しい」という想定がある。この想定は、多元主義の時代においてこそ重要である。この想定にもとづき、或る種の権利は全ての人間に賦与されなければならない——ペリーのいわゆる「人権要求」——として、「全ての人間の幸福（well-being）に配慮するプロジェクトに真摯に取り組む」ことが「人権」の構想であるとすれば、「人権」構想は、——非宗教的視座からは自分の家族・民族・宗教を超えた全ての人間の幸福への配慮を基礎づける確乎たる議論を供することができない以上——宗教的諸前提を前提として要求する。[98] かくして、ペリーは、——「人権」価値の弁証における宗教的諸前提の意義を例に——公的討議から宗教を排除する諸説を論駁するのである。

しかし、人権基礎論と宗教とのこの和解は、ペリーが公的討議への投入を許す宗教の世俗化親和的な性格を暗示する。「宗教間対話」において求められるのは、可謬性（自己批判的理性）と多元性（多様な生き方が存在すること）とを承認する態度である[99]。より本質的には、「公的理解可能性（public intelligibility）」と「公的接近可能性（public accessibility）」とを目指すことが「宗教間対話」の二つの基本的徳目であるとされる[100]。「公的理解可能性」の徳とは、共通の言語に翻訳することを通じて、別の宗教的・道徳的言語を話す人々にも理解できるように自己の立場を定式化する努力を払うことをいい、「公的接近可能性」の徳とは、教派的（自己の宗教的共同体を超える権威をもたない諸前提に依拠する遣り方）でも権威的（自己の宗教的共同体を超える権威をもたない諸個人ないし諸制度に依拠する遣り方）でもない仕方で自己の立場を擁護する努力を払うことをいう[101]。ペリーによれば、「真正の（authentic）」宗教的信仰は、可謬性を承認する自己批判的内省を支持する[102]。また、「公的理解可能性」の徳における翻訳の要求に従うならば、宗教は、非宗教的正当化の論理に変換された上でなければ公的討議に参入することができない。上述の態度・徳目の要求は、公的討議に投入されうる宗教を、世俗化親和的で「穏健」な宗教に限定する。

一九九一年のペリーの著書は、一九八九年までに書かれた本論部分への諸学者の論評に対する応答を、その結論部に掲記している。論評者の一人、デイヴィッド・M・スモーリンは、福音主義プロテスタンティズムの立場から、リベラルなカトリシズムに由来すると彼が主張するペリー学説の前提想定を問題とし、本書を、公的対話において、「より世俗的な」指向をもった宗教集団を優遇し、「より啓蒙されていない」宗教集団を劣遇する――後のスモーリンの云い方を藉りれば、よい宗教とは何かについての自己自身の見方をペリーは政治的・法的討議への参入資格として援用している[103]――と批判する。[104]前記の態度・徳目を充した宗教のみが「よい宗教」とされるというのである。[105]かかる批判を承け、ペリーは、夙くも同書結論部において、「可謬論者や多元論者でない者であっても、宗教間の政治的対話への意味ある参加は恐らく可能である。可謬性と多元性の承認は、恐らく、宗教間の政治的対話に参入するための必要条件としてよりも、……宗教間の政治的対話のなかで獲得されるにふさわしい態度ないし立場として、よりよく理解される」と述べて、同書本論部分での自らの主張に改説を施す。[106]公的討議に宗教的議論を投入すべきか否かの論点を、「包摂説（inclusivist）」と「排除説（exclusivist）」の対立として描くペリーは、この改説を、一九九三年の論文のなかで、「（中間派的）排除説」――「よい宗教」を除き宗教を公的討議から排除する立場――から「包摂説」――「よい宗教」と否とに依らず凡そ宗教を公的討議に包摂する立場――への改説として意味づける。[107]

だが、一九九七年の著書において、ペリーは、この「包摂説」に限定を加える。すなわち、平等性を中核とする前述した「人間の価値（human worth）」についての公的討議においては、立法者その他の公務員が世俗的議論の援護なしに宗教的議論を提出することを認める――ペリーによれば、そうでなければ「人間の価値」を弁証しえない――が、[108]その他の諸々の「人間の幸福（human well-being）」についての公的討議においては、宗教的議論の結論と一致する世俗的で説得力ある

（と当人がみなしうる）議論を共に提出するのでない限り、宗教的議論を提出することを認めない[109]、とする立場を提起する。この立場は、宗教的に多元的な社会では宗教的議論の説得力もその結論を支持する世俗的議論の存否に負うところが大きいこと、同じ宗教教派内部にも宗教的議論の無視しえぬ対立が存在すること等を論拠とする。先の意味での「包摂説」の主張は明示的に否定されていないが、二〇〇三年の著書において、ペリーは、この一九九七年の著書の立場を「排除説（exclusionist）」と呼ぶ[110]。

二〇〇三年の著書において、ペリーは、前二著における「排除説」を改め、「包摂説（inclusionist）」に転じたと主張する[111]。しかし、その趣旨は必ずしも明快でない。二〇〇三年のペリーは、公的討議から宗教的議論を放逐する態度を強く批判するが、例えば、聖書は同性間の結婚（same-sex unions）を常に反道徳的で「人間の真の幸福（authentic human well-being）」に敵対するものであると教えていると信ずる者がそのような議論のみに依拠して同性間の結婚に反対することに対しては、警戒的でなければならないとする。聖書の教えが何を意味するかに関しては同一教派内にも深刻な意見の不一致がある以上、自己の採る聖書解釈に無媒介に依拠することは公的立場決定の根拠づけとして薄弱であるから、自己の聖書解釈を慎重な批判的吟味に付すか、もしくは、「現代の人間の経験（contemporary human experience）」にもとづく説得力ある（と当人がみなす）議論に徴して、当該結婚が「人間の真の幸福」に常に反するものであるか否かを判定すべきであるとするのである[112]。

「包摂説」であるとされるこの所説が「排除説」であるとされる前述した一九九七年の彼の立場

と何処で岐れるかは、――ペリー自身の説明を欠く以上――臆断の域を出ない。次の点を指摘する。それは、宗教的議論を提出するために必要とされる説得力ある非宗教的議論による結論の正当化を、一九九七年のペリーが、道徳的な義務づけ――説得力ある世俗的議論に依拠「すべきである」とする論理――にまで高めたのに対し、二〇〇三年のペリーは、どこまでも「自己抑制（self-restraint）」――説得力ある世俗的議論に依拠する「充分な理由がある」とする論理――に委ねたことである。ペリーは、一九九七年から二〇〇三年までの間に、補助的な世俗的議論による結論の正当化を要求する理由が、「リベラル・デモクラシーの道徳ないし倫理」ではなく、「その宗教伝統と歴史的経験とに内在するキリスト教徒に固有の諸理由」であることを明確にしたと推理される(113)。この明確化によって、ペリーは、二〇〇三年の著書における世俗的正当化要求の論理身分が、公的討議に宗教的議論を投入することに対する「リベラル・デモクラシー」からの外在的制約でないこと――無制限の宗教的議論への依拠を許す「包摂説」に立った上の自己拘束であること――を辛うじて自称しうるのである。

以上の如きペリー学説の変遷は、劈頭に掲げた一九八八年の二つの命題の間の力点移動の過程として捉えることができる。公的討議に参入を許される宗教の限定を取り払った一九九一年の著書結論部におけるペリーの改説は、宗教的自己主張を「公的理解可能性」や「公的接近可能性」等の要求に合せることによって自己の諸確信を「括弧に入れ」させられること――自我の分裂――から公的討議に参加する宗教的個人を救う意味をもつ限りで、より多く第一命題に立脚した立場であるといえる。しかし、「公的理解可能性」や「公的接近可能性」の要求に応じない宗教的自己主張を無媒介に公的討議に投入することは、公的討議空間の負荷を過重にする。公的討議における宗教的自己主張に対して、「宗教伝統」に定位した「自己抑制」を求める二〇〇三年のペリーの所説は、宗教的個人に対し、事実上、公的討議に固有の徳目の実践を期待するものであり、そのことを通じて、過重な負荷で自壊に瀕した公的討議空間に本来果しうるはずの活潑な機能を恢復せしめようとするものである。その所説は、より多く第二命題に立脚した立場であるといえる。

公的討議から宗教的要素を排除すべきでないとする「包摂説」を共働して支えるかに見えたペリーの第一命題と第二命題は、窮極の態様において矛盾する。ペリー学説の変遷は、自らが一九八八年の著書に記した二つの命題の間の往復の軌跡――矛盾の軌跡――である。

4

公的判断の形成過程から宗教を排除すべきでないとするNew Religionistの一般的命題が最も強い理論的抵抗に遭うのは、この命題が、（既存の共通基盤に依拠した議論構築をとりわけ厳格に要求されると解されている）裁判官の判断形成過程に適用される場面においてである。この場面に定位し、裁判官の判断過程から宗教を排除すべきであるとする支配的理論への強力な反論を試みたのが、一九八九年のスティーヴン・L・カーターである。(114)

カーターは、裁判官像についての二つの理念型を仮設する。一つは、「客観的裁判官」である。

これは、適用されるべき法規範が法共同体のなかに予め確定的に共有されていることを前提に、確立された法規範を主観を混じえず事案に適用することが求められている裁判官像を指す。いま一つは、「道徳的裁判官」である。これは、基本的権利に関する事件をはじめとする一定の事件において、判決を下すために、裁判官が自らの道徳的確信に依拠することは避けられないばかりか望ましくさえある、という法理解に立脚する裁判官像を指す。前者の裁判官像のもとで、裁判官が、その判断形成過程に自己の宗教的確信を投入することは許されない。これは、凡そ個人の道徳的確信を投入することが許されないことの論理的帰結である。後者の裁判官像のもとで、裁判官の宗教的確信を投入することが許されないとするためには、個人の判断作用において、宗教的確信が、他の道徳的確信と異質であることとの論証が必要となる。宗教的確信に従って判断を下す者については、一般に、特権的洞察に閉じ籠り、他者との対話に開かれていない、と指摘されることが多い。だが、この特徴は、強い道徳的確信をもって判断を下す者に普く観取される通弊である。カーターは、現代の論者の多くが拠って立つ裁判官像が「道徳的裁判官」であることを確認した上で、法的判断の構成要素として宗教的確信を道徳的確信一般から区別することは不可能であるとし、一定の事件についての裁判官の判断形成過程において、――例えば基本的権利に関する事件において或いは共同体の道徳規範を適用し或いは建国者の道徳観を現代的に再構成する上で――裁判官が自己の道徳的確信に徴することなく法的判断を下すことは考えられない以上、そこに裁判官の宗教的確信が投入されることを許さないわけにはいかないと論ずる。

カーターによれば、公的判断形成過程に裁判官の個人的確信が投入されることを許されるか否かは、当該確信が宗教的であるか非宗教的であるかと無差別に判定されなくてはならない。非宗教的な道徳的確信の投入が許されるならば、宗教的確信の投入も許されるのでなければいけない。宗教的確信の投入が禁ぜられるのなら、非宗教的な道徳的確信の投入も禁ぜられるのでなければおかしい。宗教的確信とその他の道徳的確信との間に認識論上正当化しえない区別を設け、一方で後者の投入を無自覚の裡に容認しつつ、他方で前者の投入のみを禁止する支配的理論は、右の区別を廃棄するか、「客観的裁判官」像に退却するか、いずれかの途を選ばねばならぬ、とカーターは論断する。

カーターの考察は、ここにおいて、連邦裁判官の承認手続（confirmation process）の分析に向う。合衆国憲法第二編第二節第二項によれば、連邦最高裁判所・連邦控訴裁判所等の裁判官候補者として大統領の指名を受けた者は、合衆国議会上院において多数決により「承認」されるのでなければ連邦裁判官として任命されることができない。連邦裁判官——殊に連邦最高裁裁判官——の任命は、大統領がその任期中になす最も重要な権能行使の一つとされる。上院での実質的審議は、候補者の党派性・思想傾向までを俎上にのぼせて、場合により承認否決にも至る。

カーターは、「深く宗教的であることが汎く知られている」架空の連邦裁判官候補者——その奉ずる宗教の教義に従い、妊娠中絶・死刑・自衛を除く全る形態の武力衝突に反対している——を設定し、彼女の承認手続で発せられるであろう典型的な質問——裁判作用から自己の宗教的信念を分離することは可能か――に対する有りうべき二つの解答を仮設する。第一は、この質問に否定を以て答える解答であり、自己の宗教の教義に従って法的判断を下すことを予告するものである。第二は、この質問に肯定を以て答える解答であり、自己の宗教的諸見解を「私事（private matter）」[115]であるとし、法的判断がこれによって影響されないことを約束するものである。カーターによれば、任命を欲する連邦裁判官候補者は、第一の答を提出してはならず、第二の答を提出しなければならない。

上記質問とそれに対する肯定の解答への事実上の強制の裡に、宗教の「矮小化（trivialization）」の危険が内在しているとカーターは云う[116]。既に一九八七年に、現代アメリカ社会が宗教を個人の趣味としてしか扱っていないと断じて、法学界に広く読者を獲得した、意図せざるNew Religionist Manifestoとも呼ぶべき論争誘発的な論文'Evolutionism, Creationism, and Treating Religion as a Hobby'[117]において、「宗教の私事化」仮説を極限的形象――私事の極致としての「趣味」――に定着させたカーターが、同じ問題を、宗教的確信を持つ裁判官候補者に自己の宗教が私事にすぎない旨の弁解を強要する連邦裁判官承認手続の固有の構造のなかに読みとろうとするのである。「矮小化」は、一九八七年の論文を発展させて「アメリカの法と政治は如何にして宗教的献身を矮小化するか」を論ずる彼の一九九三年の主著"The Culture of Disbelief"[118]の鍵概念となる。

表層において観察すれば、宗教は、アメリカの公的生活に行き渡っている。例えば、神の名に言及する語り（God-talk）は、テレビ伝道師の説法から共和・民主両党の大統領の政治演説に到るまで、跡を絶たない。しかし、カーターは、これを公的生活における宗教の過剰と見ず、逆に、「civil religion の儀式的紋切型をこえて、より深遠な仕方で神の名に訴える」[119]や否や敬虔な諸個人が味うこととなる或る「ぎこちなさ」[120]を問題とする。宗教的諸個人を捉えるこの境界を説明するために――アメリカの公的生活における宗教への敵意（リチャード・J・ノイハウス）に代るものとして――要請されたのが、宗教の「矮小化」の概念である。アメリカの公的生活に氾濫する神（ロバート・N・ベラー）は、国家と国民とその指導者を祝福するためだけに一方的に喚び出され、国民は神のために何事を為すことも求められない。[121]敬虔なカーターは、「濫りに神の名を」口にする今日のアメリカ文化に向けて、一巻の書"God's Name in Vain"[122]を書かなければならない。

更に、カーターは、宗教を「矮小化」する社会に対する宗教的諸個人の仮借するところのない追及の帰結をも暗示する。しかも、彼の危惧するその帰結は、エスカレーションを示している。一九九三年の著書で、カーターは、宗教的確信を排除したままで公的対話を運営しつづけることは、「市民を、議論のしかたの再構築に向わせるよりは、沈黙させ、または、革命へと突き動かす可能性の方が高い」と述べ、革命の可能性を警告する。但し、そこでの革命は、「平和的」なものとして想定されている。[123]しかし、外ならぬ一七七六年のアメリカ「革命」の意義を「被治者の同意」によってよりは「被治者の不同意」――植民地人の不満に耳を傾けない本国政府に対する植民地人の忠誠（allegiance）の反転――によって説明し直すべきであると主張する一九九八年の著書"The Dissent of the Governed"[124]で、現代の民兵団運動を批判する大統領ビル・クリントン――別の文脈で、彼は一九九三年のカーターの著書を出版直後に賞讃している[125]――の演説を引用するカーターは、政治的不満の表明方法として「暴力は絶対に正当化されない」と述べるクリントンの言葉に繋げて、「私は大統領に同意する自信がない」との留保を付す[126]。カーターの警告する革命は、非「平和的」なそれを含みうるものに変じている、と読める。裁判官候補者に自己の宗教的確信を司法上の判断から分離しうるか否かを質し、これに肯定を以て答えることを承認のための事実上の必須条件として要求する連邦裁判官承認手続が宗教の「矮小化」を内在せしめていると説くとき、カーターは、かかる警告を暗に発しているのである。

しかし、連邦裁判官承認手続に対するカーターの視線は、承認手続それ自体によりも、公的判断の形成過程における宗教という論題そのものに注がれている。連邦裁判官承認手続は、かかる一般的論題を具体化させるための通路にすぎない[127]。カーターによれば、連邦裁判官承認手続で発せられる前掲の質問に対する裁判官候補者の解答は、この論題に対する学説の応答の真直ぐな投影である。前掲の質問に対する肯定の解答が、公的判断を宗教に依拠して下してはならないとする学説に照応し、否定の解答が、公的判断を宗教に依拠して下してよいとする学説に照応する。宗教的確信とその他の道徳的確信との間に認識論上の区別は存しないと主張するカーターにとって、道徳的確信のなかでも専ら宗教のみを公的判断の源泉から排除する理論の現状に対する批判は、裁判官候補者に肯定の解答を事実上強制する連邦裁判官承認手続の運用の現状に対する批判と同値である。連邦裁判官承認手続に対するカーターの関心は、公的判断形成過程と宗教の関係についての支配的学説に対するNew Religionistに通有する批判の別表現に止まる。

三

1

ひとしく公的討議に対する宗教的要素の投入の許否という一般的論題を扱いながら、この一般的論題と重なり合うものとして連邦裁判官の承認手続を意味づけるのがカーターであるとすれば、サンフォード・レヴィンソンは、一般的論題と承認手続との間の空隙を理論化しようとする。

レヴィンソンによれば、リベラルな政治体のもとにおける公的討議参加者は、一般に、議論を提出するに当り、「認識論的禁欲」に従事する義務を負わず、ただ議論が説得力を欠く場合に聴き手により議論を拒絶されるのを甘受する義務にのみ服する。(128)「認識論的禁欲（epistemic abstinence）」とは、道徳的見解が多元的に競合する社会において、政治的討議——とりわけ政府による強制力行使の根拠——に用いることを許される理由を——道徳的真実性要求を含まない命題に——制限する考え方を指す。(129) 道徳的に多元的な社会を律すべき基本原理をかかる禁欲に求めるとすれば、宗教的確信にもとづく議論は公的討議から排除される外はない。レヴィンソンは、公的討議への宗教的議論の召喚が特定宗教の政治的諸制度への滲透を助長する危険に注意を喚起しながらも、少くともアメリカのように極めて多くの宗教が乱立することで右の危険が相当程度抑制されていると見ることのできる社会では、宗教的議論の排除は「不必要に検閲的」であるとする。[130] だが、レヴィンソンは、「認識論的禁欲」に対するかかる否定的態度を、公的討議に参加する全ての者に無差別に適用するわけではない。レヴィンソンは、アル・ゴア副大統領がその一九九二年の著書のなかで自らの環境政策を正当化するために、「神と神の被造物とに対する我々の関係」という観点を設定した点を取り上げ、「市民ゴア」と「副大統領候補者ゴア」にはこれを許すが、「副大統領ゴア」には強く自制を求める、と述べる。[131] 公的領域から宗教に依拠した一定種類の議論を排除することを――何らかの限定において――要求するのが「リベラルな政治体のゲーム」の規則である、とレヴィンソンが云うとき、[132]「ゲームの規則」として観念されているのは、公務担当者が宗教的議論を提出することに対する一定限度の抑制である。それならば、かかる抑制は如何にして担保されるのか。連邦裁判官に関する限り、承認手続がその答であるように見える。尤も、これが答となるためには、その前提として、承認手続において、当該候補者に法的判断を宗教的確信に依拠させない意思があるか否かを訊問し、それに対する候補者の肯否の答を承認の議決の際の考慮要因とすることが許されるのでなければならない。そのためには、上記訊問とその結果の考慮とが、合衆国憲法六編三項の禁止する公職就任のための「宗教テスト」に該らないことが必要である。質疑の運営に関する適正な手続的配慮を要請した議論の末に、レヴィンソンは、上記訊問とその結果考慮とを、六編三項に違反しないと結論する。[133]

レヴィンソンは、しかし、連邦裁判官に対する宗教的議論の抑制の要求を手放しで是認しているのではない。アメリカの政治的諸制度が私事たる宗教の公的生活への浸潤を恐れる余り、アメリカの公的生活から個別の宗教性を完全に脱色しようとした結果、かかる公的生活の在り方が公務担当者の私的生活を逆規定し、「公務員となる者に、その宗教者としての「私的」自己同一性の改訂を強要する」危険を警告するレヴィンソンは、「宗教の私事化」に対する批判の徹底性において、他の誰よりも New Religionist である。その彼が、アメリカ合衆国議会上院がとりわけカトリックの連邦最高裁裁判官候補者の承認手続を通して示し続けてきた態度を「アメリカ史の不幸な過去」と呼び乍らも、New Religionist が一般に拒絶する宗教的議論の抑制を――一定限度においてではあれ――裁判官候補者に要求することに「リベラルな政治体」の「ゲームの規則」としての意義を見出すのは如何なる論理によってであるか。以下では、まず、ウィリアム・H・ブレナンとアントニン・スカリアという二人のカトリックの裁判官の連邦最高裁裁判官任命のための承認手続に対するレヴィンソンの分析を考察する。

一九五七年二月に行われた上院での一連の質疑のなかで、ブレナンの承認手続における最も重要な局面としてレヴィンソンが取り出すのは、法と宗教が相渉る諸問題に面したとき、候補者を最終的に縛るのは、公務員としての憲法支持の宣誓であるのか、それとも、候補者自身の宗教上の義務であるのか、と問う或る上院議員の質問に対して、ブレナンが次の如き答弁をなした個所である。「上院議員、私が行った宣誓は、憲法および合衆国の諸法律を支持することを宣した誓い、あなたや連邦議会の全ての人々、全てのレヴェルの政府の行政部門を構成する人々が行うのと同じ宣誓です。……それに勝る如何なる義務も存在しないと私は言います。御質問に対する私の答は、無条件に次の如きものです。私がこれまでに為した全ることに関して、私がこれまでの人生、あるいは、これからの人生で、就き、または、就くであろう全る官職に関して、私を統禦するものは、憲法および合衆国の諸法律を支持すると誓った宣誓です……」。

宗教は私的領域に専属し、公的領域は脱宗教化された空間として構成されるべきである、という発想は、政教分離思想の一つの骨格をなすものであるが、政治社会の普遍的な構成原理ではない。レヴィンソンによれば、各種の宗教思想のなかでも、かかる発想を典型的に所有するのはプロテスタンティズムの一派であり、カトリシズムは、ユダヤ教などとともに、少くとも歴史的には、宗教生活を社会の公的生活から厳格に切り離す発想を自らの思想として持ったことがない(137)。自己の公的生活を支配するものは憲法であって宗教ではないとするブレナンの断言は、世俗主義者にとっては単に憲法支持義務の遵守の表明にすぎないものであっても、峻厳なカトリシズムの見地に立てば、神への忠誠を凌ぐ忠誠義務の対象を奉ずる行為として、「偶像崇拝（idolatry）」の汚名を着せられる可能性を持つ(138)。カトリックが一般に反対する妊娠中絶の自由を擁護して力強い憲法論を展開した「連邦最高裁におけるリベラルのチャンピオン」にとって、右の断言は、無論、チャンピオンの勇敢と孤独を象徴する挿話ともなろう。だが、レヴィンソンは、前記断言を「偶像崇拝」（トマス・シェイファー）と断定しない代わりに、ブレナンの応答を、憲法規範と道徳規範との厳密な関係づけを曖昧にするものとして批判する(139)。宗教を個人の私事に閉じ込めることに批判的なレヴィンソンよりすれば、裁判官の公的討議空間が私的生活とは異る原理の支配を受けることを承認するからといって、裁判官の判断形成過程から宗教を含む個人の道徳規範を排除することまでを承認しなければならないわけではない。裁判官の公的討議を支配すべき憲法規範が裁判官自身の道徳規範と如何なる関係に立つかこそが問われねばならぬ問であるにも拘らず、承認手続におけるブレナンの応答は、憲法規範への服従を一方的に語るのみで、答えるべき答を答えていない、とレヴィンソンは見るのである。ブレナン解釈としては、「偶像崇拝」の断定を下しても、道徳規範の混入を斥けようとする点に曖昧さはなかったとの解釈の余地がありうるが、ここでは立ち入らない。

レヴィンソンによれば、一九八六年八月のスカリアの承認手続は、——カトリシズムが明示的論点となることがなかったにも拘らず——上記の問に、より肉薄する。[140] 連邦最高裁が妊娠中絶の自由を初めて認めた一九七三年の Roe 判決に関して、或る上院議員から、かつてこの判決への不信を表明したことについて質され、「その争点について道徳的判断を下した覚えはない」と答えたスカリアは、それならば個人の道徳的確信に関る争点において裁判官は如何に判断すべきかと続ける議員に対し、「民主主義社会においては民主主義社会の諸決定に従う」のが裁判官の義務であり、「それに従うことができないと感じた裁判官は、裁判官としての席に留まるべきではない」と応ずる。憲法判断と道徳判断の連関を究明しようとするレヴィンソンは、質疑の過程で「広い意味では不道徳な結果をもたらすと考えられる法律であっても、そのことによって、その法律を如何に適用するかについての私の決定は影響されない」と述べるスカリアの言明を問題とし、そこに、法的判断に道徳規範を介入させない態度の表明の可能性を読みとるが、最終的には、affirmative action に関する或る判決意見のなかで、人種による優先処遇を「不道徳で違憲」[141]とする言明を書き込むスカリアに、法的判断への個人の道徳的確信の介入を認める裁判官像を見出す[142]。レヴィンソンのかかるスカリア解釈は、——優先処遇についての上記言明への読み込みが過剰であると思われる点を除いても——スカリアの意図に反する惧れがある。レヴィンソンも引用する死刑の道徳性についての二〇〇二年の論説[143]のなかで、——レヴィンソンも引くように——「死刑を不道徳であると考える裁判官にとっての選択肢は辞職である」と述べるスカリアは、続けて——レヴィンソンは引かないが——「〔かかる裁判官にとっての選択肢は、〕制定され、合憲とされた法律を曖昧に無視したり、死刑事件における死刑の適用を妨碍したりすることではない」と述べ、辞職の場面と職に留まって法律を解釈適用する場面とを峻別し、道徳規範の介入を前者に限定する意図を示していると思われるからである。「生ける憲法」の考え方を否定する原意主義者スカリアにとって、法解釈の名のもとに、自己の道徳的見解を以て法律の意味を書き換えることは許されない。以上の意味において、レヴィンソンのスカリア解釈は、スカリアの意図に明示的に抵触する惧れがある点で問題を孕むが、スカリアの意図を離れて評価すれば、強ち不当な解釈とはいえない。レヴィンソン自身は過小評価する点であるが、ここでは、スカリアが辞職の可能性を留保している点が重要である。なぜなら、辞職の可能性の留保は、法解釈が解釈者たる裁判官の道徳的許容性の閾値を越えた場合に、先述した法律の書き換えの誘惑を振り切りつつ、道徳規範への裁判官自身の忠実を全うするために裁判官に残された最後の手段であるという意味で、スカリアにおける道徳規範の最終的優越を示すとともに、閾値を越えたか否かの判定が、法的判断の水面下では理論上常に行われているという意味では、スカリアにおいては、日常的な法解釈もが、傍らに道徳規範を潜在させていることを、同時に示すものだからである。

レヴィンソンにとって、憲法の原理によって支配されるべき裁判官の公的生活は、裁判官個人の私的生活を規律する道徳規範の無媒介の参入を拒絶する空間であり乍らも、一定の限度で当該道徳規範の介入を受けざるをえない空間として構成されるべきものとされる。それならば、ブレナンやスカリアに発せられた問がレヴィンソンに宛てて発せられた場合に、レヴィンソンは如何なる解答を与えるのか。連邦裁判官の承認手続という場を想定してのものではないが、彼は次のように述べる。「最善の憲法と雖も、私が最も重要であるとみなす道徳的 commitment と衝突することがありうることを認めなければならない[144]」。「そのような状況下において退くべきは、憲法である（と考えたい）[145]」。

この言明を理解するためには、憲法の要求と道徳規範の要求の衝突が、如何なる場面で、また、如何なる頻度で、生ずるとレヴィンソンが考えているかを知る必要がある。レヴィンソンの二つの主著、一九八八年の“Constitutional Faith”と二〇〇三年の“Wrestling with Diversity”のそれぞれから読みとることのできるその唯一の場面は、仮想的に設定される一九世紀前半までのアメリカにおける奴隷制との法的格闘に直面した裁判官の苦境である[146]。

一体、奴隷制は、公的討議を宗教的要素に依拠して行うことを認めるか否かに関する理論の試金石である。憲法が奴隷制を前提し、奴隷制を否認する何らの法的素材をも備えていなかった南北戦争に至るまでの時期において、奴隷廃止運動を支える論理が、キリスト教にもとづく宗教的議論によってほぼ独占的に供給されていたという事実は、——その約百年後に起った市民的権利運動が主に黒人教会の教義によって論理づけられていた事実とともに——日本では必ずしも充分に意識されていない。しかし、ロールズに、その public reason についての当初の狭い立場を棄てさせ、宗教をはじめとする包括的教義に公的討議に占めるべき場を開く最初の契機を与えたのも[147]、カーターに——彼はアフリカ系アメリカ人である——、New Religionist のなかでも最も徹底して宗教への公的討議の依拠を認める立場を採らしめる主因をなしたのも[148]、奴隷制と格闘したアメリカの公的討議の記憶である。レヴィンソンは、この思考の系譜に連なる。奴隷制廃止論者フレデリック・ダグラスが、はじめ「奴隷制支持の道具」と呼んでいた憲法を、一八六〇年三月の演説において「反奴隷制」の文書と呼び換え、これを苛烈に擁護するに至った事実を指摘するレヴィンソンは、しかし、ダグラスですら「一八〇八年以前に合衆国議会が奴隷貿易を廃止しえたなどと真面目に議論することは困難であったろう」と述べ、仮に奴隷貿易の廃止を定める法律が制定されたとしても、そのような法律は「憲法違反」の故に無効とされる外はなかったと論結する[149]。憲法の要請と個人の道徳の要請が衝突する場面としてレヴィンソンが想定するのは、このような場面に外ならない。

2

憲法と道徳との二つの要請が矛盾する例外的な場面において前者に対する忠誠を後者に対するそれに劣後させるレヴィンソンの対応は、憲法への過度の忠誠を斥ける考え方にもとづいている。「個人の道徳の諸要求と憲法の諸要求とが完全に一致する事態を受け入れられない限り、憲法に過大な尊重を払い、もしくは、他者による憲法の自働的な尊重を奨励することは、思慮を欠く[150]」。「憲法への何も考えることのない献身――あるいは憲法の何も考えることのない尊重の奨励――は、Faustian bargain（魂をメフィストフェレスに売る所業）に堕すだろう[151]」。重要なことは、レヴィンソンのかかる議論が、合衆国憲法六編三項によって公務担当者に課される憲法支持の宣誓の効力論としての論理資格で語られていると読みうる点である。憲法と道徳の二つの要請が衝突する例外的場合においても尚、憲法の要請に無際限に従わねばならぬとするが如きは、憲法への盲従を強いるものであり、かかる場合に限ってであれば、個人の道徳的確信に従うことも、憲法に従うとして表明された commitment の合理的解釈の範囲内として許容されうる、とするのが、レヴィンソンの見解であると解される。

以上が、ブレナン・スカリア・「連邦裁判官候補者」レヴィンソン、三者の、実在し、あるいは、思考上仮設された、承認手続における対応である。法と道徳が衝突する進退谷る事態に面して、それでも法に従うか（ブレナン）、裁判官であることを断念するか（スカリア）、自己の道徳の命令に従うか（レヴィンソン）、の選択を、裁判官個人の実存をかけた選択として、上院議員の面々と（報道機関を介して）国民の環視のもと、自らの身分の得喪を賭して、吐露することは、候補者に過度の緊張と精神の失調を経験させるに足るものである。レヴィンソンは云う。「その知性と廉直とを疑われることのない男女」に対し、「複雑で重要な問題に対する欺くことのない誠実な省察」の表明を強いる一連の手続は、「賞讃の念を引き起させるべきものを殆ど具えていない」[152]。

政治哲学者スティーヴン・マセイドは、この手続を指して、無造作に、「カトリックの裁判官が高官職を求めるために通過しなければならない儀式（ritual）」と称ぶ[153]。マセイドの意図は定かでないが、連邦裁判官承認手続は、文化人類学が「通過儀礼（rite de passage）」と呼び慣わしてきたものと幾つかの部分を共有する。一体、個人を、倫理の窮極する選択の前に立たせ、彼に、できれば云いたくないであろうその選択の開示を強要することは、思想の自由の絶対的保障を受けるとされる私人に対しても、弁解しないことの職業倫理を課されていると解される活動中の裁判官に対しても、原則として許されない事柄に属する。にも拘らず、連邦裁判官候補者に対して、レヴィンソンが批判する事実上の強制が行使されるのは、一つの社会状態から他の社会状態への個人の移行を司る「通過儀礼」の儀式構造において、新しい社会的役割を獲得しようとする個人が、その新たな役割を担うにふさわしい存在であるか否かを審査されるために、一旦、前の状態でも後の状態でもない過渡的無規定の状態に置かれ、共同体の境界に立つ中間的存在者として象徴的暴力をふるわれるのと似ている。連邦裁判官承認手続の運用され方の裡には、「通過儀礼」の文化特質の何程かが脈搏っている。この事実は、連邦裁判官承認手続に対するレヴィンソンの最終的態度を——彼の憲法理論の全体像のなかに位置づけて——推断する上で、逸することができない。「通過儀礼」という語彙こそ用いないものの、レヴィンソンの憲法理論は、国家と共同体との換喩に溢れ、「通過儀礼」の語を用いないことそれ自体が、この語によって表象される実体に対する彼のアンビヴァレンスを語っていると考えざるをえないからである。

レヴィンソンの憲法理論の特徴は、アメリカ国家が、自らを一つの信仰共同体（faith community）に擬し、合衆国憲法をその聖典に見立てて、国家の統治構造を、かかる共同体の運営原理とその実践という見地から正当化しているとして説明しようとするところにある。[154] 社会契約説に対するアメリカ国家の非擬制論的理解へのレヴィンソンの分析は、かかる特徴の顕著な発現である。レヴィンソンによれば、信仰共同体には、その成員資格を出生に依らしめるもの（ユダヤ教）と加入意思に依らしめるもの（プロテスタント）との二種の範型がある。信仰告白による共同体理念へのcommitmentに対する関心は、前者に薄く、後者に厚い。国家理念への忠誠要求に対する憲法制定者たちの並々ならぬ関心を根拠に、レヴィンソンは、アメリカ国家の自己理解を後者であると断定する。[155] 一人一人の国民は、信仰共同体であるアメリカ国家の掲げる基本的諸命題——合衆国憲法がそれを列挙する——への信念を表明することにより、真の意味でアメリカ国家への加入を果したと認定されるわけである。そこでは、憲法に対する忠誠の宣誓は、忠誠宣誓に纏わるアメリカ史のさまざまな悪評をこえて、それなしには国家統治に正統性を賦与することができない「被治者の同意」を調達するための制度としての基本役割を与えられる。[156] このような実体論的社会契約説理解を実定化するのが、アメリカにおける外国人の帰化手続である。帰化申請者に合衆国憲法への忠誠宣誓を課すアメリカ国家の帰化手続は、「旧い忠誠を捨て、アメリカ市民としての忠誠を引き受ける[157]」ことを可能とするための範型的な制度化である。その趣旨からは、市民としての地位を確立するために「宣誓しなければならないのが帰化市民だけである[158]」ことが、むしろ問題とされる。とはいえ、「共和国における最も重要な官職は市民というそれ[159]」であるといいうる議論水準があるとしても、憲法への忠誠宣誓を第一次的に要求すべき名宛人は、広義の「政治的官職」——大統領につき合衆国憲法二編八項、連邦公務員等につき同六編三項——である[160]。レヴィンソンによれば、公務担当者に対する憲法忠誠の宣誓要求の趣旨もまた、「旧い忠誠を捨て」させる点にある。「キリスト教徒やユダヤ教徒にとって、神への忠誠が現世の如何なる忠誠をも凌ぐ[161]」ものであるとすれば、かかる信徒から成る公務員の憲法への全き忠誠を調達するためには、自らの属する宗教的共同体に対する彼らの無条件の忠誠義務を否定するに如くはない。「旧い忠誠を捨て」させるアメリカ国家による公務員への憲法忠誠要求は、一方で、拘束する宗教的中間団体の呪縛を解いて、その絶対的拘束から公務員個人を免れさせるとともに、他方で、神の至高性を主張する宗教的中間団体からその形式的属性（sovereignty）を奪って、これを国家に単独所有させる、近代主権国家構成原理の一つの理念型の、実定制度への具象化に外ならない。以上が、アメリカ国家を、個別の宗教性を超越した或る種の信仰——constitutional faith（憲法への信仰）——の共有を結合の核とする信仰共同体として説明しようとするレヴィンソンの認識枠組の概要である。

裁判官（候補者）に「その「私的」な道徳的・宗教的理想を憲法の「公的」諸命令に従属させること」[162]を要求する連邦裁判官承認手続は、右に見たアメリカ国家のあるべき統治構造に関する自己理解の反映である。裁判官に憲法支持義務を課さねばならぬことに疑問の余地はないとしても、憲法支持義務を課された裁判官が、そのために自己の宗教的確信への服従を拋棄しなければならないわけではない、と考えるレヴィンソンにとって、右の拋棄を迫る連邦裁判官承認手続の現行の運用は、容易に受け入れられるものではない。レヴィンソンがそれを受け入れられないのは、「私的」宗教を「公的」憲法の命令の下に服せしめ、個々人の私的自我を公的自我へと「変形（transform）」[163]させようとするアメリカ国家の自己理解そのものに対する彼の異和の露出である。連邦裁判官承認手続を「通過儀礼」として規定することは、そのようなアメリカ国家の自己理解を実体化させることを意味する。「通過儀礼」の語の不使用は、アメリカ国家の自己理解に対してレヴィンソンが保っている批判的距離をあらわす負の暗号である。

それならば、宗教的議論が裁判官の下す法的判断を憲法の統制の下から逸脱させないための保証は何に求めればよいのか。レヴィンソンの答は、憲法支持の宣誓手続である。連邦裁判官承認手続が、憲法の支持のみならず宗教的議論の抑制までを裁判官候補者に質し、宗教的議論の抑制を候補者に要求するだけでなく、かかる抑制の約束を——上院議員と国民の前で——候補者が表明することまでを要求しようとするのに対し、憲法支持の宣誓手続は、憲法への忠誠の表明を強制するのみで、宗教的議論の抑制に関しては、これを専ら候補者の自己規律に委ねる。にも拘らず、憲法支持の宣誓手続が答となるのは、裁判官の法的判断を——法と道徳の連関に分け入って——統制する行動規範は、裁判官の自己拘束以外であってはならない、とレヴィンソンが考えるからである。

ここで注目すべきは、レヴィンソンのいわゆる自己拘束が、単なる無定形の自己緊縛ではなく、憲法に対する忠誠宣誓の義務づけを不可欠の契機としてはじめて可能となる固有の自己義務づけであるという点である。例えば、レヴィンソンは、一八〇三年のMarbury判決における連邦最高裁首席裁判官ジョン・マーシャルが、憲法の支持を誓った裁判官が違憲の法律を適用するならば自らの宣誓を裏切ることになる、と述べている点を重視して、アメリカにおける違憲審査制の公式の創始が、少くとも部分的には、連邦裁判官の憲法支持の宣誓に負っていると説明する。(164) 裁判官の法的判断への統制を考察するレヴィンソンの思考の根柢には、つねに、憲法支持の宣誓がある。本稿の推断する彼の思考の核心は、以下の如きものである。裁判官就任に当って憲法支持を宣誓した裁判官がその後の裁判官活動において憲法に拘束されるのは、——厳密にいえば——彼が規範としての憲法それ自体に服従するからではなく、宣誓への忠実から、「憲法に従う」という自己の言葉に拘束されるからである。全ての連邦最高裁裁判官は憲法支持を宣誓しているから、彼らが憲法に従うのは、自己の言葉への彼らの自己拘束の結果である。もとより、自己の言葉に対する拘束のされ方は、宣誓者により一様でない。前に述べたように、憲法支持の宣誓は、各自の宣誓行為の合理的解釈の範囲内に、道徳規範の命令と憲法の命令との間の多様な折合いのつけ方を許容する。いずれの折合いのつけ方であっても、宣誓という行為の重大性に照すなら、そこには、憲法を支持すると誓った者が自己の言葉に如何にして責任をとるかについての誠実な葛藤が演じられているはずである。そうであるとすれば、そのいずれが妥当で、いずれが妥当でない、と軽々に論ずることはできない。先に、レヴィンソンの考えを、裁判官の法的判断における裁判官個人の道徳的・宗教的確信への依拠をどこまで認めるかは裁判官自身の自己拘束に委ねる外はない、という形で説明したのは、以上のような意味においてである。

最後に、かかるレヴィンソンの考え方を適用して、更めて、ブレナンとスカリアの例を分析する。既に見たところに明らかなように、カトリシズムの教義も含め、「それに勝る如何なる義務も存在しない」とブレナンが云うのは、憲法それ自体ではなく、「憲法……を支持すると誓った宣誓」である。レヴィンソンも引く一九八六年一〇月の New York Times Magazine 誌上に載ったインタヴューで、ブレナンは、一九五六年に「私は、自らの宗教的諸原則の如何なるものをも影響させてはならない或る義務を憲法の下で負うことを心に決めた」と答えているが[165]、ここにいう憲法とは、忠誠の対象としての合衆国憲法の全体ではなく、その六編三項の宣誓である。裁判官としての自己を縛るのはただ憲法であって宗教ではないというブレナンの立場は、憲法支持の宣誓が、憲法の要求を自己の宗教上の義務に優越させることを裁判官に求めていると捉えたブレナンが、憲法の命令への服従を裁判官としての公的場面に、宗教の命令への服従を私的場面に、それぞれ厳格に振り分けることによって、辛うじて宣誓を履行しうると考えた結果であると解される。これに対し、スカリアによれば、憲法への支持を宣誓した裁判官は、裁判官として在職する限り、自己の宗教の道徳的要求に打ち克って憲法を適用し続けなければならないが、宣誓は、宗教の命令を公的場面から締め出して私的場面に閉じ籠めることを裁判官に命じているのではない。むしろ、裁判官としての公的場面にも常に宗教の命令が潜在していると解するからこそ、スカリアのモデルの裁判官は、憲法と道徳の要求が衝突する抜き差しならない場合において、――それでも憲法を適用し続けなければならないブレナンのモデルの裁判官と違い――道徳の要求に背かないために辞職することができるのである。

以上のブレナンとスカリアの像は、レヴィンソンの呈示した素材を読んだ本稿の分析であり、レヴィンソン自身が考える二人の理解とは異る。しかし、レヴィンソンによれば、個々の「ケース」を読むことは、しばしば、「理論家」の抽象的理論には欠ける「魅力ある諸事実に我々を直面させる」(166)。ブレナンとスカリアについての上述の分析は、この仮説を、「理論家」レヴィンソンの提供する「ケース」に当て嵌めたものに外ならない。しかも、その「ケース」から透し見えるのは、「理論家」の自覚的な憲法理論――例えば "Encyclopedia of the American Constitution" 第二版に寄せて「憲法理論」の項目を執筆したレヴィンソン自身が定義する「憲法理論」(167)――とは異る或る憲法理論の存在である。

《通過》の思想とでも呼ぶべきその理論は、アメリカの連邦裁判官が（自己の道徳の命令のみに従って自らを律することのできる）私的領域から（憲法の命令に従って判断を下さなければならない）公的領域に移行するに際して通過する宣誓という行為に着眼し、この行為をどう意味づけて行うかが、法と道徳の要求が衝突する場面における裁判官の行動を規定し且つ制約する、と喝破する。《通過》の思想の本領は、かかる作業を通して、私的領域と公的領域の区別に関心を集中するリベラリズムの支配的諸理論に対し、第一に、二つの領域の境界に《通過》という固有の問題圏が存すること、第二に、かかる場における行為者の precommitment──宣誓を含むが、それに尽きない──が、それぞれの行為者における上記移行の諸様態を決定し、ひいては、かかる移行を不可欠の要素とするリベラリズムにもとづく政治社会の在り方を決定すること、を主張するにある。(168)

公的討議における宗教的要素の投入の許否に関するレヴィンソンの可能的立場は、この《通過》の思想のもとにある。それは、公的領域を私的領域と峻別しようとして、公的討議から宗教的要素を排除する理論（一般的なリベラリズムの理論）と異るだけでなく、公的領域を私的領域に融合しようとして、公的討議に宗教的要素を包摂する理論（一般的な New Religionist の理論）とも異り、私的領域から公的領域への移行に当って行われる討議参加者の自己拘束を、上記した許否についての決定的要素として重視しようとする理論である。しかも、その自己拘束は、「リベラル・デモクラシー」からの要請（グリーナウォルト）であれ、「宗教伝統」からの要請（ペリー）であれ、外的要請により理論的に求められる自己拘束ではない。レヴィンソンの自己拘束は、（憲法支持を宣誓する）自己の言葉に忠実であろうとするという意味で、公的討議の参加者が自分の言葉に「嘘をつかない」ことを重視したアカーマンの問題意識と無縁でなく、自己の言葉（宣誓）が、その言葉によって表象されるもの（憲法支持）への commitment を触発する限りで、自己を縛る、という構造において、宗教者に「包括的教義に依存し切らない然るべき理由づけ」を提出させることが立憲民主主義への「commitment を公に表明」させたことになるが故に宗教者をも public reason の理念に親しませうると考えたロールズの所説に接近する。

跋

道徳的に多元的な社会において、強い道徳的確信を抱く人々の間に適正な公的討議秩序を形成することは困難な課題である。強い道徳的確信を持つ公務員に対しては、その職務上の公的判断を最終的に憲法に依拠して下すよう要求すること自体、容易でない。ブレナンとスカリアの分析を通じてレヴィンソンが描こうとしたのは、強い道徳的確信を抱く連邦公務員等が、その公職就任に当って、自ら行う宣誓の意味を定義＝限定しながら、自己の道徳を全面的に抑圧することなく憲法を遵守することのできる途を探って、憲法規範の要求と道徳規範の要求とを、それぞれの仕方で、折り合せようとする姿である。もとより、アメリカにおける連邦公務員等の憲法支持義務が自己拘束であるといっても、所詮、宣誓は強制されたものにすぎない。しかし、強制のなかに自発性の契機を見るべきであり、また逆に、自己拘束のなかに原理による制度的義務づけを読みとるべきである。レヴィンソンの理論が教えるのは、立憲主義原理の核をなす公務員の憲法支持義務を活かす道は、自発性と強制性との間に働くここに見た如き力学を常に見失わずにいることのなかにしかない、ということである。

日本国憲法は、その九九条で、公務員に対し、「憲法を尊重し擁護する義務」を課している。公務員に対するかかる義務づけを立憲主義原理の核であるとして重視する日本の正統的憲法学は、しかし、公務員がこの義務を遵守することの困難を主題化したことがない[169]。公務員が憲法を遵守することの困難という主題の不在は、私的領域と公的領域の間に《通過》という固有の問題圏の存在を認めないことと無関係ではない。自発性と強制性の相剋は、この問題圏をその場所とするからである。

（1） New Religionist について触れるものとして、Theodore Y. Blumoff, *The New Religionists' Newest Social Gospel: On the Rhetoric and Reality of Religious' "Marginalization" in Public life*, 51 U. Miami L. Rev. 1 (1996); Rebecca R. French, *Lamas, Oracles, Channels, and the Law: Reconsidering Religion and Social Theory*, 10 Yale J. L. & Human. 505 (1998). 他に参照、Ruth Teitel, *A Critique of Religion as Politics in the Public Square*, 78 Cornell L. Rev. 747 (1993). New Religionist の呼称は、アメリカの法世界において既に一定程度の定着を見ているが、確立した定義が与えられているわけではない。本稿は、暫定的に、「宗教の私事化」仮説による標識づけを提起する。「宗教の私事化」という問題設定によって何を呈示するかは、論者によって多様である。本稿では直接取り上げないが、メアリー・アン・グレンドンは、活力ある「公的言語（public language）」を創出するための「苗床」として宗教的共同体とその言語の再評価に向う限りで、New Religionist の一人に数えられる理由がある。Mary Ann Glendon, Rights Talk: The Impoverishment of Political Discourse xii–xiii (1991); Glendon, *Law, Communities, and the Religious Freedom Language of the Constitution*, 60 Geo. Wash. L. Rev. 672 (1992).「宗教の私事化」を、国家（公）と個人（私）の緩衝装置

としての宗教的共同体の役割を弱めるものとして批判するグレンドンにおいて、宗教の担うべき公共性とは、既存の公と私の境界を横断して両者の結節面をつくる媒介者性にある。Glendon, *id.* at 678-679. 註(44)・(46)・(106) を参照。なお、公と私の境界を引くことに関する問題点につき、参照、LOUIS M. SEIDMAN, OUR UNSETTLED CONSTITUTION: A NEW DEFENSE OF CONSTITUTIONALISM AND JUDICIAL REVIEW (2001).

(2) Lemon v. Kurtzman, 403 U. S. 602, 625 (1971).

(3) この仮説の原型を夙い時期に摘出したものとして、Gerard V. Bradley, *Degmalomachy—A "Privatization" Theory of the Religion Clause Cases*, 30 ST. LOUIS U. L. J. 275 (1986).

(4) Wallace v. Jaffree, 472 U. S. 38 (1985).

(5) Edwards v. Aguillard, 482 U. S. 578 (1987).

(6) なお、判例に「宗教の私事化」傾向を読みとりながら、この二つの判決に関して別の解釈可能性を指摘するものとして、Richard S. Meyers, *The Supreme Court and the Privatization of Religion*, 41 CATH. U. L. REV. 19, 51-58 (1991).

(7) アメリカの公共文化において宗教への特恵的処遇が形式上の disestablishment のもとに進行していることを剔抉した一九六〇年代半ばの論者の概念——*de facto* establishment——(MARK D. HOWE, THE GARDEN AND THE WILDERNESS 11 (1985)) を逆向きにしたスティーヴン・D・スミスの概念である。Steven D. Smith, *Legal Discourse and the De Facto Disestablishment*, 81 MARQ. L. REV. 203 (1998). 憲法における「理性」への commitment とバベルの塔の伝説の憲法論上の含意について論じた彼の著書 SMITH, THE CONSTITUTION AND THE PRIDE OF REASON (1998) も参照。

(8) ROBERT N. BELLAH, THE BROKEN COVENANT: AMERICAN CIVIL RELIGION IN TIME OF TRIAL (1975).

(9) RICARDO J. NEUHAUS, THE NAKED PUBLIC SQUARE: RELIGION AND DEMOCRACY IN AMERICA (1984).

(10) BRUCE A. ACKERMAN, SOCIAL JUSTICE IN THE LIBERAL STATE (1980).

(11) アカーマンは、Association of American Law Schools の「法と宗教」に関するパネルにおいて、ケント・グリーナウォルト、マイケル・W・マコンネルの二人の New Religionist と論戦を交している（その日付を、French, *supra* note 1, at 529 n. 85 は、一九九五年一月、Smith, *supra* note 7, at 205-206 は、一九九六年一月としている)。

(12) Ackerman, *Neutralities in* LIBERALISM AND THE GOOD 29, 36 (Bruce Douglass et al., 1990).
(13) ACKERMAN, *supra* note 10, at 3.
(14) *Id.* at 3-4.
(15) *Id.* at 4.
(16) *Id.* at 7.
(17) *Id.* at 11.
(18) *Id.* at 10.
(19) *Id.* at 364.
(20) Bruce A. Ackerman, *Why Dialogue?*, 86 J. PHIL. 1 (1989).
(21) *Id.* at 8.
(22) *Id.* at 13.
(23) *Id.* at 14.
(24) *Id.* at 14-16.
(25) *Id.* at 16-17.
(26) *Id.* at 17.
(27) *Id.*
(28) *Id.*
(29) *Id.* at 19.
(30) アカーマンは、この点に無自覚でない。*Id.* at 22.
(31) JOHN RAWLS, A THEORY OF JUSTICE (1971).
(32) RAWLS, POLITICAL LIBERALISM (1993).

(33) RAWLS, *supra* note 31, at 4-5.

(34) RAWLS, POLITICAL LIBERALISM xxxvii-xxxviii (paperback ed. 1996).

(35) Rawls, *The Idea of Public Reason Revisited*, 64 U. CHI. L. REV. 765, 768-769 (1997).

(36) RAWLS, *supra* note 31, at 5, 454.

(37) RAWLS, *supra* note 32, at 224.

(38) *Id.* at 212-213.

(39) Rawls, *supra* note 35, at 767; RAWLS, *supra* note 32, at 227-230.

(40) Rawls, *id.* at 769; RAWLS, *id.* at 217-219.

(41) Rawls, *id.*

(42) ここでは、New Religionist のものではないが、public reason 論（一九九三年段階）の「宗教の私事化」傾向を問題視する神学者の批判として、Paul J. Weithman, *Rawlsian Liberalism and the Privatization of Religion: Three Theological Objections Considered*, 22 J. RELIGIOUS ETHICS 3 (1994) と、これもNew Religionistのものではないが、public reason 論（一九九三年段階）が宗教的議論の世俗的議論への翻訳を急ぐことの問題点を指摘する法学者の批判として、Jeremy Waldron, *Religious Contributions in Public Deliberation*, 30 SAN DIEGO L. REV. 817 (1993) を、挙げる。なお、参照、Stephen Macedo, *Liberal Civic Education and Religious Fundamentalism: The Case of God v. John Rawls*, 105 ETHICS 468 (1995); DANIEL A. DOMBROWSKI, RAWLS AND RELIGION: THE CASE FOR POLITICAL LIBERALISM (2001).

(43) "Political Liberalism" のなかで、ロールズは、自己の立場が、（包括的教義を public reason それ自体としては認めない）「排除説（exclusive view）」から（包括的教義に淵源する政治的主張もそれが public reason の理想を強めるものである限りでその提出を許す）「包摂説（inclusive view）」へと変じたと述べる。RAWLS, *supra* note 32, at 247. 更に、ロールズは、一九九七年の論文で、（註(44)に見る）一層「包摂」的な立場に進んだとされる。

(44) Rawls, *supra* note 35, at 783-784. なお、一九九七年のこの立場は、最初 "Political Liberalism" のペー

パーバック版序文（一九九六年）で示されたといわれることがある（例えば、ROBERT AUDI, *infra* note 73, at 245 n. 23）が、両者の間には意図的に表現上の差異が設けられている。包括的教義が組み入れられる先は、public reason（一九九六年）から public political discussion（一九九七年）に変っているし、組み入れが認められるために提出を求められる理由づけの呼称は public reasons（一九九六年）から proper political reasons（一九九七年）に変っている。RAWLS, *supra* note 34, at li-lii. 参照、註(46)。

(45)　「包摂説」は、包括的教義にもとづく理由づけの組み入れの条件として、当該理由の提出者に対し、同理由づけを、public reason の理念を強める仕方で提出することを要求している。RAWLS, *supra* note 32, at 247.

(46)　ロールズは、社会が「充分に秩序づけられている」ときには「排除説」でよいとしている。*Id*. at 248. なお、註(44)で指摘した一九九六年から一九九七年にかけての語彙の変化は、それが表題の変化――「public reason の広い見方」から public political culture の広い見方」への――を随伴していることを併せ考えるならば、単なる修辞上の問題でなく、包括的教義の組み入れを public reason の考え方そのものにまでは及ぼすまいとする再考の結果である可能性がある。

(47)　Rawls, *supra* note 35, at 807.

(48)　RAWLS, *supra* note 34, at xxxix.

(49)　Rawls, *supra* note 35, at 785.

(50)　Rawls, *Two Concepts of Rules*, 64 PHIL. REV. 3 (1955); Rawls, *Justice as Fairness*, 67 PHIL. REV. 167 (1958).

(51)　道徳的意見の異る人々の間で一致を見ない争点について対話することは平和破壊的であるという考えは、政治哲学者スティーヴン・ホームズの論理に典型を見出す。Stephen Holmes, *Gag Rules or the Politics of Omission, in* CONSTITUTIONALISM AND DEMOCRACY 19 (Jon Elster & Rune Slagstad eds., 1998). ホームズは、この考えを、主権と平和の内的連関にまで高める。Holmes, *Jean Bodin: The Paradox of Sovereignty and the Privatization of Religion, in* RELIGION, MORALITY, AND THE LAW: NOMOS XXX 5 (J. Roland Pennock & John W. Chapman eds., 1988).（副題がホームズの理論と New Religionist の理論の間の緊張を示唆する。）

(52) Ronald Dworkin, *Taking Rights Seriously* (1997).

(53) William A. Galston, Liberal Purposes: Goods, Virtues, and Diversity in the Liberal State 107-109 (1991).

(54) Charles E. Larmore, Patterns of Moral Complexity 59-66 (1987). チャールズ・E・ラーモアのロールズ論として、参照、Larmore, *Political Liberalism*, 18 Pol. Theory 339 (1990).

(55) Galston, *supra* note 53, at 150-153. なお、マイケル・J・サンデルの自我論については、Michael J. Sandel and the Limits of Justice (2d ed. 1998). サンデルのロールズ論として、Sandel, *Political Liberalism*, 107 Harv. L. Rev. 1765 (book review).

(56) Galston, Liberal Pluralism: The Implications of Value Pluralism for Political Theory and Practice (2002).

(57) Kent Greenawalt, Religious Convictions and Political Choice viii (1988).

(58) Michael J. Perry, Under God?: Religious Faith and Liberal Democracy ix (2003).

(59) Richard H. Fallon, Jr., *Of Speakable Ethics and Constitutional Law: A Review Essay*, 56 U. Chi L. Rev. 1523, 1545-1546 (1989).

(60) Greenawalt, *supra* note 57.

(61) Greenawalt, *Religious Convictions and Political Choice: Some Further Thoughts*, 39 DePaul L. Rev. 1019 (1990).

(62) Greenawalt, Private Consciences and Public Reasons (1995).

(63) Perry, Morality, Politics, and Law: A Bicentennial Essay (1988).

(64) Perry, Love and Power: The Role of Religion and Morality in American Politics (1991).

(65) Perry, *Religious Morality and Choice: Further Thoughts—And Second Thoughts—On Love and Power*, 30 San Diego L. Rev. 702 (1993).

(66) Perry, Religion in Politics: Constitutional and Moral Perspectives (1997).

(67) PERRY, *supra* note 58.

(68) *Id.* at ix.

(69) GREENAWALT, *supra* note 57, at 12.

(70) GREENAWALT, *supra* note 62, at 7.

(71) *Id.*

(72) GREENAWALT, *supra* note 57, at 120-137. グリーナウォルトは、胎児の他、動物についても、「地位（status）」の問題として論じる。*Id.* at 168-169. 参照、GREENAWALT, LAW AND OBJECTIVITY 222 (1992).

(73) ROBERT AUDI, RELIGIOUS COMMITMENT AND SECULAR REASON 96-100 (2000). ここでアウディーが問題にしているのは、「強制の正当化」である。Audi, *Religion, Politics, and Democracy: Closing Comments and Remaining Issues, in* RELIGION IN THE PUBLIC SQUARE 169-172 (Robert Audi & Nicholas Wolterstorff eds., 1997). アウディーによれば、「宗教によって命ぜられた道徳的諸義務と他者に対する世俗的諸義務の均衡を達成する」ためには、動機にまで立ち入って civic virtue を要求することが――一見「不合理」に見えるけれども――必要となる。ところで、話す「動機」は、「話す内容の不可欠の基礎」であり、それは、公的討議における「語り口（voicing）」を構成する。アウディーは、civic voice こそが、civic virtue の本質的構成成分であると考えるのである。AUDI, *id.* at 165-168.

(74) Audi, *The Place of Religious Argument in a Free and Democratic Society*, 30 SAN DIEGO L. REV. 677, 690-691 (1993). アウディーも、宗教的議論を提出することの積極的意義を認めないわけではない。*Id.* at 685-686.

(75) Audi, *The Separation of Church and State and the Obligations of Citizenship*, 18 PHIL. & PUB. AFF. 259 (1989).

(76) GREENAWALT, *supra* note 57, at 168-169. アウディーのグリーナウォルト論は、Audi, *Religion and the Ethics of Political Participation*, 100 ETHICS 386 (1990). 善に対する正義の優越性の仮説は、RAWLS, *supra* note 31.

(77) Greenawalt, *id.* at 57.
(78) Greenawalt, *supra* note 61, at 1023.
(79) *Id.* at 1041.
(80) Greenawalt, *supra* note 57, at 12.
(81) Greenawalt, *supra* note 61, at 1022.
(82) Greenawalt, *supra* note 57, at 217. グリーナウォルトのかかる「通貨」概念につき、参照、Steven D. Smith, Foreordained Failure: The Quest for a Constitutional Principle of Religious Freedom 88-90 (1995).
(83) Greenawalt, *id.* at 220-221.
(84) *Id.* at 50.
(85) Greenawalt, *supra* note 61, at 1029.
(86) *Id.* at 1023.
(87) Greenawalt, *supra* note 62, at 10.
(88) *Id.* at 160.
(89) *Id.* at 158.
(90) Perry, *Neutral Politics?*, 51 Rev. Pol. 479, 490 (1989). なお、この論文で、ペリーは、自身の理論とグリーナウォルトのそれとの距離を――グリーナウォルトの原則論が数々の「例外」を留保している個所を仔細に抜き出しながら――測定している。*Id.* at 492-494.
(91) Greenawalt, *supra* note 61, at 1035.
(92) Perry, *supra* note 63, at 181-182.
(93) *Id.* at 183.
(94) Perry, *supra* note 64, at 43.
(95) *Id.* at 44, 83-127.

(96) Richard Rorty, Philosophy and Social Hope 168-174 (1999).

(97) Perry, *supra* note 66, at 49.

(98) Perry, *supra* note 64, at 29-42.

(99) Perry, *supra* note 64, at 100.

(100) *Id.* at 105.

(101) *Id.* at 105-106.

(102) *Id.* at 101.

(103) David M. Smolin, *Regulating Religious and Cultural Conflict in a Postmodern America: A Response to Professor Perry*, 76 Iowa L. Rev. 1067, 1067-1077 (1991). 参照、Smolin, *Cracks in the Mirrored Prison: An Evangelical Critique of Secularist Academic and Judicial Myths Regarding the Relationship of Religion and American Politics*, 29 Loy. L. A. L. Rev. 1487 (1996).

(104) Perry, *supra* note 64, at 139-140.

(105) Sanford Levinson, *Religious Language and the Public Square*, 105 Harv. L. Rev. 2061, 2074 (1992). レヴィンソンによれば、かかる「よい宗教」では、宗教的議論の投入により公的討議空間を活性化させる効果を格別持たない。

(106) Perry, *supra* note 64, at 140. 宗教を――「よい宗教」と否とに依らず――広く公的討議に投入してよいとする立場への改説の正当化のためにペリーによって供せられたのは、あるカトリック神学者の議論であるが(Perry, *supra* note 65, at 718-722)、当の神学者は、公的討議を「政府と政策形成の領域」と「文化の領域」とに分ち、広く宗教の投入を許すべき領域を原則として後者に限定している(この議論は、ロールズの構想する public political culture の次元の射程を考える上で参考になる。参照、註(44)・(46))。ペリーの議論は、この神学者が「とはいえ政治と文化の間に隙間のない壁を築くことは可能でもなければ望ましくもない」と附加した点を捉えて、「例外」を原則にした観がある。David Hollenbach, S. J., *Contexts of the Political Role of Religion: Civil Society and Culture*, 30 San Diego L. Rev. 877, 900 (1993).

(107) Perry, *supra* note 65, at 713.
(108) Perry, *supra* note 66 at 64-72.
(109) *Id.* at 72-76.
(110) Perry, *supra* note 58, at x-xi.
(111) *Id.* at xi.
(112) *Id.* at 55-69.
(113) 一九九七年の著書において世俗的議論による補助を要求した理由を、他者から「リベラル・デモクラシーの道徳ないし倫理」の要請であると誤解されたことにより、ペリーは、かかる道徳ないし倫理からの理由と「宗教伝統と歴史的経験とに内在するキリスト教徒に固有の諸理由」との区別を発見したと推理される。本稿は、ここに一九九七年のペリーと二〇〇三年のペリーとの違いを見出す。Perry, *Liberal Democracy and Religious Morality*, 48 DePaul L. Rev. 1, 46 (1998).
(114) Stephen L. Carter, *The Religiously Devout Judge*, 64 Notre Dame L. Rev. 932 (1989). 公務員の場合に宗教的議論の提出の許否についての規律を市民の場合と変えるかどうかは一つの論点である（立法者につき、Paul Brest, *The Conscientious Legislator's Guide to Constitutional Interpretation*, 27 Stan. L. Rev. 585 (1975), 他に、Frederick Schauer, *May Officials think Religiously?*, 27 Wm. & Mary L. Rev. 1075 (1986) がある）。カーターは、一般に、この区別を認めないが、裁判官に関しては、判断の正当化の議論を裁判官の職業規範に沿って行わせようとする立場を採っており（*id.* at 943）、彼の理論枠組のなかでの位置づけ（例えば、職業規範への服従は理論内在的なものか、それとも、戦略的な妥協か――参照、Mark Tushnet, *The Limits of Religion in the Body Politic*, *in* The Role of Religion in the Making of Public Policy 191 (James F. Wood, Jr. & Derek Davis eds., 1991) が問われる。
(115) *Id.*
(116) *Id.* at 933.
(117) Carter, *Evolutionism, Creationism, and Treating Religious as a Hobby*, Duke L. J. 977, 978 (1987).

(118) CARTER, THE CULTURE OF DISBELIEF: HOW AMERICAN LAW AND POLITICS TRIVIALIZE RELIGIOUS DEVOTION (1993). カーターの議論には、宗教者だけが自己の人格の核心部分の引き剝しを求められているという不平等感が充満している。例えば、*Id.* at 230. このような立場――あるいは広く宗教的共同体への個人の帰属を重視する立場――に立つ論者において、「信教の自由」と「政教分離」の関係、殊に「政教分離」の意義がどう理解されているかは、一個の省察に値する問題である。「趣味」へと「矮小化」された宗教をカーターが public embarrassment と言い換えているところ（Carter, *Scientific Liberalism, Scientific Law*, 69 ORE. L. REV. 471 (1990)）から見ても、カーターにおける公と私の区分が、ここでの問題の鍵をなすことは見易いが、「趣味（hobby）」を「陳情団（lobby）」に捩ってカーターを批判する Kathleen M. Sullivan, *God as Lobby*, 61 U. CHI. L. REV. 1655, 1661 (1994) の採る、カーターは「公と私の厳格な区別を拒絶している」という観方には、――ここでは立ち入らないが――異論の余地がある。なお、カーターの「信教の自由」論として、Carter, *The Resurrection of Religious Freedom?*, 107 HARV. L. REV. 118 (1993) が、カーターの「政教分離」論として、Carter, *Reflections on the Separation of Church and State*, 44 ARIZ. L. REV. 293 (2002) が、ある。

(119) *Id.* at 52.

(120) *Id.*

(121) *Id.*

(122) CARTER, GOD'S NAME IN VAIN: THE WRONGS AND RIGHTS OF RELIGION IN POLITICS (2000).

(123) CARTER, *supra* note 118, at 55-56.

(124) CARTER, THE DISSENT OF THE GOVERNED: A MEDITATION ON LAW, RELIGION, AND LOYALTY (1998).

(125) *Remarks by President Clinton in a Photo Opportunity During White House Interfaith Breakfast*, U. S. Newswire, Aug. 30, 1993. 参照、Sanford Levinson, *The Multicultures of Belief and Disbelief*, 92 MICH. L. REV. 1873 (1994).

(126) CARTER, *supra* note 124, at 18.

(127) レヴィンソンは、カーターの理論からすれば、カーター自身が裁判官候補者になった場合、本文掲記の質問に対し、肯定を以て答えることはできないはずであると難ずる。Levinson, *supra* note 125, at 1887. これは、連邦裁判官承認手続をここでの一般的論題の「適用事例」——具体化のための通路——とみなすカーターの議論枠組に則った批判である。それならば、New Religionist は連邦裁判官となることができるのか。これは架空の問題ではない。はたして、市民は社会契約に当り宗教的至高者——神——への忠誠を放棄していないから国家は個人の宗教的忠誠にまではその管轄を及ぼせないとする考え方を好意的に引照し、信仰を法に服従させねばならぬ自然的理由はないと論ずる New Religionist マイケル・W・マコンネルは（Michael W. McConnell, *Christ, Culture, and Courts: A Niebuhrian Examination of First Amendment Jurisprudence*, 42 DePaul L. Rev. 191, 192, 211（1992））、二〇〇三年一月、合衆国第一〇巡回控訴裁判所裁判官として宣誓する。

(128) Levinson, *supra* note 105, at 2077.

(129) 法哲学者ジョゼフ・ラズの概念である。Joseph Raz, *Facing Diversity: The Case of Epistemic Abstinence*, 19 Phil. & Pub. Aff. 3（1990）.

(130) Levinson, Wrestling with Diversity 234（2003）.

(131) *Id.* at 239, 241.

(132) *Id.* at 238.

(133) *Id.* at 221–224.

(134) *Id.* at 197–198.

(135) *Id.* at 223.

(136) *Nomination of William Joseph Brennan: Hearing Before the Committee on the Judiciary, United Senate,* 85th Cong. 1st Sess. 32–34（1957）. Levinson, *supra* note 130, at 210–211.

(137) *Id.* at 206–208.

(138) レヴィンソンは、カトリック系のある大学がブレナンに名誉博士号を授与すると公表したときに当該地区の大司教らによって起された反対運動に言及する。*Id.* at 215.

(139) *Id.* at 215, 225. 参照、Thomas Shaffer, *On Checking the Artifacts of Canaan: A Comment of Levinson's*

'*Confrontation*', 39 DePaul L. Rev. 1133 (1990); Winnifred F. Sullivan, Paying the Words Extra: Religious Discourse in the Supreme Court of the United States 136–150 (1995).

(140) *Nomination of Judge Antonin Scalia: Hearings Before the Committee on the Judiciary, United States Senate*, 99th Cong., 2d Sess. 43–47 (1986). *Id.* at 211–212.

(141) City of Richmond v. J. A. Croson Co., 488 U. S. 469, 521 (1989) (Scalia, J., concurring).

(142) Levinson, *supra* note 130, at 230–231.

(143) Antonin Scalia, *God's Justice and Ours*, First Things 17 (May 2002).

(144) Levinson, Constitutional Faith 193 (1988).

(145) *Id.* レヴィンソンは、憲法への無条件の忠誠——「偶像崇拝」——が、「国家に否を言う能力の減退」を招くことを警戒する。*Id.* at 87–89; Levinson, *supra* note 130, at 214–215.

(146) 憲法と道徳の衝突する限界的場面の問題を考察するとき、レヴィンソンは、一九八八年の著書においても、二〇〇三年の著書においても、必ず奴隷制の事例を挙げ、その都度、事例の選択は「偶然ではない」と書く。Levinson, *supra* note 144, at 88; Levinson, *supra* note 130, at 244.

(147) Rawls, *supra* note 34, at 247 n. 36. この点での影響を私信等を通じてロールズに与えたとされる論者による関連する論稿として、参照、Lawrence B. Solum, *Faith and Justice*, 39 De Paul L. Rev. 1083 (1990); Solum, *Constructing an Ideal of Public Reason*, 30 San Diego L. Rev. 729 (1993); Solum, *Novel Public Reasons*, 29 Loy. L. A. L. Rev. 1459 (1996).

(148) アフリカ系アメリカ人としてのカーターの自意識は、彼に、あの処女作——Carter, Reflections of an Affirmative Action Baby (1991)——を書かしめただけでなく、彼を、宗教の「体制破壊的」な力についての省察に向わせ (Carter, *Scientific Liberalism, Scientific Law*, *supra* note 118, at 516)、一九九八年の著書に、奴隷制への「破壊」がなかったなら「我々の歴史——アフリカ系アメリカ人としての私の歴史——は、根本的に違ったもの、悪いものになっていただろう」という一文を書き込ませる。なお、ここでカーターが「体制」として観念するのは、今日まで支配的な「公的対話の抑圧的な諸規則」である。Carter, *supra* note 124,

at 28–29. 他に、CARTER, *supra* note 118, at 272.

(149) LEVINSON, *supra* note 144, at 88.

(150) *Id.* at 88.

(151) *Id.* at 54.

(152) LEVINSON, *supra* note 130, at 232.

(153) STEPHEN MACEDO, DIVERSITY AND DISTRUST: CIVIC EDUCATION IN A MULTICULTURAL DEMOCRACY 136 (2000). マセイドが「儀式」の名のもとに考察しようとしているのは、公的諸制度の担う（社会）教育的機能である。

(154) LEVINSON, *supra* note 144, at 90.

(155) *Id.* at 91.

(156) LEVINSON, *supra* note 144, at 100–101, 113.

(157) 移民の帰化手続の性格を、フェリックス・フランクファータ裁判官の警句を用いてレヴィンソンが再言したものである。*Id.* at 3.

(158) *Id.* at 104. 但し、レヴィンソンは、帰化申請者への宣誓要求を当然視しているのではない。*Id.* at 106.

(159) *Id.* at 97.

(160) *Id.*

(161) *Id.* at 57; LEVINSON, *supra* note 130, at 214.

(162) LEVINSON, *supra* note 144, at 56.

(163) *Id.* at 99.

(164) *Id.* at 92–93. この理解は、アメリカにおける違憲審査制の創設を、規範的真空状態のもとでの連邦最高裁裁判官による自己授権であると考えるかどうかという問題に一つの視角を提供する。なお、宣誓へのマーシャルの拘束は、奴隷制との格闘の場面においては、彼に、自ら jurist であるか moralist であるかと自問させ、後者であってはならないとの見識から、法の現状を追認するに至らせる。LEVINSON, *supra* note 131, at 244.

(165) 註(136)。Jeffrey Leeds, *A Life on the Court*, New York Times Mag. (Oct. 5, 1986), at 79.

(166) Levinson, *supra* note 130, at 237.

(167) Levinson, *Constitutional Theory* (*Update*), *in* 2 Encyclopedia of the American Constitution 657 (Leonard W. Levy & Kenneth L. Karst eds., 2d ed. 2000).

(168) Precommitment については、参照、Jon Elster, Ulysses and the Sirens: Studies in Rationality and Irrationality (1979); Elster, Ulysses Unbound: Studies in Rationality, Precommitment, and Constraint (2000); Stephen Holmes, *Precommitment and the Paradox of Democracy*, *in* Holmes, Passions and Constraint: The Theory of Liberal Democracy 134 (1995).

(169) 日本国憲法七六条三項のいわゆる「裁判官の良心」の問題に関しても――日本の正統的憲法学は、この問題に重要な位置づけを与えているが――同断である。憲法を遵守することの困難は、とりわけ日本では、法と道徳的確信とが衝突する特殊に例外的な場面に立たされた公務担当者のみに降りかかる問題にすぎないと映ずるかもしれない。また、その困難の指摘は、むしろ不必要に、憲法の拘束が解除される可能性を詮議するものに見えるかもしれない。しかし、立憲主義の成否が、それを運用する広義の公務担当者の行為に俟つものである以上、立憲主義を捉える憲法学が、この主義を単に主義として思考することに終始し、それを運用する個人の――ありうべき――自我の葛藤を「憲法理論」の視野から捨象するならば、――たとえ短期的にはそれが憲法を保守する上で奏効することがあるとしても――その立憲主義は、いつか全る緊張から解き放たれ、自らの対立物に転化する危険を持つ。「立憲主義原理の核」は、本文で述べた自発性と強制性の相剋のなかで、個人により、不断に対峙されつづける必要があると考える所以である。

5　裁判官の責任とは何か

序

二〇〇四年[1]と二〇〇八年[2]に私が発表した二本の論稿に対して、最近、民法学者の小粥太郎教授と憲法学者の愛敬浩二教授から、相次いで批評を受ける機会に恵まれた。敬愛する両教授が、私の問題意識を、あるいは「立憲主義を支える」「公権力の行使を」「内側から人権の論理で」「鍛えていくことの必要を説いている」[3]（小粥教授）と捉え、あるいは「現代日本の憲法理論と憲法実践に対して重要な問題提起を行う」[4]（愛敬教授）と捉えて、その意義を評価して下さったことに対して、この場を借りて、心からの感謝を表したい。その上で、両教授の批評に応答することは、批評を受けた者の学問的責務であると考え、ここに筆を執った次第である。両教授による批評は、上述の引用にも現われているように、立憲主義の在り方についての論議にも及ぶ射程の広いものであるが、具体的な論題としては、主として裁判官の責任に関する私の議論に向けられているので、本稿では、専ら、この論点に即した応答を試みることとしたい。

はじめに、両教授の批評に対する筆者の立場を明示しておく。小粥教授は、筆者の議論の裡に、「法秩序に従っていさえすれば個人的な責任を問われることがないという通念に反して、漫然と法秩序に従った判断をしたことについて〔裁判官は――筆者注〕個人責任を問われる可能性があるという峻烈な帰結」(5)を読みとった。これは、筆者の問題意識のひとつの側面に対する的確な理解である。筆者は、裁判官は「憲法及び法律にのみ拘束される」ことについて個人として責任を負うと考えるが、その意味は、裁判官は「法秩序に従」わない限り個人責任を問われなければならないということではない。筆者の考えによれば、法秩序に従うことと自己の道徳的確信に従うこととの間で深刻な葛藤の前に立たされた裁判官に対して、如何なる判断を下すのが「憲法及び法律にのみ拘束される」ことになるのかを自己の「良心」に従って決することを命じているのが、憲法七六条三項である。裁判官が、この意味での自己の「良心」に聴くことなく法秩序に従うならば、憲法七六条三項の要請に反したことになる。これが、筆者の問題意識の第一の側面である。その上で、しかし、筆者は、かく解釈された憲法七六条三項の要請に従う裁判官の責任は、裁判官自身の徹底した自己問責による以外には果すことができないものであると解する。これが、筆者の問題意識のもうひとつの側面である。筆者の議論に対して、適切にも、愛敬教授が、上記葛藤の前に立たされた裁判官に個人責任を問うことを「制度化することは可能だろうか」と問い、この意味での裁判官の責任の「問題は主題化できるけれども、それを法的に担保する方途はないように思われる」と論ずるのは(6)、筆者の問題意識のこの第二の側面にかかわる。かかる意味での裁判官の責任を制度化することは、たしかに極めて困難であろう。しかし、問題の核心は、制度化できるかどうかにではなく、制度化すべきかどうかにこそあり、筆者は、徹頭徹尾、制度化すべきでない、という立場に立つ。

一九九八年、最高裁大法廷は、積極的に政治運動をしたとされる裁判官に対してなされた懲戒処分を支持する決定を下した。(7) 本稿は、この決定を取り上げることから考察を始めようと思う。両教授の批評が、裁判における裁判官の責任を問題とするにも拘らず、本稿が、裁判官の裁判外活動を規律する最高裁決定を取り上げるのは、次のふたつの理由による。ひとつは、裁判官が政治運動をする場面は、裁判の場面とは異るけれども、そうであるからこそ、ふたつの場面の構造的連関を剔抉することによって、裁判の場面での裁判官の責任の本質を一層尖鋭に浮び上がらせることができると考えるためであり、もうひとつは、数多くの法律家が自らの職業にかかわる問題として真剣に討議した末に下された最高裁一九九八年決定は、——多数意見に与しなかった五人の裁判官がいずれも反対意見を執筆したことも含めて——「我が国法曹の叡知の結晶」(8)(伊藤眞)といわれる最高裁の裁判のなかでも、賛否をこえて、そう呼ばれるにふさわしいテクストのひとつであり、裁判官の責任とは何かを考える上で無限の示唆を与えているように思われるからである。

一　裁判官の政治的行為の自由

1

仙台地裁の判事補であった裁判官の職務外の行為が裁判所法（以下「法」と略す）五二条一号の積極的政治運動に当るとして、仙台地裁が、裁判官分限法六条にもとづき、同裁判官に対する分限の申し立てをしたところ、仙台高裁は、同裁判官を戒告処分とする決定を下した。この決定を不服とした同裁判官が最高裁に抗告し、最高裁大法廷は、原決定を正当であるとして抗告を棄却した。これが、最高裁一九九八年決定である。一九九八年決定が扱ったのは、裁判官の政治的行為の自由である。抗告人は、憲法二一条一項の表現の自由にもとづき、処分の違憲性を主張したが、最高裁多数意見は、処分は憲法二一条一項に違反しないと判示した。

一九九八年決定の多数意見およびそれに付せられた五人の裁判官の反対意見のなかで、本稿が注目するのは、園部逸夫裁判官の反対意見である。最高裁多数意見が、抗告人たる裁判官の行為が積極的政治運動（法五二条一号）に当ると判断したことを以て「職務上の義務」違反（法四九条）を認定し、懲戒処分を相当であると判断したのに対して、園部裁判官は、裁判官が積極的政治運動を行ったことは、「職務上の義務」の違反を構成しないから、懲戒事由には該当しないとし、原決定を取り消すべきであるとする反対意見を執筆した。

これは、直接には、法五二条と法四九条の間に「明確な対応関係がない」ことの論理的帰結を指摘したものであり、のちに園部裁判官自身が述懐しているように、「裁判官の懲戒に関する現行の法制は体系的にも罪刑相互間の法的関係も明確でないということで疑問を呈したのであって、裁判官の政治活動を肯定したのではない」(9)。この点で、抗告人の表現の自由をできる限り尊重しようとする立場から書かれた他の四人の裁判官の反対意見とは一線を画する。

だが、園部反対意見の含意は、それだけではない。園部反対意見は、「積極的政治運動をしたことのみを理由として在任中の裁判官を懲戒処分に付するということは、法の建前ではない」と述べている。「積極的政治運動をした」「在任中の裁判官」に対する「法の建前」とは何か。最高裁事務総局総務局編『裁判所法逐条解説』は、法五二条にいう「在任中」の文言に注意を喚起しながら、「政治運動等一定の行為が禁止されるのは、裁判官の「在任中」にかぎられている。従って、裁判官に任命されるまで政治運動等に従事していた者でも、任命されると同時にこれをやめれば、さしつかえないし、また、裁判官の地位にあった者でも、裁判官の地位を去ると同時に政治運動等に従事することは、さしつかえない」と書いている(10)。園部反対意見がいう「法の建前」が突き付けるものは重い。裁判官が積極的に政治運動をしたことは「職務上の義務」違反を構成しないとしながら、「裁判所法五二条一号は、裁判官は在任中積極的に政治運動をすることができないと定め、右行為を絶対的に禁止している。すなわち、裁判官に在任することと積極的な政治運動に従事することは、そもそも両立し得ないのである」と述べる園部反対意見は、積極的に政治運動をした裁判官は辞職することができると暗示しているかのようである。

2

裁判官の表現の自由に対する淡泊ともいえる園部反対意見の基本態度が、形式的な条文解釈を通じて、積極的政治運動をした裁判官を懲戒権の発動から免除し、結果として裁判官の表現の自由に対する安定した保障を供与するに至った論理の逆説性は、吟味に値する。だが、本稿の関心を惹くのは、実定法の規定相互の間に生じた隙間を何ものによっても充塡せず、裁判官の政治的行為の問題を、どこまでも裁判官個人の「倫理」（辞職の自由は、その窮極の形態である）に放置する園部裁判官の思考を支える乾いた法実証主義である。そこには、裁判官の政治的行為の自由についての、憲法二一条一項とは異る、もうひとつの起源の記憶が透かし見えるからである。

一体、裁判官は、「各自独立して各種の争訟事件を審理し、法律を解釈適用して、国家としての判断を示すことをその職務とする」。『裁判所法逐条解説』によれば、このような「職務の性質上、裁判官は、日常、身を持するうえにおいて、最も公正かつ廉潔であらねばなら」ず、かかる「裁判官の公正かつ廉潔な地位を守るため、これを傷けるおそれのある行為を列挙して、裁判官の在任中禁止する趣旨を明らかにした」のが、裁判所法五二条である。[11] 裁判官の職務である「各自独立して各種の争訟事件を審理し、法律を解釈適用して、国家としての判断を示すこと」は、その重要性の故に、それを妨碍する自他によるあらゆる行為から守られなければならないとともに、その「独立」性の故に、自己の行為による妨碍からそれを守るための防壁は、自己自身の紀律の裡にしかない、という特質を持つ。そうであるとすれば裁判官の職務における上記「独立」の保障を、単に積極的な政治運動の禁止を要請する根拠として解するのみでは、委曲を尽したことにならない。裁判官の職務における「独立」は、本来、如何なる行為が積極的な政治運動に当って許されないのかについての判断をも、裁判官自身に委ねるのを当然とするのであって、それにも拘らず、もし政治的行為を行いうるか否かの判断を、これ以上、個々の裁判官に委ねるままにするならば、そのこと自体が裁判官の職務の「独立」を却って一層脅かす、と考えられる限界的場合に、はじめて、そのような行為を禁止するとしたのが、法五二条一号であると解さなければならない。裁判官の政治的行為の自由は、自ら行う行為が許された政治的行為であるか否かを決する裁判官の判断の自由を本質とする。その自由の根拠法条が、裁判官の「独立」を保障した憲法七六条三項である。裁判官の政治的行為の自由は、もとより無制約ではありえず、自由を根拠づけた「独立」の保障は、限度を越えた政治的行為に対しては、これを制約するための根拠ともなる（これが、法五二条一号における積極的政治運動の禁止である）。だが、そのことも含めて、裁判官の政治的行為の自由の前提には、自らの政治的行為が許された行為であるか否かを自ら判断する裁判官の自由という観念が存在していることが、見落されてはならない。園部反対意見の乾いた法実証主義の基底に横たわっているのは、裁判官の政治的行為の自由についての、憲法二一条一項とは異る、憲法七六条三項を根拠とする、起源の記憶に外ならない(12)。

3

裁判官の政治的行為は、しばしば、裁判官が自己の道徳的確信（moral conviction）を発現しようとする行為であるといいうるが、道徳的確信が鞏固であればあるほど、それを発現しようとする裁判外の行為は、発現のしかた如何によって、裁判という職務における裁判官の「独立」を脅かす要素ともなりかねない。裁判官の政治的行為の自由が、自らが政治的行為をするについての裁判官の判断の自由であり、自らの行為が許容されるかどうかを判断する基準が、裁判という職務を「独立」に行うことができるかどうかという観点にあるとするならば、裁判官の政治的行為の自由をどこまで認めるべきかという問題は、「憲法及び法律にのみ拘束される」といえるためには、裁判官は、裁判外において、自己の道徳的確信を如何に処理するのが相当であるか、という問題に還元することができる。政治的行為についての判断の自由を、裁判という職務における判断の自由に置き換えれば、この問題は、そのまま、裁判の場面における裁判官にとっての問題となる。「憲法及び法律にのみ拘束される」といえるためには、裁判官は、自己の道徳的確信を如何に処理するのが相当であるか、という問題である。この問題は、一見すると、裁判官の良心という名のもとに従来論じられてきた問題そのものであるかのように見える。だが、この問題と裁判官の良心の問題との間には、裁判官の責任とは何かを考える上で、逸すべからざる差異がある。以下、この差異について、論じたい。

二　裁判官の良心

1

裁判官の良心の問題とは、自らの良心と「憲法及び法律」との間で深刻な相剋に引き裂かれた裁判官についての問題である。かかる場面に際会した裁判官は、最終的には自らの良心に忠実であるほかないのか、それとも、裁判官である以上、そうであってはならないのか。まず確認しておくべきは、かかる場面を容易に想定してはならない、ということである。ある裁判官がかかる場面に立たされているという認定をすることができ、かつ、することが許されるのは、原理上、当の裁判官自身だけだからである。次に、裁判官の良心の問題を論ずるに当って、筆者は、「憲法及び法律」と相剋するものを指すのに用いられてきた良心という言葉を道徳的確信という言葉に置き換えることを提案する。なぜなら、ここで良心の語を用いたからこそ、良心はひとつかふたつかといった問題が生じ、議論が錯綜したからである。裁判官の良心の問題の少くない部分は、裁判官の鞏固な道徳的確信を（憲法一九条と七六条三項がともに用いる）良心という言葉で呼んだことに起因する仮象問題である。

以上を前提として、本稿の立場を述べる。先に見たところから明らかなように、問われるべき問は、「憲法及び法律にのみ拘束される」といえるためには、裁判官は、自己の道徳的確信を如何に処理するのが相当であるか、である。では、如何なる判断をすれば、裁判官は、「憲法及び法律」に「拘束」されることになるのか。それは個々の裁判官が自ら決すべき事柄である、というのが、本稿の考える憲法七六条三項の解答である。憲法七六条三項は、裁判官が、それぞれ自らの「良心」に従うことによって法秩序に従うとき、「憲法及び法律」に「拘束」されたことになる、ということを述べていると解される。ここに「良心」とは、裁判官の道徳的確信のことではない。法秩序と道徳的確信との抜き差しならない相剋に面して、自己の道徳的確信を如何に処理するのが相当であるかを真摯に判断することが、ここにいう裁判官の「良心」である。先に見た如く、憲法七六条三項は、裁判という職務を行う裁判官に対して、「憲法及び法律」に「拘束」されるといえるためには自己の道徳的確信を如何に処理するのが相当であるかを自ら決する判断の自由を保障している。ここにいう判断の自由は、裁判官の職責を構成するものである以上、同時に、判断の義務でもある。憲法七六条三項は、裁判官に対して、単に法秩序に従うことを要求しているのではない。同条項が要求しているのは、個々の裁判官が、上述した意味での判断の自由を行使し、自己の道徳的確信を裁判官として相当であると考える形で処理した上での、裁判官の法秩序への従属である。かく自らの「良心」に従った上でなされた法秩序への従属であってはじめて、裁判官は、「憲法及び法律」に「拘束」されたといいうる。憲法七六条三項が裁判官に求めているのは、このような意味での「拘束」であると本稿は考える。

2

かくして、裁判をする場面における裁判官は、法秩序に従うに当って、それと抜き差しならない関係に立つ自己の道徳的確信を自ら相当と考える形で処理する憲法七六条三項上の責任を負っている。裁判官が「憲法及び法律」に「拘束」されることの本質は、この責任にある。この責任の果し方、すなわち、自己の道徳的確信を自ら相当と考える形で処理する仕方は、個々の裁判官に応じて多様でありうる。法秩序と自己の道徳的確信との抜き差しならない相剋に際会して、ある裁判官は、自己の道徳的確信を私的生活に封じ込め、裁判においては、専ら法秩序に従うことを以て、相当とするであろうし、別の裁判官は、自己の道徳的確信が法秩序に滲透するのを防ぎ、かつ、自らの人格的同一性の崩壊をも防ぐために、辞職することが相当であると考えるかもしれない。筆者は、アメリカ連邦最高裁裁判官の合衆国議会上院での承認手続における裁判官候補者の証言を分析したことがあるが（本書Ⅲ-4）、前者の対応は、ウィリアム・H・ブレナンの証言（一九五七年二月）に、後者の対応は、アントニン・スカリアの証言（一九八六年八月）に、それぞれ具体例を見出す(13)。自己の道徳的確信に対するこれらの典型的な処理の仕方は、裁判官の良心の問題についての学説の基本的な分岐に照応するように見える。しかし、これらの処理の仕方と裁判官の良心の問題における学説の分岐は、そもそも議論の位相を異にするものであることが留意されなくてはいけない。裁判官の良心の問題における学説は、全ての裁判官が拠るべき規範的議論を示すものであるのに対し、前述したふたつの対応は、個々の裁判官が自分はこうするという考え――したがって、他の裁判官にはまた別の選択があってよいとする考え――を示したものだからである。アメリカでは裁判官個人の「選択」とされている問題を、全ての裁判官に妥当する規範的議論についての「論点」にしたのが、日本における裁判官の良心の問題に外ならない。憲法七六条三項は、法秩序への従い方に関して全ての裁判官に一律の規範的議論を指定しているのではない。憲法七六条三項が規定するのは、裁判官は、それぞれの仕方で自ら相当と判断する処理の仕方を選択できるし、選択しなければならない、ということである。先に、本稿の問題と裁判官の良心の問題との間には、逸すべからざる差異がある、と述べたのは、このような意味である。

法秩序と自己の道徳的確信との相剋に如何に対処するかについての裁判官の判断は、道徳的確信を最後まで私的生活に封じ込めるという選択（ブレナン）と、相剋を辞職によって解消するという選択（スカリア）に、尽きるわけではない。仮に裁判官が自己の道徳的確信の前に法秩序を退かせることを選択したとしても、その選択は、その内容の故に否定されるべきではない。法秩序と道徳的確信との抜き差しならない相剋に面して、そうすることが「憲法及び法律」に「拘束」されることになると真摯に判断した上での選択であるならば、その場合に限って、かかる選択を尊重するのが、憲法七六条三項の法意であるはずだからである。(14) だが、たとえ例外的にとはいえ、裁判官に自らの道徳的確信を優先させることを承認するかにも見えるかかる選択を、憲法が認めると解することに対しては、強い異論もありえよう。裁判官の道徳的確信が裁判において貫徹することは避止しなければならない。裁判は法によってなされなければならず、道徳思想によってなされてはならないからである。それにも拘らず、自己の道徳的確信の前に法秩序を退かせるかの如き選択を、憲法七六条三項は、それが却って「憲法及び法律」に「拘束」されることになると裁判官が真摯に判断した上での選択である限り許容するはずであると本稿が解するのは、そのような場合に限定するのであれば、上記選択は、裁判官の道徳思想を優越させたものではなく、なお法のもとに服せしめられていると考えることが可能であるからである。

3

憲法七六条三項が裁判官に求めているのは、単に「憲法及び法律」に従うことではなく、自己の「良心」に従って「憲法及び法律」に従うこと、いいかえれば、単に法秩序に従うのではなく、自己の道徳的確信を自ら相当と判断する仕方で誠実に処理した上で、あるいは法秩序に従い、あるいは例外的に法秩序に抗うこと、――すなわち、「憲法及び法律」に「拘束」されること――であると解するのが、本稿の立場である。[15] だが、凡そ裁判官がかかる要請を充たすことを保証するものはなく、また、ある裁判官のした裁判がかかる要請を充たしていたといえるかどうかを確証する手立ても、自らの内面を抉る、当の裁判官本人の自己査問を措いて、何もない。「裁判官が職権を行なうにあたって良心に従うべきことは憲法の要請であって、良心に反する裁判をすることは憲法の違反になる。しかし、裁判官としての良心もまた純粋に個人的な良心を中核とするところの内心の声であって、他者による認定の対象とはなりえない性質のものである。かりに本人が良心に反する

的に行使し尽すことの上にのみ果されうるものであると考えるためである。

4

この点で、裁判官の自己問責を強調する中村裁判官の言説のなかに、あるいは「役割道徳（role morality）」の概念を提起し[19]、あるいは「ペルソナ」の形象に注意を促して、「私たちが裁判官としてする演技をできるだけ完全なものとするための努力」と、そこにおける「厳しい修練」の重要性を語るのを見るとき[20]、そこに、道徳的確信とは異る、裁判官の、裁判官としての思想をも、裁判官共同体の職業倫理に合せて仕立て直そうとする傾きがあることを、看過するわけにはいかない。「自己問責以外に責任を追及されることのない権力的地位ほどおそろしいものはない」。だから、個人としての裁判官の道徳的確信の暴発に対しては、くどい位に警戒的であっていいというのは、その通りである。だが、裁判官は、場合によって、裁判官共同体の職業倫理に抗してでも、自らの判断の「独立」を守らなければならないことがある。そのような場合においては、「おそろしい」からといって、裁判官共同体の職業倫理に服して能事足れりとするのではなく、「おそろし」さを自ら身に引き受けた上で、敢えて裁判官共同体の職業倫理に抵抗することこそが、求められているのであり、裁判官の孤独と名誉は、突き詰めれば、その一点に存する。

樋口陽一は、一方で、行政の統一性の見地から組織としての法の解釈の統一が要請される「個々の行政官」による法解釈との対比において、「自己の立場にもとづいて法の解釈をしなければなら」ない裁判官は、「まさに［そ］の本来の職務行使の場面において、思想・良心の自由を有しなければならない」と述べるとともに、他方で、「市民としての自由を裁判官たるがゆえの制約によって不当に奪われてはならぬ」という言説との対比において、裁判官は、「裁判官たるゆえにこそ、思想・良心の自由をいっそう保障されなければならない」と述べている(21)。裁判官の裁判官としての思想の自由の意味を語って、余すところがない。自己問責という方法を除いて、憲法七六条三項上の裁判官の責任を追及すべきでない、という本稿の考え方は、その窮極の根拠を、かかる意味での、裁判官の、裁判官としての思想の自由に置く。この自由が、憲法七六条三項が保障する思想の自由であることは、もはや縷説を要しないであろう。

跋

本稿では立ち入ることができなかったが、小粥教授と愛敬教授の間には、今日の日本における裁判官の在り方の問題性の認識とそれに対する処方箋とにおいて、小さくない違いを看取することができる。本稿が最後に論点の所在だけを指摘しようと思うのは、そのような違いにも拘らず、両教授の議論には、裁判官の職業倫理を重視する点において共通の指向が認められるという点である。とりわけ注目すべきは、裁判官の職業倫理に訴えるのが、両教授とも、既存の制定法秩序に単に従うだけではいけないことを意義づける文脈においてである、という点である(22)。いずれの点も、事柄の中身について言えば、筆者も同意しうるものである。ただ、その中身を職業倫理として説明することに関しては、別の説明の仕方も可能であろう。例えば、それらは、職業倫理そのものとしてでなく、職業倫理に対する裁判官個人の「解釈」として説明することもできるように思われる。裁判官個人の「解釈」権は、憲法七六条三項に源由する。それは、場合によって、職業倫理への裁判官の抵抗の根拠をもなす。

(1) 蟻川恒正「〈通過〉の思想家　サンフォード・レヴィンソンの憲法理論」藤田宙靖＝高橋和之編『憲法論集――樋口陽一先生古稀記念』(創文社、二〇〇四年) 六八七頁 (本書Ⅲ-4、八七頁)。
(2) 蟻川恒正「自由をめぐる憲法と民法」『法学セミナー』五三巻一〇号 (日本評論社、二〇〇八年) 四二頁。
(3) 小粥太郎『民法の世界』(商事法務、二〇〇七年) 二〇二―二二六頁、特に二一八―二二五頁。
(4) 愛敬浩二「「憲法と民法」問題の憲法学的考察」『名古屋大学法政論集』二三〇号 (二〇〇九年) 一六九―二〇一頁、特に一八五―一八九頁。
(5) 小粥・前掲註(3)、二二三頁。
(6) 愛敬・前掲註(4)、一八八―一八九頁。
(7) 最大決一九九八年一二月一日民集五二巻九号一七六一頁。
(8) 伊藤眞「法曹を志す人々へ――教師からの『法律学への誘い』を執筆して」『書斎の窓』五二五号 (有斐閣、二〇〇三年) 一三頁、一六頁。
(9) 園部逸夫『最高裁判所十年――私の見たこと考えたこと』(有斐閣、二〇〇一年) 一二五頁。
(10) 最高裁判所事務総局総務局編『裁判所法逐条解説 [中]』(法曹会、一九六九年) 一七六頁。
(11) 前掲註(10)、一七〇―一七一頁。
(12) かかる観点からすれば、園部裁判官の反対意見が淡泊であるように見えるのは、憲法二一条一項を根拠とする裁判官の表現の自由に対してであると解する余地がある。
(13) 蟻川・前掲註(1)、七一五頁以下(本書一一九頁)。
(14) なお、筆者は、前掲註(13)の論稿において、ブレナン型やスカリア型の選択とともに、かかる選択も議論の俎上に載せるべきことを述べ、この選択の可能性を認めることが、問題の本質を剔抉する上で恰好の思考素材を提供する旨を指摘したが、この選択を他の選択と比べて擁護したわけではない。
(15) 来栖三郎は、法解釈における解釈者の「誠実」の概念を熟考したと推察されるが、その文脈は、恐らく、ここからそう遠い場所ではない。参照、蟻川恒正「法学原論の見えない系譜」『法学セミナー』六五三号(日本評論社、二〇〇九年)一二六頁(本書Ⅲ-6、一七五頁)。
(16) 団藤重光「裁判官の良心」『刑事裁判の課題――中野次雄判事還暦祝賀』(有斐閣、一九七二年)一頁、二八―二九頁。
(17) 中村治朗『裁判の客観性をめぐって』(有斐閣、一九七〇年)一六一―一六二頁。
(18) 一九九八年決定に対する元原利文裁判官の反対意見は、裁判所法四九条の「職業上の義務」違反が、裁判官分限法にもとづく懲戒ないし裁判官弾劾法にもとづく罷免の要件をなすことに言及する文脈のなかで、「憲法七六条」もまた、「裁判官としての地位にある者の職業上の義務を定めたものである」とする。
(19) 中村治朗『裁判の世界を生きて』(判例時報社、一九八九年)八二頁、八三頁。
(20) 中村・前掲註(19)、四五三頁、四五四頁。
(21) 樋口陽一『司法の積極性と消極性』(勁草書房、一九七八年)一七一頁、一七二頁。
(22) 小粥太郎「裁判官の良心」同『民法学の行方』(商事法務、二〇〇八年)一四七頁、一八二頁、愛敬・前掲註(4)、一八七頁。

6 法学原論の見えない系譜——［書評］小粥太郎著『民法学の行方』(*)

戦後の法解釈論争の引き金をなした来栖三郎の一九五三年日本私法学会報告（「法の解釈と法律家」（一九五四年））は、法解釈には個人の主観的価値判断が不可避的に混入すること、そうであるが故に解釈者は政治的責任を回避すべきでないことを主張し、日本の法学史に屹立する。だが、その決然とした行論が、「現在一個の法律家として迷い、乱れ、昂ぶっている自分の気持」（同報告）を訴えたいという傷つき易い心情に発していたことは、今では忘れられている。マルセル・プラニオルの肖像（第一章）から裁判官の良心（第六章）に至るまでの題材を、プラニオルが民法学者として高く評価される理由が「わからない」という真率な疑問から、また、法的思考とは如何なるものであるかを尋ねて裁判官の良心という問題に「逢着した」という知的彷徨から、書き継いだ小粥太郎『民法学の行方』は、この〈傷つき易さ（vulnerability）〉を共有する稀有の法理論書である。同時に、著者元来の囚われのない学問的好奇心を、今日の法学研究者が置かれた客観的条件（「目先の講義や何やかやにかまけて」「同じことを繰返して来てしまった」「惰性の月日」、だが「行く先の路が急速に細く狭くなるように覚え出され」、「切実に法律家としての在り方を考えてみずにはいられなくなる焦り（引用は来栖報告より）」のもとで発酵させた、法科大学院時代が産んだ思索の結晶でもある。本書を貫くのは、法の拘束という現象への著者の強烈な関心である（一見それと無関連に見える名誉論（第四章）・時際法論（第五章）も、この関心を曳いている）。旧来の要件事実論では捌き切れない一般条項の場面を取り出すことによって、「所与の事実関係の下で」「法秩序に厳格に拘束」されつつも事実認定において様々な操作を施すことで「自由」な裁量を確保している裁判官の思考様式を剔抉し（第二章（「要件事実論」論）、また第六章が説く日本の裁判官の事案「区別」の技術も参照）、生の事実を法的概念に移行させる「法的性質決定」を核とした連続した手続過程としての「法の体系」への法律家の拘束を「民法的な思考の形式」として重視する（第三章（「法的カテゴリ」論））著者は、法の解釈それ自体に関しても、裁判官を「過度の拘束」から解放する志向を示しはするものの、法条と裁判官の信条とが牴触する場合に「裁判官自身——個人——が、裁判官の法による拘束の意味と理由を考える——それは場合によって拘束からの解放を帰結する——こと」を「裁判官の職業倫理上の義務」として要求するその論旨は、むしろ、自ら「法」に拘束されようと思考する個人を、あるべき裁判官像として提起するものと読める。以上に要約される本書の議論は、評者には、一九五三年の来栖への応答であるように見える。「法の解釈」だけでなく事実の取扱を、「法律家」一般でなく（「権力的裁定」者たる）裁判官を、取り上げたことだけではない。「何んでも既存のカテゴリーのなかに押し込」む（来栖「法律家」（一九五三年））「概念法学」を乾いた理論的審美性において再評価しようとしたことだけでもない。来栖は、主観的なものを客観的なもののように主張することによって法に「忠実であるかのような顔を装いながら」恣意を押し通す法解釈に対して解釈者を政治的責任に向き合せるのみでは足りず、「法の解釈において法律家の誠実さはどうすれば保障されるのかの問題」こそが「この現在における」「新しい問題」であると喝破し、その問題が「提起されたところで行き詰って了った」と述べる（同「法律家」、傍点評者）。後年の来栖が豊饒なフィクション論研究に結実させたのはこの問題への執着であったと推察されるが、法の拘束を裁判官の自己拘束の問題として受け止めようとする著者もまた、同じ問題と格闘しているかに見える。如何なる答であれ、この問題への応答は、新たな研究領域の開拓を必要とする。そのことを知り尽す来栖は、前記報告の結尾で、後進を励まして次のように語っていた。「私は何でも新しく物を学び始めるときの、期待にみちた興味・ひたすらな熱心さ・謙譲な態度・こだわらない反省というあの無邪気な気持がとても好きである」。智ある〈無邪気さ（innocence）〉は、フィクション論研究に没頭していった来栖と本書の著者を繋ぐ見えない線のように思われる。

（＊）小粥太郎著『民法学の行方』（商事法務、二〇〇八年）

7　立憲主義のゲーム

序

憲法とは統治権力である公権力を拘束する法であり、憲法によって公権力を拘束しなければならないとする思想を立憲主義という。立憲主義のもとにある公権力は、定義により、憲法の拘束に服さなければならない。このことは、しかし、公権力の行使に当る諸個人がその職務遂行に当り無条件に憲法の拘束に服さなければならないことを当然には意味しない。立憲主義の定義によって憲法の拘束に服さなければならないとされるのは、公権力それ自体であって、公権力担当者ではない。立憲主義のもとにある公権力の担当者が憲法の拘束に服さなければならないか否かは、窮極すれば、憲法の命令に遵うことが公権力担当者の個人としての良心に反する場合にもなお彼を憲法の拘束のもとに服せしめることが正当化されるか否かに帰する。かかる場合にも官職者である公権力担当者を憲法の拘束に服せしめることが許されるための最低限の条件は、公権力担当者の当該官職としての在職が何らかの意味での自由意思にもとづくことであると解される。何らかの自由意思性が確保されてはじめて、公権力担当者における個人の良心と官職者としての良心とのありうべき衝突は、公権力担当者自身において調停されたものと看做され、公権力を憲法の拘束に服せしめる立憲主義は、公権力担当者の自己拘束を通して、公権力担当者を憲法の拘束に服せしめることを正当化されるのである。[1]

一

日本国憲法九九条は、公務員一般に対してともに天皇に対して、「憲法を尊重し擁護する義務」を課す。これを、公権力担当者を拘束する立憲主義の発現とみなすならば、その在職に自由意思の関与がないとされる天皇に対して憲法九九条の義務を課すことは如何なる論理によって正当化されるか。天皇在職の自由意思性の存否に係る論点を就任の場面に即して検討する。[2] 憲法が、二条で、天皇の地位を「世襲のもの」とし、その継承を「国会の議決した皇室典範の定めるところによ」るとしたのを承け、皇室典範は、劈頭第一章を天皇の地位の継承に充て、二条で皇位継承の順序を、四条で当該順序のもとで第一順位者となった者が天皇死亡のときは直ちに天皇に就任することを、定める。血縁の等級による順位づけ（二条）と死亡を原因とする就任（四条）の規則に、当事者の意思の介入する余地はない。本稿が注目するのは三条である。「皇嗣に、精神若しくは身体の不治の重患があり、又は重大な事故があるときは、皇室会議の議により、前条に定める順序に従つて、皇位継承の順序を変えることができる」。天皇に就任するのに不都合な事情のあることが予め判っている皇位継承第一順位者について厳格な要件のもとに後順位への変更の途を残したものである。ここで「精神若しくは身体の不治の重患」と並んで順位変更原因に挙げられているのが、「重大な事故」である。何が「重大な事故」に当るかについては規定がなく、解釈論も少い。現行皇室典範の制定に当り帝国議会での審議に備えて法制局が用意した「皇室典範案に関する想定問答」は、本条の「重大な事故」を、「天皇の地位につかれることが適当でないと考へられる種類及び程度の非行乃至重大な過失をいふものと考へてゐる」(3)と説明する。通常、事故の語が連想させるのは、当人以外の者の行為によってもたらされる結果か、さもなくば結果を意図しない当人の行為である。自らの順位を繰り下げる意図に出た皇位継承第一順位者の行為を「重大な事故」とみなすのは、事故の語の一般的語感にはなじまない。

しかし、もし皇位継承者が天皇への就任を拒否する主張を公然と行ったとしたらどうか。これを正面から論ずる学説は見当らない。その点で次の指摘は興味がある。「皇嗣であっても皇室典範第三条により『重大な事故があるときは、皇室会議の議により、……皇位継承の順序を変えることができる』と定めていることから、例えば仮に皇嗣が皇位の継承を拒否するという意思表示を公の場で行った場合が『重大な事故』に当たると解することが可能であれば、皇嗣は自らの意思により皇位を継承しないという選択を行うことが可能になると解されることになる。／仮にこうした解釈が可能であるならば、皇嗣が『皇位継承の拒否』という意思表示をしない以上、皇位継承について同意があったものと見なすことは可能であると考えるが、この問題は世襲制の意義といった観点から更に慎重に考えるべきものと考える」（原文は／の箇所で改行）[4]。ここには、順位変更を狙った皇位継承者の意思的行為が「重大な事故」を構成する可能性が示されている。それだけではない。天皇への就任を拒否する意思表示をしない皇位継承第一順位者を、その不作為の故に、就任を応諾する謂わば消極的意思表示をしたと看做す可能性もが示されている。かかる解釈論の「可能」性には留保が附され、また、「更に慎重に考えるべき」である旨が念押しされているけれども、ここには、皇室典範三条の「重大な事故」についての一定の解釈可能性を媒介として、皇位継承第一順位者が「即位の際に世襲制度の国家機関である『天皇』となることを同意したと解し[5]」うる論理的可能性が呈示されているのである。

但し、皇位継承における黙示の同意をこの解釈論によって語るためには、尚少し説明が必要である。二点を指摘する。第一。天皇への就任拒否の意思表示が仮に「重大な事故」に当るとしても、皇室会議での審議の結果、順位の変更が認められないこともありうるから、一般命題として天皇について就任の自由があるとは無論云えない。しかし、そうであっても、就任拒否の意思表示をしなかったことが皇位継承者の天皇への就任を意思的行為たらしめているのであり、皇室会議での審議如何は、ここでの解釈論にとって差当り関係がない。第二。この解釈論は、天皇への就任を回避できるかもしれない方途があるにも拘らずそれに賭けなかった事実を捉えて、皇位継承者の天皇就任への同意を擬制するものである。したがって、天皇への就任拒否の意思表示は「重大な事故」に当らないとする有権解釈が確立しておらず、故に、右方途が閉ざされていないことが、この解釈論が成立するための条件である。

以上の如くであるから、この解釈論の成否は、解釈者自身が皇位継承者による天皇への就任拒否の意思表示を「重大な事故」に当ると解しているかどうかとは一応独立である(6)。そのことを確認した上で、拒否の意思表示が「重大な事故」に当ると解すべきか否かを考えるならば、皇室典範一六条二項の場合との比較が重要である。一六条二項は次のように定める。「天皇が、精神若しくは身体の重患又は重大な事故により、国事に関する行為をみずからすることができないときは、皇室会議の議により、摂政を置く」。ここでの「重大な事故」の具体的意味内容も、やはり判然としない。貴族院での皇室典範案第一読会で、「仮に例へば天皇が御自身で、どうしても是は……厭だと、どうしてもさう云ふ風に御考になりますと云ふやうなことも入るのでありませうか、或はさうでなく、唯客観的の、さう云ふ天皇御自身の主観的の考と云ふことでなく、客観的の事実と、斯う云ふ風に限るものでありませうか(7)」と問うた議員に対して、政府の答弁は答えていない。学説の趨勢は、本条項の「重大な事故」に拒否の意思表示が含まれるとは解していないようであるが、議論の蓄積はない。その間にあって、次の異説が目を惹く。「『重大な事故により国事行為を自らすることができない場合』の中には、天皇が主観的恣意的に国事行為をあえてしないという憲法違反の行動をするような場合も、これを客観的に眺めれば、まさに『重大な事故により自らすることができない』場合に該当するのであるから、当然包含されるべきことは注意しなければならない」[8]。天皇が内閣の助言（憲法三条）通りに国事行為を行わなかった場合の事後処理に関して、学説の多くは、個々の国事行為の代執行をどう確保するかという観点から問題に接近する。これに対し、同じ事態を天皇による国事行為の執行拒否の意思表示と受け止め、摂政設置（同五条）の条件にかからしめることによって、個別の国事行為をこえた問題の統一的把握を目指すのが、この異説である[9]。この異説は、内閣の助言に従うことへの拒否の意思表示を「重大な事故」とみなす点で、天皇就任への拒否の意思表示を「重大な事故」とみなす先述の解釈論と軌を一にする。しかし、摂政の設置と皇位継承順位の変更とでは、それぞれの制度を成り立たしめている論理の前提に差違がある。前者の制度の予定する「重大な事故」の主体が、「国政に関する権能を有しない」（同四条）という規律によって政治上の意思の発現を禁止された天皇であるのに対し、後者の制度が予定する「重大な事故」の主体は、かかる禁止が直接及ばない天皇就任予定者である。天皇に関して、その政治上の意思表示を原因として制度の発動を認める論理を立てる場合には、天皇就任予定者に関して同様の論理を立てる場合よりも「更に慎重」であることが求められる。翻って、政治上の意思を行使することが憲法上直接禁止されていない天皇就任予定者に関しても、上述した拒否の意思表示をしたからといって直ちに皇室典範三条の制度が発動せしめられると考えなければならないわけではないことは、先に引いた指摘の留保する通りである。

二

皇室典範三条の皇位継承順位変更の可能性に賭けることなく皇位を継承した事実の裡に皇位継承第一順位者における天皇就任への自発性の契機を読みとり、そこに辛うじて天皇をその良心の要求に背かせてでも憲法の拘束に服せしめることを正当化する法的根拠を見出す先の指摘の解釈論を、次に、一連の天皇就任行事のひとつとして一九八九年一月九日に行われた「即位後朝見の儀」との連関において考察する。

「即位後朝見の儀」は、内閣告示にもとづき、国の儀式として行われた。天皇は、そこで次のように述べた。「大行天皇の崩御は、誠に哀痛の極みでありますが、日本国憲法及び皇室典範の定めるところにより、ここに、皇位を継承しました。／深い悲しみのうちにあって、身に負った大任を思い、心自ら粛然たるを覚えます。／……／ここに、皇位を継承するに当たり、大行天皇の御遺徳に深く思いをいたし、いかなるときも国民とともにあることを念願された御心を心としつつ、皆さんとともに日本国憲法を守り、これに従って責務を果たすことを誓い、国運の一層の進展と世界の平和、人類福祉の増進を切に希望してやみません」（原文は／の箇所で改行）[10]。この言葉は、当初、天皇が日本国憲法を守ることを自ら誓約したものとして受けとられることが多かったが、「国事に関する行為」（憲法七条一〇号）の一環である以上、文章は内閣の責任のもとに作成されており（同三条)、そこに天皇自身の意思を読みこむことができないことは、今日では汎く理解されている。また、当初は、「皆さんとともに日本国憲法を守り」の部分が、「憲法を尊重し擁護する義務」(同九九条)との関係で、第一に、「皆さん」がもし国民を指すのであれば、公権力の一翼を担う機関として憲法を守らなければならない天皇の立場と公権力担当者に憲法を守らせなければならない国民の立場とを混同させかねず、第二に、「皆さん」がもし三権の長ら列席者を指すのであれば、憲法を守る義務の具体的内容がそれぞれの官職に応じて異りうることを曖昧にしかねない、などとして問題とされたが、そこで提起された問題点の重要性の認識も、今や共有されつつある。(11)

しかし、以上のような様々な問題提起にも拘らず、文章中に天皇が憲法を守ることを宣誓する内容が書き込まれていること自体は、殆ど問題視されていないように思われる。たしかに、憲法九九条は、天皇を「憲法を尊重し擁護する義務」の主体に数えている。しかし、憲法を遵守することと憲法遵守を宣誓することとは異る。憲法九九条は、天皇に憲法を守ることを宣誓する義務を課しているわけではない。尤も、これに対しては、天皇には憲法遵守を宣誓する義務はないとしても憲法遵守を宣誓してはいけないわけではなく、むしろ、世襲の皇位を継承した天皇が憲法を守る保証はどこにもない以上、宣誓は憲法九九条の憲法遵守義務を実質化する上でも必要なことである、と考える向きがあるかもしれない。しかしながら、天皇は憲法遵守を宣誓する義務を持たないだけでなく、憲法遵守を宣誓する権能も持たないと解すべきである。なぜなら、天皇が憲法遵守を公の場で誓約することは、天皇による政治上の意思表示であり、憲法四条によって禁止されていると云わなければばならないからである。だが、問題はこれで終らない。「即位後朝見の儀」で天皇が述べた宣誓の言葉は、内閣の責任において作成された政府の言葉（government speech）[12]であって、天皇は自ら宣誓しているのではないからである。そこでは、内閣が、その言葉を天皇に発話させることを通じて、天皇が宣誓しているかのような擬似現実（virtual reality）を作出しているのである。内閣は、天皇に憲法遵守を宣誓させることによって、特定の天皇像を流通させているのであり、それが政治空間に一定の影響をもたらさざるをえない限り[13]、そのことが、憲法四条上の疑義を生ぜしめると解さなければならないのである。それならば、「即位後朝見の儀」における憲法遵守宣誓の言葉は、憲法上の疑義から免れることはできないのであろうか。できないわけではないと本稿は考える。以下では、このことを、「ここに、皇位を継承するに当たり、……日本国憲法を守り、これに従って責務を果たすことを誓い」の読解という形式を採って、論ずる。

はじめに、「皇位を継承するに当たり」について考える。上記宣誓の言葉が憲法四条上の疑義を生ぜしめるのは、内閣によって発信されたとされるのが、「宣誓する天皇」という政治上の意思を行使する天皇像であるためである。もし宣誓する主体を、天皇でなく、憲法四条の名宛人とされていない天皇就任予定者であると解釈することができれば、この疑義は、回避される。ここにおいて、「皇位を継承するに当たり」が指し示す時制が、天皇就任後であるのか、天皇就任前であるのか、が問われるのである。立憲君主制国家は、君主に対して、就任に当って憲法への忠誠宣誓を求めることが少くないが、政治的権能行使を一定限度で認められているそれらの君主に関して、宣誓する権能に疑義が差し挟まれることはない。日本では、既に一九一二年七月三一日の「践祚後朝見ノ儀」での天皇の言葉のなかに、憲法遵守の誓約に対応する文言を見出すことができるが、これは、「欧州の王室間の儀礼と互換性のある皇室儀礼をつくりだそうとし」て、「欧州の君主制の戴冠式の模倣」を図った結果である(14)。かかる宣誓の儀式は、大臣輔弼制によって掣肘されながらも最終的には「勿論、国務大臣の進言を嘉納せらるるや否やは聖断に存するのである(15)」とされた大日本帝国憲法下の天皇に当て嵌りこそすれ、「国政に関する権能を有しない」日本国憲法下の天皇には妥当しないと云わざるをえない。

次に、「日本国憲法を守〔る〕ことを誓い」について述べる。仮に宣誓の主体を天皇でなく天皇就任予定者であると解することができたとしても、天皇は就任前に憲法遵守を宣誓したわけではない。天皇は、しかし、既に見たように、皇位継承第一順位者であった間に、就任拒否の意思を表明して皇室典範三条の順位変更の可能性に賭けなかった限りで、天皇になることを受け入れる消極的意思表示を行ったと解する余地がある。天皇が憲法の拘束に服する地位である以上、天皇になることを受け入れる意思表示をしたということは、憲法の拘束に服する意思を示したということと同義である。そこに、実質的な意味での憲法遵守の意思表示を読みとることは、必ずしも無理なことではなかろう。

そうであるとすれば、「ここに、皇位を継承するに当たり、……日本国憲法を守り、これに従って責務を果たすことを誓い」は、天皇がその皇位継承時までに実質的意味での憲法遵守の宣誓をしたという事実を、内閣が、皇位継承の時点に当って更めて確認した言葉である、と解することができる。そのように解しうる限りで、この宣誓の言葉は、憲法四条上の疑義から解放されることができるのである。

跋

以上に、一九八九年一月九日の「即位後朝見の儀」における憲法遵守の宣誓が、皇室典範三条に関する先述した解釈論の上に辛うじて定礎されるものであることを見た。その成立「可能」性に当の解釈の指摘者自身が留保を附した異形の法解釈を、にも拘らず、内閣の採用する政府見解として同定するのでなければ「即位後朝見の儀」のクライマックスを憲法上正当化し難いとすれば、事は暗示的である。

本稿は、序において、公権力担当者の憲法遵守義務に関する立憲主義のルールを記述した。ここまでの本稿の分析が示すのは、このルールを天皇に適用しようとすると、過度に「擬制的」[16]にならざるをえないということである。個人としての良心の命令に抗ってでも憲法の拘束に服さなければならない義務を公権力担当者に課すことが許されるためには、その官職としての在職に何らかの意味での自由意思の関与があることが必要である。このルールを、(天皇就任後は)如何なる意味でも政治上の意思を行使することが許されない天皇に対しても適用しようとするところに、著しく

「擬制的」な法解釈は成立した。この擬制に堪え得ないならば、憲法の拘束に服する天皇の義務を、憲法の拘束に服する公権力担当者一般の義務とは全く異質の概念表象として理解することに堪えなければならない(17)。

（1）参照、蟻川恒正「〈通過〉の思想家 サンフォード・レヴィンソンの憲法理論」藤田宙靖＝高橋和之編『憲法論集——樋口陽一先生古稀記念』（創文社、二〇〇四年）六八七頁（本書Ⅲ-4、八七頁）。

（2）在職の自由意思性は、一般に、就任の文脈と退任の文脈に即して問題にされることが多い。本稿は後者には直接言及していないが、天皇に関しての退任の自由については、奥平康弘の一連の執拗な追究がある。そのなかから、試みに、奥平康弘「天皇退位論のためのひとつの覚書」『法律時報』六二巻一〇号（日本評論社、一九九〇年）三四—四一頁、奥平康弘『憲法Ⅲ——憲法が保障する権利』（有斐閣、一九九三年）三六—四二頁、奥平康弘『「萬世一系」の研究——「皇室典範的なるもの」への視座』（岩波書店、二〇〇五年）三六三—三八七頁の三者を取り出すならば、最後者に見られる如く、近時、抑圧的な構造からの「脱出の権利」（三八〇頁）という概念が強調されるに至るなかで、最前者にあった「意思の自由」（三四頁、三八頁）、前者にあった「思想・信条の自由」（四一頁）という視角が、後景に退きつつあるように思われる。この観察が不当でないか、不当でないとしたら、そこに如何なる意味連関があるのか、それをもたらした要因は何か、が問われる。

（3）「皇室典範案に関する想定問答」芦部信喜＝高見勝利編著『日本立法資料全集一 皇室典範』（信山社、一九九〇年）一八六頁、一九三頁。

（4）園部逸夫『皇室法概論——皇室制度の法理と運用』（第一法規、二〇〇二年）五七—五八頁。

（5）園部・前掲註(4)五六頁。

（6）因みに、「天皇のいわゆる『人権』が『世襲制』を根拠に制約されることを正当化するための考え方としては、二つの考え方がある」と述べるこの解釈論の指摘者自身は、「天皇は自然人であり国民の一人であるという理解から出発する」「第一の考え方」と「天皇を歴史的存在ととらえ、天皇が君主としての側面を有し、かつ、象徴であると定められた自然人であり国民であるという理解から出発する」「第二の考え方」とを対置し、天皇への就任拒否の意思表示が「重大な事故」に当りうるとするここでの解釈論は「第一の考え方」に親和的であるとするが、自らは「第二の考え方を採る」。園部・前掲註(4)五六―五七頁。

(7) 質問者は、佐々木惣一である。「皇室典範案（政府提出、衆議院送付）第一読会」芦部＝高見編著・前掲註(3)三八五頁、三九二頁。

(8) 稲田陽一「皇位」清宮四郎＝佐藤功編『憲法講座第1巻 総論・天皇・戦争の放棄』（有斐閣、一九六三年）二二六頁、二二七頁。

(9) 参照、稲田陽一「天皇の国事行為について――天皇の非人格化と関聯して」『岡山大学法経学会雑誌』一七号（一九五六年）、一、三一―三五頁

(10) 「即位後朝見の儀を行われた件」（平成元年宮内庁告示第二号（一九八九年一月一一日官報号外特第二号））。

(11) これらの誤解や問題点を夙くから指摘し的確に解説した高橋和之「天皇の国事行為に思う」『世界』五二五号（岩波書店、一九八九年）一〇四―一一〇頁、樋口陽一「君主無答責原則と天皇」『ジュリスト』九三三号（有斐閣、一九八九年）九五―一〇〇頁（のち、若干の加除を施し、「国民主権と君主無答責原則」と改題して、樋口陽一『近代憲法学にとっての論理と価値――戦後憲法学を考える』（日本評論社、一九九四年）一〇六―一一八頁に所収）が参照されるべきである。

(12) Government speech については、参照、蛾川恒正『憲法的思惟――アメリカ憲法における「自然」と「知識」』（創文社、一九九四年。後に岩波書店、二〇一六年）第一部第一章第二節、同「思想の自由」樋口陽一編『講座憲法学三 権利の保障一』（日本評論社、一九九四年）一〇五―一三六頁、同「政府と言論」『ジュリスト』一二四四号（有斐閣、二〇〇三年）九一―一〇〇頁。

(13) 「即位後朝見の儀」での天皇の憲法遵守宣誓をめぐる諸政治勢力の綱引きに関して、参照、渡辺治『日本

の大国化とネオ・ナショナリズムの形成──天皇制ナショナリズムの模索と隘路』（桜井書店、二〇〇一年）八八─一三五頁。

（14）高木博志『近代天皇制の文化史的研究──天皇就任儀礼・年中行事・文化財』（校倉書房、一九九七年）一一八─一一九頁。なお、一九一二年七月三一日の「践祚後朝見ノ儀」での言葉は、参照、聖旨編纂会編纂『御詔勅おことば集──明治・大正・昭和之巻』（国勢研究所、一九七〇年）一九九頁。

（15）美濃部達吉『逐条憲法精義』（有斐閣、一九二七年）五一三頁。

（16）園部・前掲註（4）五六頁。

（17）立憲主義の普遍性と天皇の無政治化との緊張関係を憲法の論理と価値によって明断に分析した作品として、樋口・前掲註（11）。

Ⅳ　権力者の錯覚

8 「人事」を尽して我意に任す

一

日本の現政権による集団的自衛権の行使容認に向けた動き（憲法解釈変更策動）は、今日、深刻な局面に入っている。

ここからは、「政治」的駆け引き・「政治」的解決・「政治」的決着があるのみなのかもしれない。だが、ここまでには、法的な「知識」がたたかわされうる場所があった、はずであった。

その場所は、ふたつあったのだが、今となっては、偶然にも、というべきか、そのふたつの場所には、ともに、「法制」という語が冠されていた。

内閣法制局と安保法制懇（後者は略称）である。

ふたつは、性格を本来大きく異にする。一方は、内閣制度発足以前にまで起源を遡ることのできる国家機関であり、一方は、時の首相のもとにつくられた私的諮問機関である。

一方は、法律専門家集団である。一方は、法律家は全体のなかでは必ずしも多くはない。

違いを数え上げたら、きりがない。

けれども、かくも異なる両者が、同じひとりの内閣総理大臣の方針のもとに、同じひとつの目標の実現に尽くすことにおいて、協働の役割を担わされたのである。

同じひとつの目標とは、いうまでもなく、集団的自衛権の行使容認のための政府の憲法解釈の変更である。

この目標を、しかし、このふたつの「法制」組織が共有することは、この目標を掲げた当の首相にとっても、はじめてのことであった。

この首相は、第一次政権の際に、既にこの目標を掲げていた。

だが、第一次政権のとき、首相には、自らの内閣のなかに強力な反対勢力があった。

それが、第一の「法制」——内閣法制局——である。

新聞[1]は、次のように伝えている。

「安倍は二〇〇六年、首相に上り詰めた。安倍に近い外務省幹部は、当時の内閣法制局長官宮崎礼壹に言い放った。「あなたたちの間違った解釈をどんなに我慢したか。やっとここまで来た」。

「集団的自衛権」行使容認を求める人々にとって、「憲法の番人」と呼ばれ、行使を認めてこなかった法制局は長らく「敵」だった。／首相になった安倍は、宮崎をたびたび官邸に呼び出した。話題は集団的自衛権。安倍は憲法解釈の変更を求めたが、宮崎は「理屈が通りません」と突っぱねた。

安倍は「なるほどなあ」と応じたものの、納得した様子ではなかった。／「国会答弁で解釈を変更したい」。宮崎とのやりとりに業を煮やした安倍は、国会で解釈変更を宣言する考えを漏らした。だが事務方のトップの官房副長官、的場順三は止めた。「足場を固めてからの方がいい」／的場は安倍が行使容認に踏み切れば、宮崎が抗議の意味で辞任する意向を聞いていた。そうなれば、閣僚の失言や不祥事が続いていた第一次政権の致命傷となりかねないと考えた」。

内閣法制局は内閣の補佐機構のひとつである。内閣法制局長官の任免権は、首相の手中にある。当時の内閣法制局長官・宮崎礼壹は、自らの任命権者に対して、諫官として振舞ったのである。

先の新聞の続きを見る。

「安倍は的場の助言を受け入れる一方、行使容認に向けて有識者会議「安全保障の法的基盤の再構築に関する懇談会」（安保法制懇）を準備」。

これが、第二の「法制」――安保法制懇――の起源である。

かくの如く、この首相の第一次政権において、ふたつの「法制」は、いわば異なる任務を帯びていたといえる。すなわち、第一の「法制」――内閣法制局――は、集団的自衛権の行使を容認しないとする政府の憲法解釈を守ることを組織の任務というべきものとしていた。これに対し、第二の「法制」――安保法制懇――に与えられた実質的任務は、集団的自衛権の行使を容認しないとする政府の憲法解釈を変更することである。

二

第一次政権を約一年で終えた首相は、第二次政権を組織するに至った。そこで首相が目指したのが、第一次政権ではなしえなかった、集団的自衛権の行使を容認しないとする政府の憲法解釈の変更であったことは、不思議なことではない。かつての安保法制懇は、自らの首相辞任もあって、答申を次の首相（福田康夫）のもとに提出したが、答申は、その首相のもとで、そのままとなっていた。第二次政権が成って、意欲を新たにした首相は、安保法制懇の議論を再開させたが、内閣のなかに強力な反対勢力があったことを忘れる首相ではない。

首相は、自らの人事権を行使して、集団的自衛権の行使容認に前向きな駐フランス大使・小松一郎を内閣法制局長官に据えた。異例の人事である。(2) 内閣法制局長官は、内閣法制局において参事官からキャリアを積み、第二部長・第三部長などを歴任した者が、第一部長・内閣法制次長を経て内部から昇格するのが通例であったのに、内閣法制局での勤務経験を持たない者が外部からその地位に就いたというだけではない。先に見た如く、内閣法制局を「敵」とみなしてさえいたといわれる政府部門（外務省国際法局）出身者からの登用であったのである。

これは、人事権を行使し、政策志向ないし「思想」が自らと近い者にポストを与えることにより、自己の政策課題を押し進め易くするという遣り方であり、この首相がしばしば用いる統治手法である。それは、日本銀行総裁人事やNHK経営委員人事など、政府からの一定の独立性が確保されるべき地位の人事において典型的に発揮されている。だが、とりわけ小松長官人事は、そうした一般的意味をも超えて、異例の人事権の発動により、その組織の任務体系に動揺を与え、そうすることで一層自己の政策課題を強力に押し進めることを可能にするという効果をも有したと思われる。

三

ところが、当の小松長官は、折悪しく病を得て、入院・加療の必要が生じたために、約半年間、国会審議などの業務に従事することができなかったほか、自らの答弁をめぐり、国会議員と国会の廊下で口論に及んだり、国会答弁の際にスマート・フォンを議場に持ち込むなどの行動で話題になることはあったものの、本来期待されていた憲法解釈変更の実務においては必ずしも辣腕を奮う機会のないまま、二〇一四年五月一五日、安保法制懇の報告書が提出され、首相が政府としての憲法解釈変更に向けた基本方針を発表したその日に、病気のため任に堪えないとして内閣法制局長官を退任している。

同じ日、安保法制懇の報告書の提出を「諦念」を以て受け止めた人物がいる。安保法制懇の主要メンバーの一人、集団的自衛権研究の専門家であった防衛大学校名誉教授・佐瀬昌盛である。

佐瀬は、ある雑誌(3)に対し、次のように述べている。「毎回、発言は一人三分程度。委員の数が多いとはいえ、専門家同士がその程度の時間で議論を深めるなど不可能です。われわれ研究者は、夜を徹してでも議論するものです」。そうして、事務方主導で進められた安保法制懇の報告書の完成版が委員のもとに届けられたのは、報告書提出の僅か一日前だったと言う。

「私は、第一次安倍内閣の時の安保懇メンバーでもあったのですが、二〇〇七年五月の初会合で「諦念を持って参加する」と発言しました。それは懇談会が報告書を出しても、政治力学でもみくちゃにされるでしょうし、集団的自衛権の政府見解そのものが議論されるかどうか疑ったからです。当時も、そして今回報告書を出し終わった今も「諦念」の思いは変わりません」。

それぞれの「法制」組織で、自らの信念にもとづき、集団的自衛権の行使容認のために心血を注ごうとした二人の人物が、いずれも自らを擦り減らし、疲弊させて、その任を終えた。「政治」が「知識」を使うとき、これは、審議会政治などにおいて、歴史が繰り返し示してきたところである。

だが、「人事」で全てを固めるといわれる現政権のもとで、政権の命運を賭けた政策を進めるために（「政治」的着地点の見極めも含めて）周到にしつらえられた舞台に上げられたら、どんな名手も、自らの踊りを踊ることなどできないだろう。

（1）朝日新聞二〇一四年三月三日。
（2）この人事の問題性を逸早く指摘したものとして、南野森「集団的自衛権と内閣法制局」『世界』一〇月号

（岩波書店、二〇一三年）一一〇頁。なお、南野森「憲法解釈の変更可能性について」『法学教室』三三〇号（有斐閣、二〇〇八年）二八頁も参照。

（3）『週刊文春』二〇一四年五月二九日号一五四頁。

9 憲法解釈権力——その不在に関する考察

序

この稿の本論（一・二）では、憲法解釈権力について論ずる。

憲法解釈権力。耳慣れない言葉であるに違いない。憲法制定権力は有名である。憲法改正権力もよく知られている。だが、憲法解釈権力という言葉は、日常生活でも、憲法学の教室においても、耳にすることがない。憲法制定がひとつの国家にとってビッグ・バンにも比すべき一回きりの行為であり、憲法改正がそれに準ずる特別の行為であるのと比べて、憲法解釈が権力であるということに、何か腑に落ちないものを感じる人がいるのは当然である。実際、憲法解釈は、やろうと思えば誰でもができる行為である。あえて権力という言葉を付す必要があるような行為とは到底思われないという直観が、一般市民はもちろん、憲法学に携わる人の多くにも、働いたとして、何の不思議もない。憲法解釈権力という言葉がこれまで日常用語はおろか憲法学の学術用語にも使われていないのには、そうした消息が与っていたのであろう。

だが、憲法解釈は権力たりうる。

そのことは、論より証拠、私が駄弁を重ねるよりも、集団的自衛権の行使容認に向けて奔走する現政権が何より雄弁に、その危険性とともに、物語っているではないか。

われわれは、だから、憲法解釈権力について考察しなければならない。

この序では、だが、それ以前の話をしよう。

憲法解釈というものは、しようと思えば誰でもができる行為である。

私は、憲法研究者の末席を穢す者として、日々の研究においても、また、学生に対する授業においても、憲法各条規の解釈に従事しているが、そうした憲法研究者のする憲法解釈も、法律学の方法に準拠して時に市民一般が行うこともあるであろう憲法解釈と、法的な性質の点で、違いはない。これに対して、市民の憲法解釈と法的性質上一線を画するのが、公務員の憲法解釈である。

憲法九九条は、公務員に対して、憲法尊重擁護義務を課している。公務員は、その職務遂行が憲法違反にならないよう自ら留意することを求められているといってよい。だが、公務員による職務遂行が憲法違反にならないようにするために、公務員が自ら憲法解釈をし、自分に対し発せられた命令やその命令に自分が従うことが憲法違反に当たるか否かを自ら判定することを期待されているわけではない。むしろそのようなことをしはじめたら、行政の現場は混乱し、法的安定性が損なわれるばかりである。では、どうすればいいのか。個々の公務員は、それぞれの職務遂行に当たり、職務ごとに既に確立している有権解釈（がある場合にはそれ）に従って行為していれば、憲法違反を犯したとの誹りを受ける恐れは原則として生じない、とひとまずいうことができる。

視点を変えて別言しよう。公権力の行使に当たる者の憲法に対する拘束のされ方はその職種により一様ではないが（本書Ⅲ参照）、憲法の諸条規が定めている意味について、憲法尊重擁護義務を負う主体のうち、最も自由に解釈することが許されているのは、最高裁裁判官であり、反対に、最も解釈の自由を縛られているのが、天皇である。すなわち、最高裁裁判官は、最高裁自身の先例に違背する憲法解釈を抱懐しているとしても、最高裁裁判官にのみ認められた個別意見の執筆において、自らのその憲法解釈を披瀝することが職務の遂行として認められている。翻って、「国政に関する権能を有しない」（憲法四条一項）天皇に対しては、そもそも自ら憲法解釈をすることそれ自体が厳格に禁止されている。[1] 公権力の行使に当たる者一般の憲法解釈である。ごく大雑把にいえば、公務員一般は、自分に対し発せられた職務命令に対しては、それが一見明白に違憲の瑕疵を帯びるものでない限り、服従することを義務づけられていると解されている。多くの公務員は、その職務の遂行に当たり、憲法の意味を自分で解釈する自由を認められていないのである。

憲法解釈は、私人が私人としての資格でする限り、自由になしうる。だが、公務員がする場合には、話は大きく異なる。自由な憲法解釈をすることは許されず、公務員には、公権力担当者としての職権に応じて、それぞれの職務遂行に伴う内在的制約が課せられている。

これは、だが、あくまでも公務員の憲法解釈の話であって、（公務員の）憲法解釈権力の話ではない。本稿は、まずこのことを、法律家にとっての自明の大前提として、確認する。その上で、以下の本論（一・二）では、内閣の憲法解釈権力について、論ずべき点のささやかな整理をしてみたい。整理の具体的素材としては、集団的自衛権の行使容認を目指す第二次安倍内閣が、同行使を容認しない従来の政府の憲法解釈の変更を内容とする閣議決定を画策する政治過程を取り上げる。

一　合憲性の決定

1

憲法解釈権力とは何か。それは、強い意味では、ある国家機関が行う憲法解釈に他の国家機関を、たとえ後者の国家機関が前者の国家機関の憲法解釈を誤りであると解しているとしても、従わせることができる権威（authority）ないし権力（power）を有していることを言う。

憲法は、八一条で、「最高裁判所は、一切の法律、命令、規則又は処分が憲法に適合するかしないかを決定する権限を有する終審裁判所である。」と規定している。この条規をどう読むかについては諸説があるが、佐々木惣一の所説(2)が本稿の関心に最も合致する。佐々木は、次のように言う。「或る国家行為について、それが憲法に適合するかしないかの、疑義が起ったときは、これを決定する国家機関がなくてはならぬ。これを決定するとは、問題たる国家行為の合憲性を審査して、その結果が従われることである。その国家行為が憲法に適合するかを審査することは勿論だが、その審査の結果が、合憲性そのことについては、他の者によりて従われるべきである、ということである。故に、合憲性決定権は単に合憲性を審査するということではない。その審査が決定力を有するということである。かかる合憲性決定権は最高裁判所のみがこれを有する。他の裁判所はこれを有しない」。

右に本稿の関心と述べた。本稿の関心は、最高裁の合憲性「決定」権に向けられたものではない。内閣に上述した強い意味での憲法解釈権力があるといえるかが、本稿の関心である。それは、佐々木のいう意味での合憲性「決定」権が内閣にあるといえるかという問いと重なる。最高裁に佐々木のいう意味での合憲性「決定」権があるといえるかどうかについては、なお更なる考究を必要とするとして、内閣に佐々木のいう意味での合憲性「決定」権がないことは確かであるように思われる。佐々木は言う。「最高裁判所が合憲性決定権を行うには、問題たる国家行為について憲法の規定を解釈し適用しなくてはならぬ。これを為すは憲法という法を維持するためにするのである。故に、司法作用である。行政機関も、その行政作用を行うに当て、憲法の規定を解釈し適用して、その行為を為す。併し、それは憲法という法を維持するためにするのではない。故に司法作用ではない」。「行政権は、内閣に属する」(憲法六五条)。したがって、内閣もまた、「その行政作用を行うに当て、憲法の規定を解釈し適用して、その行為を為す。併し、それは憲法という法を維持するためにするのではない」から、「或る国家行為について、それが憲法に適合するかしないかの、疑義が起ったとき」に、「これを決定する国家機関」としては、内閣は適任でない。そうであるとすれば、内閣は、上述した強い意味での憲法解釈権力を有しないと解さなければならない。

2

ここで、集団的自衛権の行使を容認しない従来の政府の憲法解釈の変更を目指す現政権がどのような順序で政府の憲法解釈の変更を実現しようとしているかを一瞥する。それは、基本的には、以下の通りである。すなわち、政府は、内閣総理大臣の私的諮問機関である「安全保障の法的基盤の再構築に関する懇談会」（いわゆる安保法制懇）による報告書の提出（二〇一四年五月一五日）を受けて、政府方針を作成し、これをもとに、自民・公明両党の間で与党協議を行い、協議が整ったところで、二〇一四年秋の臨時国会までに政府の憲法解釈の変更を内容とする閣議決定をし、当該臨時国会では、集団的自衛権の行使を可能とするための自衛隊法その他の関連法律の改正作業に着手する。

着眼すべきは、このスケジュールのなかで、国会審議はどのように想定されているのか、である。まず閣議決定前は、どうであろうか。二〇一四年三月五日、参議院予算委員会において、安倍晋三首相は、「閣議決定するまでは、どういう解釈をするかは「検討中です」としか言えない。首相として答えろと言われても、検討中なので答えられない」と述べるとともに、「（安保）法制懇（首相の私的諮問機関）の結論については（国会で）述べることができる」とも述べ、「閣議決定前の政府側の国会答弁は、安保法制懇の報告書の説明にとどまるとの考えも示した」。これは、「国会［での」議論は（閣議）決定後」とする意思を暗に示したものであり[3]、はたして、二〇一四年六月一〇日現在、政府・自民党が今国会会期（六月二二日まで）中の閣議決定をすべく、憲法解釈の変更に慎重な態度を崩していない公明党への働きかけを強めているものの、いまだ閣議決定のための合意に至っていない状況のもとで、政府は、首相自身をはじめとして、安保法制懇の報告書および政府方針の基本的な趣旨説明をいくつかの具体的事例を用いて行うにとどまっている。

だが、では、閣議決定後は、どうなのであろうか。安倍首相は、二〇一四年二月二〇日の衆議院予算委員会で、「憲法解釈変更について「閣議決定して（案が）決まったら議論していただく」と踏み込んだ[4]」とされるけれども、そこでの「議論」は、首相が「国会で議論した上で、自衛隊法を改正する方針[5]」を述べた文脈でのものであるから、憲法解釈の変更それ自体についての議論というよりは、憲法解釈の変更を既に前提とした上でなされる関連法律の改正作業のための議論を実質的には指している可能性が高い。そうであるとすれば、そこで想定されている国会審議は、菅義偉内閣官房長官が「（閣議）決定がされたとしても、立法措置が必要だから、国会によるコントロールは可能だ[6]」と安んじて言える程度に、憲法解釈の変更それ自体を追及する力には乏しいことが想像される。

要するに、ここでの閣議決定が内容とする憲法解釈の変更は、それ自体として取り出せば、閣議決定前にも、閣議決定後にも、国会審議による実質的な追及を免れるよう仕組まれていると評することができる。

3

現政権が推し進める憲法解釈の変更の内容（集団的自衛権の行使容認）および形式（憲法改正でなく憲法解釈の変更に拠っていること）と区別して、憲法解釈の変更を守るこうした仕組みそれ自体を問題としたのが、民主党・元代表の岡田克也衆議院議員である。

二〇一四年二月二〇日の衆議院予算委員会において、岡田議員は、次のように発言している(7)。「ここで最大の問題は、国会でいつ議論するのかということです。国会で総理は、従来の答弁では、具体的な自衛隊法の改正なり個別の法律ができたところで審議をいただくというふうに言われてますが、その時にはもう既に憲法解釈変更の閣議決定は出された後、場合によってはそれから半年以上時間が空くかもしれない。既成事実は積み重なっている。それで本当に国会としての責任を果たしたことになるんでしょうか」。

それでもなお安倍首相は、「案が完全に固まるのは、それは閣議決定において固まるわけでありまして、結論が出た後も、閣議決定に至るまでは、これは、議論がまだ続いていくわけでございまして、ここで完全に固まるわけではないわけでありまして、まさに政府としての最終的な解釈については、法制局を中心に議論を進めていくなかにおいて、そして、また与党との調整を終えて、その上において閣議決定が出されて、はじめてここで案は完全に確定し、その案でもって国会においてご議論をいただくということになると、このように思うところでございます」と述べ、国会での議論は閣議決定後とする持論を盾にとる。岡田議員は、「閣議決定の案を作る段階で、国会でちゃんと議論すべきではありませんか。閣議決定する前であっても、政府としてこれでいきたいという案を作った段階で、やっぱり国民的な議論をすべきじゃありませんか」と畳み掛けるが、首相の答えは、相変わらずである。「我々は国会で議論しないとかそういうことではなくて、手順については、これは、いわば、政府として責任をもって、行政府として責任をもって、閣議決定を行うものであります。それについて国会でご議論をいただくということではないかと思うわけでございます」（傍点引用者）。

国会での議論をどの段階で行うかを安倍首相が「手順」という言葉で語っていることは、その語の使用が、「日本が海外で武力行使しないという方針を大転換する話なんですから、その大転換することについて、国会での事実上の審議なしに、今は総理、まだ決まってないと言って、中身の議論しませんよね。そして、その大転換を国会の議論なくしてやってしまうということで、本当に総理、いいんですか」という岡田議員の訴えに直截答える脈絡でのものであるだけに、二人の熱の差を感じさせて象徴的である。けれども、首相は、その語の使用の外貌とは裏腹に、国会審議を単なる「手順」として軽視しているわけでは全くない。閣議決定前については「案が完全に固まっ」ていないからと言い、閣議決定後については「閣議決定したものについて、これは考え方が決まったわけでありますから、ご議論をいただく。しかし、そうなったとしても、それに沿って自衛隊が行動・活動をする根拠法はないわけでありますから、自衛隊法を改正しなければならないというわけでありまして、その自衛隊法については、国会で多数を得なければ成立をしないというものであるわけでございます」（傍点引用者）と言って、国会審議の対象を――巧妙に――閣議決定それ自体から自衛隊法へとずらしているからである。

閣議決定が内容とする憲法解釈の変更が、閣議決定前にも、閣議決定後にも、国会審議による実質的な追及から免れるように仕組まれていることは、ここに明らかであろう。国会は、現政権が推し進める憲法解釈の変更をそれ自体として追及することを著しく困難にさせられているのである。このことの問題性は、ここでの閣議決定が、対国会という問題場面において本来有していない合憲性審査の（前述した意味での）「決定」力を持たされていることの裡に存する。いいかえれば、現政権は、内閣には認められていない強い意味での憲法解釈権力を、国会との関係で、いわば自己授権しようとしているのだといってよい。

安倍首相との応酬の締め括り近く、岡田議員は、語気を強めて、「総理が最後に言われた、閣議決定した上で国会で議論しようというのは、議会人として絶対納得できません」（傍点引用者）と述べている。そこに図らずも主題化されているのは、内閣には本来認められていない強い意味での憲法解釈権力が恰も内閣の権能に当然に内在しているかのように振舞って憚らない、憲法解釈権力をめぐる現政権の自作自演にほかならない。

二　合憲性の審査

1

憲法解釈権力は、翻って、弱い意味では、国家機関が自己の職権行使として憲法解釈を行いうるあらゆる場合に、これを観念することができる。すなわち、ある国家機関が自己の職権行使として憲法解釈を行いうる場合、当該国家機関は、弱い意味での憲法解釈権力を有していると言うことができる。この場合、当該国家機関は、憲法の諸条規の意味を解釈することを通じて、ある行為が憲法に適合するか否かを自らの職権において判定していることとなる。ある行為の憲法適合性の判定を合憲性の審査と呼ぶならば、ある行為の憲法適合性の判定――すなわち合憲性の審査――を自らの職権行使として行うことができる権威ないし権力を弱い意味での憲法解釈権力と言う。

内閣が強い意味での憲法解釈権力を有しないことは、先に見た通りである。それでは、内閣は、弱い意味での憲法解釈権力は有するのであろうか。

これについては、歴代の内閣が内閣ないし政府の見解として数多くの行為の合憲性の審査を公表してきた事実を前提として受け入れるならば、それらの合憲性の審査が内閣自身の職権の行使としてなされたものといいうるかどうかという見地から考察することが肝要である。

一般に、内閣による合憲性の審査は、「様々な政府の行為の憲法適合性を確保する」上で、また、いわゆる閣法につき、「法律の憲法適合性を」「法案作成段階で」「確保」する上で、必要とされるが[8]、前者すなわち一般的または特別的な行政の事務については、内閣の職務を定めた憲法七三条その他により、また、後者すなわち法律案の提出については、解釈論上争いはあるものの、憲法七二条その他により、いずれも内閣の職掌（憲法六五条）の範囲に属すると解するのが相当とされるから、それぞれの場面での内閣の憲法解釈は、内閣の職権の行使としてなされるものということができる。そうであるとすれば、「様々な政府の行為の憲法適合性を確保する」場面での内閣による合憲性の審査および「法律の憲法適合性を」「法案作成段階で」「確保」する場面での内閣による合憲性の審査は、いずれも、内閣が自らの職権行使として行う合憲性の審査というべきであり、以上の限りで、内閣は、弱い意味での憲法解釈権力を有していると解することができる。

2

それならば、集団的自衛権の行使容認に向けた現政権による従来の憲法解釈の変更は、内閣による弱い意味での憲法解釈権力の行使として許容されるべきであろうか。

集団的自衛権の行使容認に向けた現政権による従来の憲法解釈の変更は、それがいわゆる国家安全保障基本法の制定に向けた一部勢力の動きの呼び水になるか否かはともかくとして、集団的自衛権の行使は認められないことを前提に作られている現在の自衛隊法その他の関連法律の改正を不可避とするから、広い意味では法律案の提出を目指した企てであるということができないではない。

けれども、上述した法律案の提出に伴う内閣による合憲性の審査と今般の集団的自衛権の行使容認に向けた現政権による従来の憲法解釈の変更との間には、見落とすことの許されない重要な違いがある。

それは、法律案の提出に伴う内閣による合憲性の審査の場合には、法律案が既に存していることが前提であるのに対し、今般の集団的自衛権の行使容認に向けた現政権による従来の憲法解釈の変更の場合には、法律案が未だ存在していない、という違いである。今般の集団的自衛権の行使容認に向けた現政権による従来の憲法解釈の変更は、今後内閣が法律案として提出を予定している「法律の憲法適合性を」「確保」する場面での内閣による合憲性の審査とは言えるが、法律案が未だ作成されていない以上、今後内閣が法律案として提出を予定している「法律の憲法適合性を」「法案作成段階で」「確保」する場面での内閣による合憲性の審査とはいえない。

このことは、集団的自衛権の行使容認に向けた現政権による従来の憲法解釈の変更が「法律の憲法適合性を」「法案作成段階で」「確保」する場面での内閣による合憲性の審査としては正当化することのできないものであり、したがって、内閣による弱い意味での憲法解釈権力の行使としても許容されえないものである可能性を強く示唆している。

尤も、「法律の憲法適合性を」「法案作成段階で」「確保」する場面での内閣による合憲性の審査が内閣による弱い意味での憲法解釈権力の行使として許容されるべきものといえるのは、「法案作成段階で」は、法律案の提出として示された内閣の政策が、「国権の最高機関」であり「国の唯一の立法機関」でもある国会（憲法四一条）にとっての緊迫した関心事項に至っているといえるため、かかる国会の関心に応え、国会に対して説明を尽くすことは、議院内閣制のもとでの内閣の主要な責務のひとつを構成すると解されるからである。そうであるとすれば、「法案作成［に至る以前の］段階で」あっても、国会の関心に応え、国会に対して説明を尽くす必要に応えるための合憲性の審査であれば、そこでの内閣の憲法解釈を弱い意味での憲法解釈権力の行使として許容することができると解するのが相当である。

3

従来の内閣の憲法解釈を振り返るならば、内閣による憲法解釈の多くの例が、国会議員の質問主意書に対する答弁書として提出されたものである事実が注目される。質問権は、議会制の歴史において逸すべからざる地位を占めているものである。「国会議員には、国会法によって」「その属する議院の活動に参加する権能が認められている」が、「現に議題となっている議案について」「疑義をただすことができる」「質疑権」と並んで、「現在の議題と関係なく行なわれる」のが「質問権」である。「一般質問と緊急質問との二種があり、一般質問は、要式行為であって、簡明な主意書をつくって、議長に提出し、議長の承認……を経なければならない（国会法七四条）。質問に対しては、内閣は、主意書を受けとった日から七日以内に答弁するを要し、その期間内に答弁しないときは、理由及び答弁することができる期限を明示しなければならない（国会法七五条）」[9]。

従来の内閣の憲法解釈の多くが国会議員の質問に対する答弁としてなされたものであるという事実は、一般質問がかくの如く厳格な要式行為であることと相俟って、国会の関心に応え、国会に対して説明を尽くす必要性が、内閣が憲法解釈を自らの職権として行いうるための正当化根拠であると考えられてきたことを示す。法律案の提出とは関係のない場面であっても、内閣がその憲法解釈を自らの職権行使として行うことを認めるべき場合とは、このような場合である。

集団的自衛権の行使容認に向けた現政権による従来の憲法解釈の変更は、先に見た如く、「法案作成「に至る以前の」段階で」の憲法解釈にとどまっており、それが仕えるべき対象としての法律案自体が未だ存在していないことに加え、憲法解釈の変更の志向およびその公表への志向が、国会議員の質問権行使等に応ずるものでもなく、もっぱら首相自身のイニシアティヴに端を発するものである点で、抽象的な合憲性審査といわざるをえず、内閣が憲法解釈を自らの職権として行いうるための正当化根拠を欠くと評するほかはない。

なお、内閣がここでの憲法解釈を自らの職権として行いえないとすれば、内閣はかかる憲法解釈を閣議決定の対象とすることはできない。なぜなら、「内閣がその職権を行うのは、閣議によるものとする」（内閣法四条一項）とされる以上、内閣がその職権として行いえない憲法解釈を閣議決定することは認められないといわなければならないからである。

以上の次第により、集団的自衛権の行使容認に向けた現政権による従来の憲法解釈の変更は、弱い意味での憲法解釈権力の行使としても認めることができない。

跋

序において、私は、本稿の本論（一・二）では内閣の憲法解釈権力に関して考察すると述べた上で、公権力担当者の憲法解釈にはその職権行使の性質に応じて内在的制約が課せられることを法律家にとっての自明の大前提であると述べた。

今日進行中の事態は、その大前提自体が現政権にあっては危ういものであることを我々に告げている。私人の憲法解釈は自由である。だが、公権力担当者、殊に内閣の憲法解釈となれば、上記の意味での制約が強く働き、自由な憲法解釈といった幻想が成立する余地はない。ところが、日々の報道が伝えるところによれば、現政権によって憲法解釈といわれるものは、政策の必要性と許容性のうち、ほとんど必要性（「安全保障の法的基盤の再構築」）のみを取り上げるものである。政策は必要性に応えるためのものであり、政策を通すためには、許容性の基準の規範形式である憲法の存在は障碍となる。国民を守るか憲法を守るかを二者択一とみなし、前者（政策の必要性）を絶対視する発想は、ほぼ必然的に、後者（政策の許容性）をめぐる議論を厄介払いする誘惑に人を駆る。その行き着くところは、憲法（許容性の基準）が最高法規ではなく、それに代わる何らかの価値（「国家の自然権」など）が優位する世界である。理性による判断を余儀なくさせる「基準」よりも情緒の発動を誘う「事例」を重視する。どうしても「基準」を持ち出さざるをえないとなると、大きくは「必要最小限度」、細かくは「総合的判断」という、それだけでは適用者によって如何ようにも操作可能な概念を投げ出しておく。

現政権の憲法解釈は、法律家によって通常想定されている憲法解釈とは相当に趣を異にするものである可能性が高い。

（1）詳細については、本書Ⅲ-7およびⅣ-13の参看を乞う。
（2）佐々木惣一『改訂 日本國憲法論』（有斐閣、一九五二年）三五六―三五八頁。
（3）朝日新聞二〇一四年三月五日（夕刊）。
（4）朝日新聞二〇一四年二月二六日。
（5）朝日新聞二〇一四年二月二七日。
（6）同上。
（7）衆議院ホームページ「インターネット審議中継」二〇一四年二月二〇日付予算委員会より。
（8）阪田雅裕『政府の憲法解釈』（有斐閣、二〇一三年）一頁。
（9）清宮四郎『憲法Ⅰ〔新版〕』（有斐閣、一九七一年）二一〇―二一一頁。

10 内閣の憲法解釈

序

日本国憲法第九条のもとでは集団的自衛権を行使することは許されないとするのが、日本の歴代内閣が一貫して採用してきた政府見解であった。この政府見解の見直しを強く志向した自由民主党の安倍晋三衆議院議員は、内閣総理大臣に就任するや、政府見解の変更を画策し、第一次内閣では果たせなかったものの、二〇〇九年八月三〇日の衆議院議員総選挙における民主党の勝利による自民党の下野、および、自ら党総裁に返り咲いての二〇一二年一二月一六日の衆議院議員総選挙における自民党の勝利を挟んで、第二次内閣を成立させると、二〇一四年七月一日、集団的自衛権の行使を可能とする旨の新たな政府見解を閣議決定するに至った(1)。

本稿は、この閣議決定に先立つ二〇一四年二月一二日の衆議院予算委員会における民主党の大串博志衆議院議員の質問をめぐる同議員と政府の答弁者とのやりとりを通じて浮かび上がる内閣ないし内閣総理大臣の意見と内閣法制局のそれとがかたちづくる統治構造上の緊張関係を点検することにより、同年七月一日の上記閣議決定が帯びる逸すべからざる「政治的」性格を照射するとともに、およそ内閣が憲法解釈を行うことにかかわる立憲主義のアポリアとでも呼ぶべきものについてささやかな考察を加えることを目的とする。

一　「最高責任者」の誘惑

1

「さきほど来、法制局長官の答弁を求めていますが、最高の責任者は私です。私が責任者であって、政府の答弁に対しても、私が責任をもって、その上において、私たちは選挙で国民から審判を受けるんですよ。審判を受けるのは、法制局長官ではないんです。私なんですよ(2)」。

二〇一四年二月一二日の衆議院予算委員会で物議を醸し、安倍首相は立憲主義を否定しているのではないかとの批判が諸方面から湧き起こる最も直截的な契機となったのが、この発言である。以下の本稿では、この発言を「最高責任者」言明と略記する。

「最高責任者」という尊大ともとれる自称が使用されているせいもあってか、「最高責任者」言明は、幾分かスキャンダラスな相貌を呈し、日頃はこの政権に対し萎縮気味にさえ見えた多くのマス・メディアも、この時とばかり首相に集中砲火を浴びせる恰好となったが、マス・メディアの熱が冷めて、「最高責任者」言明の、では何処が立憲主義の否定であるのかと静かに発問されるとき、これに簡にして要を得た過不足なき憲法理論的解答を与えることは、存外困難であるように思われる。

実際、しばしば難ぜられるところとは異なり、安倍首相は、首相である自らを、最高裁判所と国会を含めたいわゆる三権の全体のなかで「最高責任者」と称したわけではない。また、選挙で国民からの支持を得ることが、長年月にわたって確立している政府の憲法解釈を如何ようにも変えうる正統性を自らに付与すると大言しているわけでもない。

では、何が問題なのか。

2

私の考えはこうである。

内閣は、国政の運営を担う行政権を統括する最高の意思決定機関である。立憲主義の最大の眼目が、国民の自由と福祉に大なり小なり影響を与えずにはいない公権力一般の意思決定と行動とを縛ることにあるとすれば、内閣の意思決定と行動は、公権力一般のそれのなかでも、憲法による縛りが最も必要とされる対象であろう。その内閣が、自ら憲法の解釈を行うことができるとしたら、内閣は、自らが縛られる規範の意味を自ら決めることができることとなる。自らが縛られる憲法の意味を内閣が自ら決めることができるとしたら、内閣は憲法によって縛られていることにはならない。

そこでの内閣は、憲法によって縛られているという外貌のもとに、実は、自らを縛る憲法の意味を決定し、その拘束を解除することさえ可能な権力を掌中におさめていることになるのである。

だが、そうであるからといって、内閣がおよそ自ら憲法解釈をすることをなしで済ますことが許されるわけではない。統治権力の一翼を構成する主体は、自ら意思決定し、行動するに当たって、自らの行為が憲法に適合していることを確保しなければならないが、統治にかかわる主体一般であれば、自らの行為の憲法適合性を判断する上で必要な憲法解釈を、自らではない別の機関に、あるいは形式上、あるいは実質上、委ね、その憲法解釈に服することを以て、自らの行為が憲法に適合していることを確保するという制度設計をすることが可能であり、実際、そうした制度設計(3)および実践(4)は、現に行われてもいる。けれども、行政権の最高の意思決定機関である内閣が自らの行為一般の憲法適合性判断を自らではない他の機関に委ね、自らが独自に憲法解釈をすることは控えるという制度を設計することは、容易に想像されるように、国政の円滑な運営を著しく阻害することになりかねない。かかる考慮に照らすならば、内閣は、自ら憲法解釈をすることを免れることはできないと解するのが適当であるように思われる。

以上の考察からすれば、事態の様相は次の如くとなる。すなわち、内閣は、およそ自ら憲法の解釈に従事することから逃れることはできないといわなければならないけれども、同時に、自らが服する憲法の意味を自ら決めることは、それが憲法による拘束から内閣を免除することまでを意味しうるが故に、許されていない。

自ら憲法解釈を行わなければならないけれども、自らが縛られる憲法の意味を自ら決めることは許されない。これは、少なくとも一見したところは、両立しえず、それ故、履践不能なふたつの要請が内閣に同時に課せられているといいうる事態であり、両要請から挟み撃ちにされた内閣は、決定不可能の状態に宙吊りにされていると見るほかはない。

この宙吊り状態を指して、「自らが縛られる憲法の意味を自ら決めることのアポリア」と仮に呼ぶこととしよう。

これは、理論的にはおそらく解決不可能な難問（aporia）である。だが、だからこそ、このアポリアは、実践的に解かれなければならない。二〇一四年二月一二日の衆議院予算委員会における安倍首相の「最高責任者」言明が孕む問題は、そこでの首相が面していたものがこのアポリアであったにもかかわらず、これを解かなければならない内閣総理大臣が自らの立たされている場が足場なき宙吊り状態としての立憲主義のアポリアであることの自覚すら持ち合わせていなかったことを露頭させたところにある。「内閣の憲法解釈」が考察の対象とされなければならない所以は、ここに存する。

3

「自らが縛られる憲法の意味を自ら決めることのアポリア」は、実践的に解かれなければならない。だが、その解の妥当性は、理論的に検証されなければならない。

今日までの日本の政治過程において、このアポリアが実践的にどのように解かれているかといえば、内閣法制局の意見事務が事実上の実践解を提供してきたといってよい。

内閣法制局は、内閣に直属する国の機関である。その所掌事務には、大きく、審査事務と意見事務のふたつがある。前者（審査事務）は、内閣提出法案等が憲法をはじめとする現行法制に整合するものであるかを審査する事務をいい、後者（意見事務）は、憲法問題を含む法律問題について内閣および内閣総理大臣等に意見を具申する事務をいう。内閣法制局の所掌事務の根拠法条は、内閣法制局設置法三条である。内閣法制局設置法三条は、「内閣法制局は、左に掲げる事務をつかさどる」とし、一号で「閣議に附される法律案、政令案及び条約案を審査し、これに意見を附し、及び所要の修正を加えて、内閣に上申すること」（審査事務）を挙げるとともに、三号で「法律問題に関し内閣並びに内閣総理大臣及び各省大臣に対し意見を述べること」（意見事務）を挙げている。

内閣は政府見解を示すに当たり、一般に内閣法制局に問題を検討させるが、内閣法制局がこれに答えて内閣あるいは内閣総理大臣等に「意見を述べる」のが意見事務である。安倍内閣が集団的自衛権についての従来の政府見解を見直し、これに代わる新たな政府見解を示すに際して、必要な問題を内閣法制局が検討し、内閣あるいは内閣総理大臣に「意見を述べる」としたら、それは、内閣法制局の意見事務として行われるものと理解される。

それならば、内閣が、一般に、このように内閣法制局の意見事務を通じて政府としての憲法解釈を示すことは、「自らが縛られる憲法の意味を自ら決めることのアポリア」に対する実践的な解として妥当なものといえるであろうか。先に述べたように、上記アポリアそれ自体は実践的に解かれなければならないが、そうした実践解の制度設計としての一般的妥当性は理論的に検証される必要がある。

ここで、あらためて内閣が憲法解釈をすることにかかわる「自らが縛られる憲法の意味を自ら決めることのアポリア」の構造を明確にするなら、その核心は、内閣が自ら憲法解釈をしなければならないにもかかわらず、内閣が縛られる憲法の意味を内閣が自ら決めることは許されないという二律背反の裡に存する。内閣が自ら憲法解釈をするということは自らが縛られる憲法の意味を内閣が自ら決めることと別のことではないという二律背反である。

この二律背反を解くためには、一般的に何が必要であろうか。事態を分節的に捉えれば、基本的には、以下のふたつのことが必要であると思われる。

ひとつは、内閣それ自体からは差し当たり区別された何らかの機関が、内閣それ自体が自らのためにするのとは異なる解釈原理に立って憲法を解釈することである。

もうひとつは、その機関のした憲法解釈を内閣が尊重し、当該機関の憲法解釈に内閣が自らの憲法解釈を従わせることである。

前者を第一の契機と呼び、後者を第二の契機と呼ぶことにする。

第一の契機が貫徹されれば、内閣が縛られる憲法の意味を内閣が自ら決めるという事態は回避されうるということができるし、第二の契機が貫徹されれば、内閣が自ら憲法解釈をするという建前を形式的のみならず実質的にも貫くことができる。

そうであるとすれば、この第一・第二の両契機を貫徹することが可能でさえあれば、内閣は自ら憲法解釈をするにもかかわらず、同時に、内閣が縛られる憲法の意味を内閣が自ら決めるという許容されざる事態を回避すること、すなわち、「自らが縛られる憲法の意味を自ら決めることのアポリア」を解くことが可能となるのである。

4

それでは、現実に行われている実践解としての内閣法制局の意見事務は、以上のような理論的見地から観て、はたして妥当な解といいうるであろうか。

はじめに、上記第二の契機から見よう。結論からいえば、戦後の歴代内閣は、原則として、内閣法制局の意見事務としてなされた内閣あるいは内閣総理大臣等に対する憲法解釈にかかわる意見の具申を基本的に尊重し、自らの憲法解釈をこれに従わせてきたと概ね評価しうるであろう。

なお、この評価にひとつの重大な例外を供するものと看做されかねない例に、内閣総理大臣その他の国務大臣による靖国神社へのいわゆる公式参拝が政教分離を定めた憲法の諸規定に抵触し、違憲であるのではないか、という問題に対する一九八五年の中曽根康弘内閣の対応がある。これは、それまでの内閣法制局が違憲の疑いを否定できないとしていた国務大臣の靖国神社への公式参拝という事象に対して、同内閣が、そのような公式参拝のうち、もっぱら戦没者に対する追悼を目的として、本殿または社頭において一礼する方式により行われる参拝については、違憲の疑いはないとする判断に至った例である。一見すると、違憲の疑いを払拭できないとした内閣法制局の憲法解釈に内閣が従わなかった先例ともとられかねないものであるが、内閣法制局のそれまでの判断は、国務大臣による公式参拝をそもそも違憲と断定していたわけではなく、津地鎮祭事件最高裁判決の基本的な判断枠組みに則った上で、憲法適合性を判断するための「社会通念」を未だ見定めえなかったが故に、違憲とも合憲とも断定しえず、したがって、違憲ではないかとの疑いをなお否定できないとしたものにとどまるから、いわゆる「靖国懇」なるものを組織させ、そこでの検討を受けて、前記のような合憲判断を採用するに至った前記内閣の対応は、内閣法制局の憲法解釈を尊重しなかった例と見るには適切ではないというべきである。

5

次に、上記第一の契機を見よう。ここでは、これまで内閣法制局が憲法解釈を行うに当たり採ってきた解釈原理が法文の意味の「論理的」確定をとりわけ重視するものであったことを特記する必要がある。例えば、一九九五年一一月二七日の参議院宗教法人等に関する特別委員会において、大出峻郎内閣法制局長官は、次のように答弁している。「一般論として申し上げますというと、憲法を始め法令の解釈といいますのは、当該法令の規定の文言とか趣旨等に即して、立案者の意図なども考慮し、また、議論の積み重ねのあるものについては全体の整合性を保つことにも留意して論理的に確定されるべきものであると考えられるわけであります。政府による憲法解釈についての見解は、このような考え方に基づき、それぞれ論理的な追求の結果として示されてきたものと承知をいたしており、最高法規である憲法の解釈は、政府がこうした考え方を離れて自由に変更することができるという性質のものではないというふうに考えておるところであります。特に、国会等における論議の積み重ねを経て確立され定着しているような解釈については、政府がこれを基本的に変更することは困難であるということでございます」[5]（傍点引用者）。

「論理的」であることに内閣法制局は殊更にこだわっているように見える。なぜであろうか。それを知るには、「論理的」の語の対になる語を探すに如くはない。この答弁においては、それは「自由」である。「論理的」な解釈の反対語は、「自由」な解釈であり、「自由」な解釈変更である。

別の対義語もある。二〇〇五年一一月四日の藤末健三参議院議員の質問主意書に対する答弁書は、次のように述べている。「憲法を始めとする法令の解釈は、当該法令の規定の文言、趣旨等に即しつつ、立案者の意図や立案の背景となる社会情勢等を考慮し、また、憲法第九条のように議論の積み重ねのあるものについては、全体の整合性を保つことにも留意して、論理的に確定されるべきものであり、政府による憲法の解釈は、このような考え方に基づき、それぞれ論理的な追求の結果として示されてきたものであって、諸情勢の変化とそれから生ずる新たな要請を考慮すべきことは当然であるとしても、なお、前記のような考え方を離れて政府が自由に憲法の解釈を変更することができるという性質のものではないと考えており、仮に、政府において、憲法解釈を便宜的、意図的に変更するようなことをするとすれば、政府の憲法解釈ひいては憲法規範そのものに対する国民の信頼が損なわれかねないと考えられるところである[6]」（傍点引用者）。

「自由」に加えて、この答弁書においては、「便宜的、意図的」が、「論理的」の対義語として用いられている。「論理的」な解釈がその対極に置くのは、「便宜的、意図的」な解釈である。「便宜的、意図的」な解釈とは、論理によって導出される解釈ではなく、何らかの便宜ないし都合によって動機づけられた解釈である。では、そこにいう便宜ないし都合とは、誰の便宜であり、都合であるのか。合理的に考える限り、それは、解釈者自身の便宜であり、都合である。

内閣法制局が「論理的」解釈態度を堅持することによって何をしようとしているのかは、もはや明らかであろう。「論理的」解釈態度を堅持することによって、内閣法制局は、最終的な解釈者である内閣が自らの便宜や都合で憲法解釈を「自由」に行うことを抑制しようとしているのである。

内閣は、国政を運営するために自ら政策目的を持って政策を立案するのであるから、そうして立案した政策が滞りなく実現できるようにするためには、その政策が憲法の諸規範に抵触しないと自己弁証することまでを政策目的を達成するためのプログラムに組み込んでいるはずであり、そうである以上、自らが推進する政策についての内閣の憲法解釈が、そうした政策目的の推進の必要性に重点を置いた「便宜的、意図的」な合憲性の弁証に傾きがちとなり、憲法の意味の「論理的」確定から離れた「自由」な解釈に陥るきらいがあるのは、自然の勢いであるに違いない。だが、「便宜的、意図的」な憲法解釈を押し通したのでは、憲法解釈を専断する内閣が自らが縛られる憲法の意味を「自由」に決めているだけではないかとの誹りを免れることは不可能である。「便宜的、意図的」な憲法解釈を排し、「論理的」であることを憲法解釈に際しての最大の解釈原理として標榜してきた内閣法制局の意見事務は、現実の個別具体的な憲法解釈においても、これまでのところ、「論理的」解釈態度を堅持しえたといいえ、上記第一の契機を貫徹させることができたと概ね評価しうるであろう。

6

かくして、上記第一・第二の両契機がそれぞれ基本的に貫徹されてきたと観ることは、最近までの内閣法制局の意見事務に対する全体的評価として不公正なものではないと思われる。

とはいえ、上記第一・第二の各契機を貫徹することが容易なわざではないこともまた承認しないわけにはいかない。自らの推進する政策の実現に最大の政治的資源を投入する内閣に、その政策の遂行に対する関係では往々にして障碍事由として機能する「論理的」な憲法解釈を受け入れるよう期待することは一般的には困難であり、そうであるからには、内閣あるいは内閣総理大臣が必ずしも望まない「論理的」憲法解釈を具申する慣行を内閣の一機関である内閣法制局に維持させることも一般的には期待し難いといわなければならない（第一の契機の貫徹困難性）。更に、仮に内閣法制局が委縮することなく「論理的」憲法解釈を具申することができたとしても、内閣あるいは内閣総理大臣がそのような「論理的」憲法解釈を常に尊重し、これを自己の憲法解釈として採用し続けることを期待することもまた一般的に困難であるといわなければならない（第二の契機の貫徹困難性）。内閣法制局が「論理的」憲法解釈をし続け（第一の契機）、しかも、その「論理的」憲法解釈を内閣あるいは内閣総理大臣が自己の憲法解釈として採用し続けること（第二の契機）は、内閣法制局設置法三条三号の法条のみからでは到底期しえないことであり、内閣あるいは内閣総理大臣と内閣法制局の双方に、「自らが縛られる憲法の意味を自ら決めることのアポリア」を解くことに対する強い意思、具体的には、上記第一・第二の両契機の履践という非対称的ともいうべき共同作業への鞏固な相互信頼が醸成されているのでなければ不可能である。

内閣法制局の意見事務を通じての上記両契機の貫徹は、このように、極めて繊細な均衡の上にはじめて成り立つものであり、それを履践し続けるためには、内閣あるいは内閣総理大臣と内閣法制局双方の並々ならぬ努力を必要とするのである。

次に見るべきは、安倍首相による二〇一四年二月一二日の衆議院予算委員会での「最高責任者」言明が、「自らが縛られる憲法の意味を自ら決めることのアポリア」に面した内閣総理大臣がとるべき構えとして適当なものであるかである。

答は言わずもがなである。政策の政策的妥当性判断の脈絡においてであればまだしも、法律専門的判断が最も求められる政策の憲法適合性判断の脈絡で選挙による国民の審判を持ち出す知的脱臼ぶりは、法律専門的判断の基底に据えられるべき「論理的」憲法解釈を受け入れる首相の雅量を問題とする以前の地平で批評を空転させるものであるし（第一の契機の不在）、責任が重い分、自らの足らざる部分を指摘する諫官を傍に置き、その厳しい意見に耳を傾けるべく努めるのが、最高責任者の任にある者の用意というべきであるが、最も平板な上命下服の一方通行しか念頭にない「最高責任者」に、自己の必ずしも望まない「論理的」憲法解釈を自らの憲法解釈として引き受ける覚悟がないことも、また火を見るより明らかであろう（第二の契機の不在）。

だが、「自らが縛られる憲法の意味を自ら決めることのアポリア」に対して求められる繊細な解の不在が、ひとり内閣総理大臣の責めに帰すことのできるものでないことを先に示唆した。このアポリアに対する適切な実践解は、内閣あるいは内閣総理大臣の努力のみではなく、内閣法制局の容易ならぬ努力なくしては獲得することができない。

そこで、以下では、翻って、内閣法制局の見地から、二〇一四年二月一二日の衆議院予算委員会における民主党・大串議員の質問をめぐる同議員と政府とのやりとりを瞥見する。

二 「至当」の罠

1

二〇一四年二月一二日の衆議院予算委員会において、民主党・大串議員は、集団的自衛権の行使を可能にしようとする安倍首相の政治的意図の実現方法を審議の対象とする自己の質問を次のように切り出した。

「まず最初に集団的自衛権の問題について、先般来、議論になっていました。少し議論を深めさせていただきたい……。さる二月五日、参議院のほうの質疑でございましたけど、わが党の羽田雄一郎君の質疑に対して、集団的自衛権に関して、総理、縷々答弁されております。そのなかで私が注目したのは、集団的自衛権に関するこの答弁でございます。集団的自衛権の行使に関して、憲法の条文改正と解釈の変更と、どこがどう異なるのかという問いに対して、総理の答弁、『そもそも憲法には個別的自衛権や集団的自衛権についての明文の規定はないわけでございまして、これはご承知の通りなんだろうと思いますが、集団的自衛権の行使が認められるという判断も、政府が適切な形で新しい解釈を明らかにすることによって可能であり、憲法改正が必要だという指摘は、これは必ずしも当たらないと我々は考えているところでございます』と、こう答弁されています。集団的自衛権は、このフリップにもありますように、『「これまでの政府見解――集団的自衛権とは」他国に加えられた武力攻撃を実力を持って阻止することを内容とするものであるので、政府としては、その行使は憲法上許されないと解してきたところである』と、……こういうふうに、ずっと答弁されてます。それに対して、二月五日、参議院予算委員会で、総理、今申し上げたように、政府が解釈を適切な形で明らかにすることによって、憲法改正をしなくても認められるんだということを、はじめて政府として答弁されています。内閣法制局にお尋ねしますが、政府として、集団的自衛権に関して、憲法改正を必要とせずとも、これを用いずとも、解釈変更によって集団的自衛権の行使が認められると政府として答弁したことはありますか」。

これに対し、二階俊博衆議院予算委員長から指名を受けた横畠裕介内閣法制次長（内閣法制局長官事務代理）は、次のように答えている。「お答えいたします。集団的自衛権の行使に関するものと明示して、ご指摘のような趣旨を述べた政府の答弁は承知しておりません。なお、一般論として、憲法をはじめとする法令の解釈変更に関することについての政府の考え方として、平成一六年六月一八日の島聡衆議院議員に対する政府答弁書でお答えしたものがございます。引用いたします。……」。

ここで、大串議員は答弁を遮る。「一般論として」の言及であれば聞くに及ばないとしたのだろう。「結構です。いま法制局から答弁がありましたように、これまで、この集団的自衛権に関して、政府として、条文改正によらずとも、憲法の解釈の変更によって、これを行使することができるという政府答弁をしたことはございません。ご案内のように、集団的自衛権、あるいは、九条の問題に関しては、これまで長い間、縷々、政府の積み上がった、積み重ねられてきた答弁があって、それによって今の法的秩序が出来上がっているというのが現状でございます。にもかかわらず、これまで政府として答弁したことがなかったライン、すなわち、解釈の変更を以てして、条文変更によらずとも集団的自衛権を行使できるという答弁、これは、もう一度内閣法制局にお尋ねしますけども、総理が『憲法改正が必要だという指摘は必ずしも当たらない』という同じ答弁を、この場で、内閣法制局、できますか」。

大串議員の質問における最大の見せ場となりうる局面が早くも到来する。

ここで、しかし、その緊迫した議場の空気を破って、声が上がる。「内閣法制局が……ることじゃない。私の答弁……」。声の主は、ほかならぬ安倍首相である。安倍首相は、内閣法制局ではなく、自分が答弁に立とうとしたのである。これを阻止すべく、大串議員は、「政府ですから。政府ですから」と連呼する。内閣総理大臣としての安倍首相の答弁は政府の答弁であるはずなのだが、このときの大串議員には、首相の答弁は政府としての答弁ではなく個人としての答弁になると予感されたのであろうか。押し問答は続く。

安倍首相「俺《ママ》、総理大臣だから。私が言おうか」。

大串議員「法制局。法制局」。

安倍首相「法制局のほうが偉い……」。

大串議員「法制局」。

ここでようやく横畠内閣法制次長が答弁する。「お答えいたします。先程ご紹介いたしました政府の答弁書でございます。その内容におきまして、一般論に関して、憲法を始めとする法令の解釈について述べております。基本的なことでございますので、述べさせていただきます」。今度は大串議員が声を発する。「委員長。集団的自衛権に関してです。一般論じゃないです」。あらためて横畠内閣法制次長「『憲法を始めとする法令の解釈は、当該法令の規定の文言、趣旨等に即しつつ、立案者の意図や立案の背景となる社会情勢等を考慮し、また、議論の積み重ねのあるものについては全体の整合性を保つことにも留意して論理的に確定されるべきものであり、政府による憲法の解釈は、このような考え方に基づき、それぞれ理論的［論理的の読み間違い(7)——引用者注］な追求の結果として示されてきたものであって、諸情勢の変化とそれから生ずる新たな要請を考慮すべきことは当然であるとしても、なお、前記のような考え方を離れて政府が自由に憲法の解釈を変更することができるという性質のものではないと考えている。仮に、政府において、憲法解釈を便宜的、意図的に変更するようなことをするとすれば、政府の憲法解釈ひいては憲法規範そのものに対する国民の信頼が損なわれかねないと考えられる。このようなことを前提に検討を行った結果、従前の解釈を変更することが至当であるとの結論が得られた場合には、これを変更することがおよそ許されないというものではない』ということでございます」。

この答弁に対して、大串議員は、「いま一度、私の質問に答えていただくように明確に質問をします。一般論で今答えられましたけども、集団的自衛権の行使に関して、総理が二月五日に答弁したように、解釈を明らかにすることによって、これは可能であり、憲法改正が必要だという指摘は必ずしも当たらないという同じ答弁ができますか。お答え下さい」と迫る。

再び安倍首相の声が響きわたる。「俺《ママ》……総理大臣なんだから……」。

これは、もはや野次でないといえようか。

この間、横畠内閣法制次長は、座席と答弁席との間を往きつ戻りつする。

大串議員「法制局にお願いします。法制局にお願いします。法制局にお願いします。法制局にお願いします。法制局にお願いします。法制局にお願いします。法制局にお願いします。法制局にお

願いします。法制局にお願いします。法制局にお願いします。法制局にお願いします。法制局にお願いします。答弁」。

　横畠内閣法制次長「一般論として……」。

　大串議員「集団的自衛権に関して」。

　横畠内閣法制次長「一般論と申し上げました通りでございまして……」。

　大串議員「集団的自衛権」。

　これを振り切るように、横畠内閣法制次長は言葉をつなげる。「一般論と申しますのは、事項を限定しておりませんので、あえて申し上げれば、集団的自衛権の問題もひとつの要素、その問題についいては、その問題として具体的に検討する必要があると存じますけれども、一般論の射程内でございます」。

　集団的自衛権に具体的に即した答弁を得られなかった大串議員は、横畠内閣法制次長による一連の答弁を受け、「集団的自衛権という個別の論点に関しては個別に検討すべきであるという結論になっています。しかし、私が尋ねたのは、集団的自衛権の行使に関してということの論点に関して、総理が……解釈を明らかにすることによって、憲法改正が必要だという指摘は必ずしも当たらないと言ってるので、一般論ではなくて、これに関してはどうかと法制局に対して言っているのです。非常に具体論に至ると、はっきりしないところがございます」と述べて、太田昭宏国土交通大臣への質問に移る。

安倍首相の「最高責任者」言明は、ここから始まる大串議員の太田国交大臣に対する質問に関連して引き出されたものである。

2

だが、「最高責任者」言明に孕まれる前記第一・第二の両契機の不在という問題は、その兆候的な相を、既に横畠内閣法制次長の答弁に関連して示された安倍首相による先に見た野次にも近い応対の裡に、露わにしている。首相のあのような応対は、内閣法制局による答弁が「論理的」なものになることを恐れて、内閣法制局による答弁を回避し、もしくは、遅延させようと躍起になっていた故と解するのが合理的である。そこに端なくも垣間見えるのは、憲法解釈に関する「論理的」な説明の避止への意思と、そうであるが故に、首相自らが説明の任を独占しようとする意思とであるといってよい。そのそれぞれが、前記第一の契機および第二の契機いずれもの不在を雄弁に証し立てている。

内閣法制局への質問によって大串議員が企図したのは、内閣あるいは内閣総理大臣が今後しようとしている憲法解釈と内閣法制局が現にしている憲法解釈との間に存するへだたりを白日のもとに晒すことであったと思われる。内閣に直属する一機関であるにもかかわらず内閣それ自体と同一化されない内閣法制局の固有の境位を象徴的に顕示するのは、ほかならぬこのへだたりである。「論理的」憲法解釈を身上とする内閣法制局とのかかる距離が可視化されるならば、内閣にとっては、自らがこのへだたりを与件としつつ内閣法制局の「論理的」憲法解釈を自己の憲法解釈として尊重し、それに自らの憲法解釈を服せしめようとしているのか、それとも、自らがこのへだたりを半ば暴力的に無化し、自らの殆ど裸の政策判断ないし政治的意見を内閣の憲法解釈と称して強弁しようとしているのかが、誰の目にも明瞭となる。

内閣が「自らが縛られる憲法の意味を自ら決めることのアポリア」を解くことができるのは、前者の選択をした場合のみである。後者の選択に進んだ場合、内閣は、「自らが縛られる憲法の意味を自ら決め」たとの謗りを甘んじて引き受けなければならない。

横畠内閣法制次長に対する大串議員の質問に関連して示された安倍首相の野次にも等しい応対が前者ではなく後者の対応であることに、もはや説明は不要であろう。そうして、この後太田国交大臣への質問に関連して示されることになる「最高責任者」言明の問題性がそこに残りなく先取りされていることもまた、これ以上の縷説を要しないであろう。

3

その上で、次に問題としなければならないのは、大串議員に対する内閣法制局の対応である。内閣あるいは内閣総理大臣の憲法解釈に関する限り、「自らが縛られる憲法の意味を自ら決めることのアポリア」に対する実践解としての内閣法制局の意見事務の慣行は、ここまでに述べてきたところから明らかであるように、内閣あるいは内閣総理大臣と内閣法制局との双方に、高度の繊細さを要求するものである。衆議院予算委員会の議場の大臣席で野次にも見紛う不規則発言を繰り返す首相に、その繊細な実践解の一部を構成する行動（前記第二の契機）――すなわち内閣法制局の憲法解釈の内閣あるいは内閣総理大臣による引き受け――を期待することは土台無理であるとしても、「論理的」解釈にその組織の存立を賭けてきたといっても言い過ぎではない内閣法制局に、繊細な実践解のもう一部を構成する行動（前記第一の契機）――すなわち内閣法制局の「論理的」憲法解釈それ自体――を期待することができないとしたら、それは、内閣法制局の意見事務に内閣あるいは内閣総理大臣にとっての「自らが縛られる憲法の意味を自ら決めることのアポリア」を解くための統治過程上の実践解を託す制度設計そのものを根底的再吟味に付さなければ癒らない事態であるといえよう。

では、その点はどうであろうか。

ここでは、横畠内閣法制次長の答弁のなかで引用された二〇〇四年六月一八日の政府答弁書(8)に着目する。引用部分は次の通りである。「憲法を始めとする法令の解釈は、当該法令の規定の文言、趣旨等に即しつつ、立案者の意図や立案の背景となる社会情勢等を考慮し、また、議論の積み重ねのあるものについては全体の整合性を保つことにも留意して論理的に確定されるべきものであり、政府による憲法の解釈は、このような考え方に基づき、それぞれ論理的な追求の結果として示されてきたものであって、諸情勢の変化とそれから生ずる新たな要請を考慮すべきことは当然であるとしても、なお、前記のような考え方を離れて政府が自由に憲法の解釈を変更することができるという性質のものではないと考えている。仮に、政府において、憲法解釈を便宜的、意図的に変更するようなことをするとすれば、政府の憲法解釈ひいては憲法規範そのものに対する国民の信頼が損なわれかねないと考えられる。このようなことを前提に検討を行った結果、従前の解釈を変更することが至当であるとの結論が得られた場合には、これを変更することがおよそ許されないというものではない」。この引用部分において特筆すべきは、その最後の件り——「従前の解釈を変更することが至当であるとの結論が得られた場合には、これを変更することがおよそ許されないというものではない」——である。

なぜ特筆すべきか。それは、その件りが、——網羅的な調査をなしえなかった故に断定はできないものの——それまでの同種の政府答弁書のなかには盛り込まれておらず、二〇〇四年六月一八日の同答弁書においてはじめて書き込まれた記述であると思われるからである。

それまでの同種の政府答弁書等はどうであったのか。既に紹介した一九九五年一一月二七日の大出内閣法制局長官の答弁は、「一般論として申し上げますというと、憲法を始め法令の解釈といいますのは、当該法令の規定の文言とか趣旨等に即して、立案者の意図なども考慮し、また、議論の積み重ねのあるものについては全体の整合性を保つことにも留意して論理的に確定されるべきものであると考えられるわけであります。政府による憲法解釈についての見解は、このような考え方に基づき、それぞれ論理的な追求の結果として示されてきたものと承知をいたしており、最高法規である憲法の解釈は、政府がこうした考え方を離れて自由に変更することができるという性質のものではないというふうに考えておるところであります。特に、国会等における論議の積み重ねを経て確立され定着しているような解釈については、政府がこれを基本的に変更することは困難であるということでございます」と述べ、また、これも既に紹介した二〇〇五年一一月四日の政府答弁書は、「憲法を始めとする法令の解釈は、当該法令の規定の文言、趣旨等に即しつつ、立案者の意図や立案の背景となる社会情勢等を考慮し，また，憲法第九条のように議論の積み重ねのあるものについては、全体の整合性を保つことにも留意して、論理的に確定されるべきものであり、政府による憲法の解釈は、このような考え方に基づき、それぞれ論理的な追求の結果として示されてきたものであって、諸情勢の変化とそれから生ずる新たな要請を考慮すべきことは当然であるとしても、なお、前記のような考え方を離れて政府が自由に憲法の解釈を変更することができるという性質のものではないと考えており、仮に、政府において、憲法解釈を便宜的、意図的に変更するようなことをするとすれば、政府の憲法解釈ひいては憲法規範そのものに対する国民の信頼が損なわれかねないと考えられるところである」と述べている。

一九九五年一一月二七日の大出内閣法制局長官の答弁と二〇〇五年一一月四日の政府答弁書に共通しているのは、憲法解釈の変更の原則的困難性が語られた上で、憲法解釈の変更が例外的に認められる場合についての言及がなされていない点である。これに対し、「従前の解釈を変更することが至当であるとの結論が得られた場合には、これを変更することがおよそ許されないというものではない」という憲法解釈の変更が認められる例外的場合についての言及が見られるのが、二〇〇四年六月一八日の政府答弁書である。

4

このことは何を意味するのであろうか。

はじめに指摘しておくべきこととして、一九九五年一一月二七日の大出内閣法制局長官の答弁と二〇〇五年一一月四日の政府答弁書においては、政府による確立した憲法解釈を変更するという事態が必ずしも現実的な可能性を帯びたものとしては認識されていなかったのではないかということが考えられる。一九九五年一一月二七日の大出内閣法制局長官の答弁は憲法九条に関する事項についての見解として示されたものではないが、二〇〇五年一一月四日の政府答弁書は、憲法九条に関する事項についての見解として示されたものである。二〇〇四年六月一八日の政府答弁書は、二〇〇五年一一月四日の政府答弁書においても、二〇〇四年六月一八日の政府答弁書に先んじて出されているものであるから、二〇〇五年一一月四日の政府答弁書の前記引用部分の最後の件りが何らかの形で踏襲されることは充分ありうることではあったはずであるけれども、当該件りが二〇〇五年一一月四日の政府答弁書において踏襲されることはなかった。

このことが示すのは、政府による確立した憲法解釈を変更するという事態が必ずしも現実的な可能性を帯びたものとして内閣法制局によって認識されていなかったのは、憲法九条に関する事項についてであったと推察しうる可能性である。

この推察が成り立ちえないものでないことは、二〇〇四年六月一八日の政府答弁書の前記の件りをそれ以後の憲法九条に関する事項についての政府答弁書等との間で照合する今行った作業によってだけでなく、同件りをそれ以前の憲法九条に関する事項についての政府答弁書等との間で照合する作業によっても、確認することができる。

二〇〇四年二月二七日の参議院本会議において、小泉純一郎内閣総理大臣は、「集団的自衛権と憲法の問題ですが、現行憲法施行後の国際情勢の推移を踏まえて、集団的自衛権と憲法の関係について様々な議論があることは承知しております。憲法上の問題について、だれもが受け入れる状況の変化の中で時間の経過とともに制定時とは異なる憲法解釈が定着していくというものであれば、解釈の変更も一つの問題解決の方法となり得るものであると考えております。しかし、解釈変更の手段が便宜的、意図的に用いられるならば、従前の解釈を支持する立場を含めて、解釈に関する紛議がその後も尾を引くおそれがあり、政府の憲法解釈、ひいては憲法規範そのものに対する国民の信頼が損なわれることが懸念されます。その意味で、私としては、憲法についての見解が対立する問題があれば、便宜的な解釈の変更によるものではなく、正面から憲法改正を議論することにより解決を図ろうとするのが筋だろうと私は考えております。いずれにせよ、政府の憲法解釈は一貫してまいりましたし、これまで積み重ねてきた議論を尊重したいと思います(9)」と答弁している。

これより僅か三か月半後に、「従前の解釈を変更することが至当であるとの結論が得られた場合には、これを変更することがおよそ許されないというものではない」という件りが政府答弁書に記載されることとなるにもかかわらず、同じく内閣法制局の意見事務による意見具申を受けてなされたはずである小泉首相の前記答弁には、その件りが含む意見内容を示唆する何らの判断も述べられてはいない。この事実は、憲法九条に関する事項——二〇〇四年二月二七日の小泉首相の答弁においては「集団的自衛権と憲法の問題」——については、憲法解釈を変更するという事態が必ずしも現実的な可能性を帯びたものとしては内閣法制局によって認識されていなかったという推察を後押しするものといえる。

二〇〇四年六月一八日の政府答弁書によって答弁が与えられた島聡衆議院議員の質問は、憲法九条に関する事項をも含めて、なにがしかの特定個別論点に関する政府の憲法解釈の変更について尋ねるものではなく、「政府の憲法解釈変更に関する質問」という形で、政府の憲法解釈の変更一般について尋ねる質問であった。より正確にいえば、同質問は、(一)「憲法の解釈・運用の変更の事例としてどのようなものがあるか」、および、(二)「それらの事例を踏まえ、憲法の解釈・運用の変更を必要とする事情としてどのようなものがあり、また当該変更はどの範囲で可能か」を問う「一」、ならびに、「憲法に関する問題について、世の中の変化も踏まえつつ、幅広い議論が行われることは重要であり、集団的自衛権の問題について、様々な角度から研究してもいいのではないかと考えている。集団的自衛権の問題に関し、どのような研究を行っていくかについては、国会等での議論をも十分に踏まえながら、今後検討していきたいと考える」とした二〇〇一年七月一〇日の政府答弁書を引用しつつ、(一)「右答弁書の、集団的自衛権の問題に関する研究に言及した部分は、国会等での議論を踏まえた上で、その行使に関する政府見解を見直すことも含むという趣旨か」、および、(二) 仮設の一定の事例を挙示した上で、そのような事例等に限って、限定的に「集団的自衛権の行使を認めるという解釈をとることはできないか。このような解釈を含め、集団的自衛権に関する憲法解釈について政府として変更の余地は一切ないのか」を問う「二」とから成り(10)、問題の件りを含む前記引用部分は、当該質問主意書中の「一」に答えるものとして答弁書に記載されたものである。同一の質問主意書のなかに、憲法九条に関する事項――「集団的自衛権の行使」をめぐる「憲法解釈について政府として変更の余地は一切ないのか」――についての特定的質問を含むとはいえ、憲法九条に関する事項について尋ねた「二」からは区別された「一」に対する答弁としてのみ先述の件りが記載され、「二」に対する答弁としては同件りは記載されていない。こうした点から見て、「従前の解釈を変更することが至当であるとの結論が得られた場合には、これを変更することがおよそ許されないというものではない」という二〇〇四年六月一八日の政府答弁書の先述の件りは、元来、憲法九条に関する事項を想定して記載されたものではなかったと推察するのが合理的であるように思われる(11)。

5

そうであるとしたら、二〇〇四年六月一八日の政府答弁書の問題の件りが、内閣法制局において、いつから憲法九条に関する事項について適用されるものと考えられるようになったのかが問われなければならない。問題の件りは、二〇〇四年六月一八日の政府答弁書に現われて以後、二〇一四年二月一二日の衆議院予算委員会での横畠内閣法制次長による答弁に上記答弁書が引用される形で再登場するまでの間に、少なくとも一度、政府答弁において援用されている。二〇一三年一一月一日の衆議院国家安全保障特別委員会における小松一郎内閣法制局長官の答弁[12]がそれである。

そこにおいて、小松内閣法制局長官は、「時代の変遷で憲法解釈が変わってきた事実を指摘し」て、「政府が過去に憲法解釈の変更を行った前例があると答弁し」、「シビリアンコントロール（文民統制）をめぐる自衛官の身分に関し『当初「自衛官は文民である」という解釈だったが、昭和何年だったか〔昭和四〇（一九六五）年──引用者注〕、シビリアンコントロールの観点から「現職の自衛官は文民ではない」と政府の解釈が変わった例があるように記憶している』と述べた」。小松内閣法制局長官は、そこで、「こうした解釈変更の前例を踏まえ『従前の解釈を変更することが至当であるとの結論が得られた場合には、変更がおよそ許されないことはないと考えられる』と答えた」が、この答弁のここに掲げた部分の最後の個所は、二〇〇四年六月一八日の政府答弁書の引用にもとづくものと推測される。

小松内閣法制局長官によるこの答弁は、直接には憲法六六条二項の「文民」という文言の意味についての政府見解の変更を説明したものであるが、憲法解釈変更の先例があることを指摘することを通じて、「安倍晋三政権が目指す集団的自衛権の行使容認に向けた憲法解釈変更への布石になる」ことを意識した答弁であったと目するのが合理的である。憲法解釈の変更に応じようとしない内閣法制局に業を煮やし、これまでに前例のない外務省からの、しかも内閣法制局参事官となった後、第一部長・内閣法制次長というキャリア・パスを歩まない、文字通り異例の長官人事で「小松氏を起用したのは首相で」あり、したがって二〇一三年一一月一日の上記答弁も、首相と「腹合わせをした上での発言と見るのが妥当だ」とされている。

想像を逞しくすれば、二〇一三年八月八日に着任して未だ日の浅い小松内閣法制局長官に二〇〇四年六月一八日の政府答弁書の問題の件りの存在を教示したのは、ほかならぬ横畠内閣法制次長である可能性が高い。横畠内閣法制次長は、第一次安倍内閣のときには、集団的自衛権の行使を認めるための憲法解釈の変更が内閣法制局に求められた際、反対の意を当時の宮崎礼壹内閣法制局長官と共有していたと合理的に推測されるほか(13)、自らの次長就任後、同じ首相の第二次内閣において内閣法制局の外部から天降り的に任命された新長官に対しては些か思うところもあったのではないかと憶度されるが、小松内閣法制局長官と横畠内閣法制次長は、小松内閣法制局長官の着任から短時日のうちに職務遂行上緊密な関係をとり結ぶようになった形跡がある。二〇一四年七月一日の閣議決定を導くために政権が公明党の取り込みを図る上に重要な役割を演じたのが、「国民の生命、自由及び幸福追求の権利が『根底から覆される』明白な危険」の存在を集団的自衛権行使のための要件とする見解の定立であったことは広く知られているが、北側一雄公明党副代表によって提案され、安倍首相がこれを呑むことによって公明党内の説得のハードルを下げたといわれる『根底から覆される』の文言の挿入を逸早く主張していたのが横畠内閣法制次長だったのであり、その意を体して小松内閣法制局長官がこの文言の挿入を二〇一三年九月に安倍首相に提案したところ、この文言では「『行使の範囲が狭すぎる』として」一旦は「立ち消えになった」ものの、閣議決定前の土壇場で復活した経緯がある。(14) かかる緊密な職務上の連携を長官の波乱含みの着任後約一か月で築き上げた横畠内閣法制次長であるからには、「従前の解釈を変更することが至当であるとの結論が得られた場合には、これを変更することがおよそ許されないというものではない」の件りを同年一〇月までに小松内閣法制局長官に教示していたとしても不思議はない。

だが、集団的自衛権の行使を可能とするための政府見解の変更の大命を帯びて着任した小松内閣法制局長官に上記件りの存在を教示することは、もともとは憲法九条に関する事項については適用されると考えられてはいなかったと推察される当該件りを文字通り政府見解変更のための「布石」に使われることを受け入れることでなければならない。そうとすれば、横畠内閣法制次長は、二〇一三年九月あるいは遅くとも一〇月までには、集団的自衛権は日本国憲法第九条のもとでは行使することを許されないとする確立した政府見解を既に事実上手放していたと想定するのが合理的であろう。

二〇一四年二月一二日の衆議院予算委員会における横畠内閣法制次長による問題の件りの読み上げは、集団的自衛権についての確立した政府見解を遠くない将来に変更せざるをえないことを覚悟した法制官僚の形式主義であったに違いない。事実、二〇一三年一一月一日の答弁において政府見解の変更に明確に照準を合わせて問題の件りの存在を示した小松内閣法制局長官は、二〇一四年二月一二日の衆議院予算委員会から僅か二週間後の同年二月二六日の新聞紙上で、「実際に耳で聞いているわけではありませんが、阪田雅裕元内閣法制局長官が、今までの見解は指一本触れることはできないと言っているように報道されています。そうだとすると、私が長官になる一〇年も前に、厳しい制約があるのは当然だが、十分熟慮した上で真に至当と認められる場合には、憲法解釈の変更はまったく認められないというわけではないとちゃんと答弁している〔二〇〇四年六月一八日の政府答弁書での前記件りを指すと解される――引用者注〕。阪田氏がそれを否定しているとすると、どうなのかなと思います[15]」と述べ、集団的自衛権の行使を可能とするために二〇〇四年六月一八日の政府答弁書での前記件りを梃子にした政府見解の変更を内閣法制局長官として視野に入れていることを隠さない。

外堀はとうに埋められていたのである。民主党・大串議員は、横畠内閣法制次長による問題の件りの読み上げに対して「一般論」は要らないと言ったが、二〇一四年二月一二日の衆議院予算委員会での横畠内閣法制次長にとって、問題の件りは、とっくに単なる「一般論」ではなくなっていた。「一般論」はもういい、集団的自衛権の論点につき聞きたいのだ、と繰り返す大串議員に対し、「一般論と申しますのは、事項を限定しておりませんので、あえて申し上げれば、集団的自衛権の問題もひとつの要素、その問題については、その問題として具体的に検討する必要があると存じますけれども、一般論の射程内でございます」（傍点引用者）と応じた横畠内閣法制次長の不敵な答弁は、「一般論」に言寄せて、集団的自衛権の行使の許否という特定論点についてのとうに肚を決めた態度決定を――政府答弁書の引用に仮託した法制官僚の乾いた形式主義のうちに――実は驚くほど率直に語っていたのであり、にもかかわらず質問者がそのことを理解していないと見るや[16]、これを奇貨として、逆に、安倍首相の敷いた集団的自衛権行使容認に向けた既定路線に自分は唯々諾々と従っているわけではない、自分は「一般論」を語っているだけだ、と演じ切ってみせた一世一代のパフォーマンスであった可能性すらある。少なくとも、そう評価したとしても、強ち大きな誤りとまではいえないのではないか。

6

ともかくも、集団的自衛権の行使を可能とするためにする政府見解の変更の局面を取り上げて見た場合、「自らが縛られる憲法の意味を自ら決めることのアポリア」を解く実践解を得るために必要な努力は、内閣あるいは内閣総理大臣において充分でなかっただけでなく、内閣法制局においてもまた充分でなかったといわなくてはならない。なぜなら、あるべき実践解においては、内閣あるいは内閣総理大臣は、自らの裸の憲法解釈（政治的意見）を内閣法制局が具申する「論理的」憲法解釈（内閣法制局設置法三条三号の「意見」）に従わせることこそが緊要な要素であったところ、第一に、当時の内閣法制局には、それまでに確立し定着さえした自らが主導して形成した「論理的」憲法解釈に内閣あるいは内閣総理大臣を従わせるよりは遙かに多く、内閣あるいは内閣総理大臣の「政治的」意見（裸の憲法解釈）に内閣法制局の「意見」（内閣法制局設置法三条三号の「意見」）を従わせることに腐心していたと見られるし（前記第二の契機の顚倒）、第二に、当時の内閣法制局には、そもそも「論理的」憲法解釈ないし「論理的」憲法解釈変更を案出するための検討に従事することを可能とする一般的（環境的）および個別的（集団的自衛権をめぐる解釈問題という当該論点に固有）な前提が欠けていたといわざるをえない（前記第一の契機の蒸発）からである。

前記第二の契機の不在（顚倒）については、小松内閣法制局長官の着任以来の内閣法制局の様子を外部から観察した限りのものではあったが、ここまでの論述において記したところから殆ど明らかであろう。前記第一の契機の不在（蒸発）もまた、とりわけ「論理的」解釈作業に安んじて携わるための一般的（環境的）前提の欠落に関して、もとより上記の観察から全く独立ではありえないが、個別的（集団的自衛権をめぐる解釈問題という当該論点に固有）な前提もまた確保されていなかったと思われる点につき、以下に若干の指摘をしたい。

それはこうである。

先に私は、二〇〇四年六月一八日の政府答弁書における問題の件りがもともとは憲法九条に関する事項についての適用を考えられてはいなかったと推察される旨述べた。それは内閣法制局が作成した政府の憲法解釈変更に関する同種の政府答弁書等で、明示的に憲法九条に関する事項についての適用が想定されているものに関しては、二〇〇四年六月一八日の政府答弁書の前後を問わず、同件りの記載がないことを推察の基本的な根拠としたものであったが、ここでもうひとつ根拠を加えるとすれば、同件りで提示される政府の憲法解釈変更についての説明が憲法の意味の「論理的」確定とはおよそ無縁の作業であるかのように語られていることを挙げることができる。同件りは、「従前の解釈を変更することが至当であるとの結論が得られた場合には、これを変更することがおよそ許されないというものではない」と述べるものであるが、「結論」として憲法解釈の変更が「至当」である場合には、当該変更が「およそ許されないというものではない」というのは同義反復でしかないというべきであるし、しかも、この同義反復のほかには特段何も述べていないのであるから、つまるところ、政府の憲法解釈を変更することは可能であるという非「論理的」見解を表明するものであるにすぎない。憲法九条についての政府の憲法解釈およびその変更は、一般に時の内閣の「政治的」意見が最も反映され易い局面であり、そうであるからこそ、「便宜的、意図的に」内閣の「自由」な意思で左右されがちなその憲法解釈の変更を「論理的」見地に立って枠づけ、制約する作業が最も要請される問題場面であるというべきである。上述のように憲法の意味の「論理的」確定という性格が極めて稀薄な二〇〇四年六月一八日の政府答弁書の問題の件りは、だから、憲法九条に関する事項については適用されることをそもそも想定されていなかったのではないかと推察する所以である。

　だが、このことを更に一歩進めて考えるならば、憲法の意味の「論理的」確定という作業の結果としてなされた憲法九条解釈に対しては、憲法の意味のあらためての「論理的」確定を経て、当該憲法解釈の変更を正当化しうる事態を従来の内閣法制局はおよそ想定していなかったのではないかということまでが推測される。そもそも「論理的」に確定された政府の憲法解釈は、その「論理的」確定が考え抜かれ、また、積み重ねられたものであればあるだけ、その変更を「論理的」に正当化する余地を限りなく縮減するはずである。憲法九条についての政府の憲法解釈は、政府の憲法解釈一般のなかでも、そうした性格を最も濃厚に帯びているものと解される。

そのように考えるとすれば、「実際に耳で聞いているわけではありませんが」と断った上で小松内閣法制局長官が二〇一四年二月二六日の新聞紙上で述べた「今までの見解は指一本触れることはできないと言っているように報道されてい」るとされる当時の阪田氏の見解は、——「指一本触れることはできない」という表現（阪田氏の用いたものであるかは不明）はともかくとして——それまでの内閣法制局による憲法の意味の「論理的」確定という作業に対する自負の現われとして充分に受容可能な言明といえる。翻って、——国家安全保障の政策論を除いて——法的基礎づけとしては「従前の解釈を変更することが至当であるとの結論が得られた場合には、これを変更することがおよそ許されないというものではない」という前述した意味で同義反復というほかない前記件りのみに則ることによって、徹底して憲法の意味の「論理的」確定でなければならないはずの内閣の憲法九条解釈の変更を軌道づけようとした小松内閣法制局長官の判断は、憲法九条解釈のみならず憲法九条解釈の変更にも憲法の意味の「論理的」確定という作業を貫くことが解釈原理として要請される内閣法制局の判断としては受容することのできないものであるといわなければならない。

跋

以上に、二〇一四年二月一二日の衆議院予算委員会における民主党・大串議員の質問をめぐる政府の対応を主たる素材として、「内閣の憲法解釈」にかかわる憲法上の基本的問題点について、ささやかな考察を試みた。

もっぱら「最高責任者」言明ばかりが取り沙汰されるこの日の予算委員会審議にあって、しかし、安倍首相の答弁と並んで、あるいは、安倍首相の答弁以上に、事態の帰趨を既に指し示し、「内閣の憲法解釈」の困難な問題性をひそかに露呈させていたのが、――その背後にあったものも含めて――横畠内閣法制次長の答弁であったことが明らかにされたと思われる。そこではっきりしたのは、「内閣の憲法解釈」においてその窮極の姿を示す「自らが縛られる憲法の意味を自ら決めることのアポリア」が、内閣あるいは内閣総理大臣のみの問題ではなく、同時に、内閣法制局の問題でもあるということである。

ここに、ひとつの文章がある。

「野党時代、すでに基本法案〔国家安全基本法の法案――引用者注〕を策定し、制定に向けた準備を整えている自民にとっては、政権復帰を果たしたいま、憲法上集団的自衛権の行使は許されないと解する内閣法制局見解（以下「法制見解」と略記する）の「変更」と基本法制定を――法制見解を是としてその「変更」に反対の態度を表明する公明への配慮、参院との間で生起する軋轢を度外視するならば――同じ基本法の整備を公言する維新と結んで容易に実現することができる（その場合、法律問題に関して内閣並びに内閣総理大臣等に対し意見を述べる法制局〔設置法三条三号〕は、法論理で積み上げてきた自らの見解をおよそ何らの法的根拠もなく変更することはあり得ないであろうから、本文でいう「変更」とは実際には時の内閣が法制見解を政治決断により政治的意見に置換するということであろう）。かりにそれが現実のものとなるならば、その時点で第九条の規定は明文改正を俟たず、国家権力を拘束する最高の法規範としての意味を喪失する。そこでは、第九条は、もはや政治的マニフェストとしての意味しか持ち得ない。それは、純法理的な見地からする法制見解が時の首相ないし内閣の政治意思によって排斥されたということである。そのとき、日本は「法の支配」「法治国」の看板を下ろすほかあるまい(17)」。

凝縮された字数のなかに鋭い批評的断案を盛り込むこの文章は、二〇一四年七月一日のくだんの閣議決定まで未だ一年半を残す二〇一三年一月に発表されたものとは思えぬ精確な予言に満ち、著者・高見勝利の時論家としての面目を躍如たらしめるものである。もっぱら政治主導で推進されることが予測された政府見解の「変更」は、本来変更と呼ぶべきものではなく旧見解に対する「置換」もしくは政治意思による旧見解の「排斥」と呼ぶのが相当であるとする論旨は、自らが縛られる憲法の意味を内閣が自ら決めることが許されるのであれば、それは政治的「意見」にすぎず、これを憲法解釈にまで鍛えるためには、「政治的」意見の貫徹を封ずる憲法の意味の「論理的」確定を内閣に自らのものとして受け入れさせるほかはないという本小稿の基本命題と合致する。そこに開かれる地平から透かし見えるのは、二〇一四年七月一日の閣議決定で決定されたものは、それまでの憲法解釈の変更でない――それまでの憲法解釈に対する政治的意見を以てする「置換」もしくは政治的意見によるそれまでの憲法解釈の「排斥」と呼ぶほかないものである――だけでなく、それ自体、そもそも憲法解釈と呼びうる実質と形式を具えておらず、いまだ「政治的」「意見」にとどまっている――いいかえれば憲法解釈ではない――のではないかという確度の高い疑念である。

（1）　閣議決定がなされる直前の二〇一四年六月末に、私は、その閣議決定で内閣が憲法解釈を行うことがそもそも認められるかを論じた小稿を発表した。蟻川恒正「憲法解釈権力――その不在に関する考察」『法律時報』八六巻八号（日本評論社、二〇一四年）六頁（本書Ⅳ-9、二〇三頁）。蟻川恒正「「人事」を尽くして我意に任す」同四頁（本書Ⅳ-8、一九五頁）とともに、本稿と関連するものとして参照されたい。

（2）　「衆議院TVインターネット審議中継」（開会日：二〇一四年二月一二日（水）、会議名：予算委員会、七時間一四分）。

（3）　憲法四条一項により「国政に関する権能を有しない」天皇は、自ら憲法解釈をすることができないから、天皇の行為の憲法適合性は一般的には「助言と承認」の形式を通じて行われる内閣による憲法解釈によって担保される制度設計がなされているものと解される。この点につき、蟻川恒正「立憲主義のゲーム」『ジュリスト』一二八九号（有斐閣、二〇〇五年）七四頁（本書Ⅲ-7、一七九頁）を参照されたい。

（4）　一般に公務員は、命令等にもとづいて行われる自らの行為の憲法適合性について自ら判断すべきものとは考えられておらず、自らが属する行政組織の明示的もしくは暗黙に採用している憲法解釈に従って行動する限り違憲（違法）の行為であることを原因とする損害賠償責任等から原則として免責されると解される。この点につき、蟻川恒正「自由をめぐる憲法と民法」『法学セミナー』六四六号（日本評論社、二〇〇八年）四二頁、および、蟻川恒正「「責任」を負担する「自由」――違法な命令に対する服従と抵抗」『民法研究』六号（信山社、二〇一〇年）一四九頁を参照されたい。

（5）　参照、阪田雅裕『政府の憲法解釈』（有斐閣、二〇一三年）三頁。

（6）　参照、浦田一郎編『政府の憲法九条解釈――内閣法制局資料と解説』（信山社、二〇一三年）一八三頁。

（7）　「論理的」の語が内閣法制局の憲法解釈原理として如何に基本的で重要なものであるかを本文で述べた後

に、当のその語がほかならぬ内閣法制局の選り抜きの最高幹部によって読み間違えられているのを確認しなければならないことは、残念であるといわざるをえない。

(8)「衆議院トップページ」「立法情報」「質問答弁情報第一五九回国会質問の一覧」「答弁本文情報　衆議院議員島聡君提出政府の憲法解釈変更に関する質問に対する答弁書」。

(9)参照、浦田・前掲註(6)、一八〇頁。

(10)「衆議院トップページ」「立法情報」「質問答弁情報第一五九回国会質問の一覧」「質問本文情報　政府の憲法解釈変更に関する質問主意書」。

(11)問題の件りは、阪田・前掲註(5)の著書においても、浦田・前掲註(6)の編著においても、言及されていない。「政府の憲法九条解釈」を書名にする浦田・前掲註(6)の編著が、二〇〇四年六月一八日の政府答弁書の「二」については収録していながら(一八〇―一八一頁)、問題の件りを含む「一」について収録していないのは、「二」のみが憲法九条に関する事項に即した答弁となっているためであると思われる。阪田・前掲註(5)の著書が二〇〇四年六月一八日の政府答弁書に言及していないのは、同答弁書がその後の日本の政治過程において集団的自衛権をめぐる政府の憲法解釈変更に「利用」される可能性があることを見越して、そうした展開を自らの著書が援護することになるのを周到にも避けようとしたためである可能性がないとはいえない。二〇〇四年六月一八日当時内閣法制次長であった阪田氏が、自著の執筆に当たって、この重要な政府答弁書の存在を失念していたはずはないからである。二〇一三年一〇月一〇日の同著書刊行から間もなく、同年一一月一日に、のちに本文で見るように、衆議院国家安全保障特別委員会において小松一郎内閣法制局長官は、集団的自衛権をめぐる政府の憲法解釈変更のための「布石」とも見られる答弁をほかならぬ二〇〇四年六月一八日の政府答弁書に依拠し行っている。これものちに本文で推測するように、阪田氏が内閣法制次長であったときに出された同答弁書の存在を小松内閣法制局長官に教示したのが横畠裕介内閣法制次長であったとすれば、皮肉というほかない。法制官僚の実質的なトップの地位にある内閣法制次長は、各省庁の事務次官待遇であり、以前の事務次官等会議、現在の次官連絡会議の構成員である。ところで、今日「官庁のなかの官庁」ともいわれる内閣法制局の前身に当たる組織である参事院を構想したのは、井上毅である。

法政思想連鎖史家の山室信一によれば、井上は「コンセイユ・デタを模した政策嚮導機関としての法制部局」を参事院構想に託し、当時その改革が模索されていた「元老院に対する監督的機能を与えることに意を注いだ」とともに、「元老院改革に端を発して」当時打ち出されていた「参議院や内閣顧問局、内閣立法科といった構想を巧みに換骨奪胎し、既存の諸機構を吸収してコンセイユ・デタとも異質の参事院を紡ぎ出すことに成功し」たとされる。山室信一『近代日本の知と政治——井上毅から大衆演芸まで』（木鐸社、一九八五年）三一—三二頁、三四頁、三七—三八頁。その山室は、二〇一四年七月一日の閣議決定を目前に控えた同年六月末刊行の論考において、渦中の内閣法制局を「人の支配」と「法の支配」が交錯する世界大の比較法政史のスケールで位置づけた考察の末尾を、かつて内閣法制局長官を務めた高辻正己の一九七二年の文章中の一節（「『内閣法制』局の法律上の意見の開陳は……時の内閣の政策的意図に盲従し、何が政府にとって好都合であるかという利害の見地に立ってその場をしのぐというような無節操な態度ですべきではない」）を引用した上で、内閣法制局が「節操の伝統」（傍点引用者）を失わないことを「祈るのみである」との言葉で結んでいる。山室信一「思想連鎖のなかの「人の支配」と立憲主義」『法律時報』八六巻八号（日本評論社、二〇一四年）一二頁、一七頁。山室は、中江兆民が、政治イデオロギー上も実際の活動においても「政敵」といえる対抗関係にあった井上と相互に深く信頼し合い、ふたりがそれぞれ「自陣営への裏切りにもなりかねないギリギリのところで相通じ合っていたことが十分に推測される」と指摘し、井上に対する——立場をこえた——兆民の信頼が、詰まるところ井上が「志操堅確であること」（傍点引用者）に淵源しているのではないかとの解釈を提示している。山室信一『法制官僚の時代——国家の設計と知の歴程』（木鐸社、一九八四年）一二〇—一二五頁。組織の中核的原理をなしていたはずの憲法の「論理的」解釈が政権の望む「便宜的、意図的」解釈にいともあっさりととって代わられようとしているかにも映ずる昨今の内閣法制局の迷走を見るにつけ、内閣の「智嚢」（『法制官僚の時代』二〇六頁）としての法制官僚が職務遂行上備えるべき知的資質とその担保の在り方について議論が深められることを望まずにはいられない。

（12）　この答弁に関連する以下の引用は、「集団的自衛権容認に布石」（峯匡孝）産経新聞二〇一三年一一月二日（一面）からのものである。

(13) なお、参照、「内閣法制局は官邸に「物申す」か」『選択』二〇一四年六月号(選択出版)四六頁、四七頁。

(14) 「検証　集団的自衛権」(岡村夏樹・園田耕司)朝日新聞二〇一四年一〇月二六日(三面)。

(15) 「単刀直言　小松一郎内閣法制局長官」(峯匡孝・坂本一之)産経新聞二〇一四年二月二六日(五面)。

(16) 横畠内閣法制次長が「『……従前の解釈を変更することが至当であるとの結論が得られた場合には、これを変更することがおよそ許されないというものではない』ということでございます」と答弁したとき、議場の方々から苦笑が洩れた。質問者のみならず議場全体がこの答弁を無意味な「一般論」のみを語る詭弁だと速断したのである。あるいは答弁が速断を巧みに誘ったのである。

(17) 高見勝利「二〇一三年の政治と憲法――参院選、選挙制度、集団的自衛権、違憲国会」『法律時報』八五巻二号(日本評論社、二〇一三年)一頁、二―三頁。

11　権力者の自己言及

統治機構についての憲法の定めは、一般に、統治諸部門それぞれの役割・権限を指定し、そのことを通じて、統治機構相互の関係を規律する。多くの人にとっては、その定めは、学校教育その他の必要から接近する客観的知識にとどまる。だが、これらの定めに従って行動することを自らの職業上直接に要請される一群の人々がいる。統治機構を構成する公権力担当者（以下「権力者」と略記する）である。憲法の定めは概して薄く、解釈を要するから、自らが属する統治部門について権力者が憲法原理の想定する当該部門の役割・権限とずれた理解をしていることも少なくない。かくして、自らが属する統治部門の役割・権限についての権力者の自己言及は、憲法が本来想定する当該統治部門の役割・権限を変容させ、（当該部門に関する憲法原理の安定性・当該権力者に対する政治的支持の強弱・メディアの報道姿勢等の諸要因の如何によっては、）新たな憲法原理を生成する作用の社会事実上の源泉ともなる。

権力者の自己言及は、目を凝らせば、そこここに検出される。

法案の痛点を刺激した野党議員の質問中にされた「早く質問しろよ」という首相席からの野次は、大臣席に座る者が、内閣提出法案の審議を国会に求める立場にあるという国会内閣関係の初歩を理解していないことの首相による自己言及である。この種の首相の自己言及は、内閣関係者による国会軽視の諸姿勢を芋蔓式に引き出す。それらが質量ともに十分な批判に掣肘されることなく繰り返される先に、重要法案の審議を求める担当大臣が法案の強行採決の可能性を暗に受け入れるかのような発言をする倒錯や、首相を「侮辱」したとの理由で私人の証人喚問を決定するという議院の国政調査権の濫用ともいうべき運用が、政治的日常の風景となる。

何かにつけて「行政府の長」であることを強調する首相の言葉も、(行政各部の職務遂行過程に存する最低限の専門的自律性をさえ脅やかして各省庁の幹部行政官人事を官邸優位に一元化する途を開いた内閣人事局の創設を背景に読めば、) 幹部行政官とその候補者にとっては、内閣と行政各部の関係に関する首相のこれ以上なく能弁な自己言及である。

権力者の自己言及は、関係する統治諸部門の行動を嚮導して、しばしば自己成就的予言となる。首相の自己言及が憲法原理の想定する国会内閣関係や行政府内部の関係を攪乱し、統治機構を構成する各種公権力担当者の役割意識に影響を及ぼすとすれば、その影響を認知し、測定し、評価し、その評価を踏まえて憲法原理を再定位することは、憲法学の主題である。今日の日本において、権力者の自己言及が憲法学の主題であることの例証は、現首相の文字通り法外な自己言及に限らない。

「象徴としての務め」に関する二〇一六年八月八日の現天皇の表明もまた、権力者の自己言及の見地から考察すべき逸すべからざる実例である。

事柄は、憲法解釈にかかわる。

権力者（但し天皇は「国政に関する権能を有しない」）が自己の憲法上の地位に付与された役割・権限をどのようなものとして理解するかは、当該権力者が憲法を如何に解釈するかの問題である。権力者の自己言及は、最狭義には、憲法解釈問題である。権力者の有する権力には、憲法解釈権力というべき権力が含まれうる。それぞれの権力者の憲法解釈権力が如何に制限されているかは、権力の制限を目的とする立憲主義の実は最底辺のメルクマールである。

12 「最高権力者」の自己言及

序

「法匪」という言葉がある。

のちに最高裁判事となる高島益郎は、外務省条約局長時代の一九七二年、日中国交正常化交渉に従事した際、条約の文言を盾にとった論法で、当時、周恩来首相から「法匪」との痛罵を浴びたと報じられた(1)。

以下に試みるのは、「法匪」という言葉で非難されることがあるような法制官僚の知的もしくは精神的態度、あるいは、高島自身が一時期(一九五一年から一九五三年)参事官として奉職した(2)内閣法制局という組織に関する考察である。

一　首相の自己言及

1

安保法制をめぐる衆議院予算委員会での審議において、二〇一四年二月一二日、安倍晋三首相は、横畠裕介内閣法制次長（内閣法制局長官事務代理）に答弁を求めようとした民主党の大串博志衆議院議員に対し、「さきほど来、法制局長官の答弁を求めていますが、最高の責任者は私です。私が責任者であって、政府の答弁に対しても、私が責任をもって、その上において、私たちは選挙で国民から審判を受けるんですよ。審判を受けるのは、法制局長官ではないんです。私なんですよ」（傍点引用者）と弁じている。[3] この言明（以下「最高責任者」言明と略記する）は、その尊大な自称ぶりから、行政権を超えて三権全体の長を僭称するものという過剰な含意さえ付与されてショッキングに報じられたが、「私は総理大臣……」ということの殊更な強調は、安倍首相にとって、この言明が唯一でもなければ、初めてでも最後でもない。

二〇一三年一月二五日には、首相官邸で開催された拉致問題対策本部の会合において、「本対策本部を、先の政権で設置した私としては、私の使命として、私が最高責任者であるうちにきちんと解決したいと決意をいたしております」（傍点引用者）と述べている。[4] 同年一一月二三日には、東京電力福島第一原発についての自らのいわゆる「アンダー・コントロール」発言への修正として、参議院予算委員会で、「私は行政の最高責任者として状況を把握していて、それに対する対処を行っているということで申し上げたわけであります」（傍点引用者）と述べている(5)。そうして、くだんの「最高責任者」言明から約一年後となる二〇一五年二月四日の衆議院予算委員会でも、「イスラム国」により邦人二名が殺害された事件を受けて、「日本人の命、すべからく、国の最高責任者である私にあります。その責任は引き受けるのは当然のことであろうと思います」（傍点引用者）と述べている(6)。

自らが「最高責任者」であることを強調したこれらの首相発言は、それぞれに文脈と限定とがあり、その性質を十把ひとからげに断ずることはできない。問題の二〇一四年二月一二日の「最高責任者」言明についていえば、同言明に関して民主党の蓮舫参議院議員が提出した質問主意書（「この答弁は、選挙で多数を得たら憲法解釈を自由に変更できると受け止められるものだが、憲法規範の特質は国家権力の制限であり、国家権力は憲法によって拘束される側である。そのような国家権力側が意図的に憲法解釈を変更することは許されないものであり、ひいては立憲主義を根底から破壊するものになるものと考えるが、安倍総理の見解如何」）に対する政府答弁書が述べるところ（「安倍内閣総理大臣の「当該」答弁は、行政府としての憲法解釈については、これに最終的に責任を負う内閣を代表して、内閣総理大臣が責任を持って答弁している旨を説明したものであり、『選挙で多数を得たら憲法解釈を自由に変更できる』、『選挙で与党が勝利することによって国民からお墨付きさえ得られれば、論理的な限界を超えて、いかなる憲法解釈の変更も行える』との御指摘は当たらない」）が、おそらく実際にも当該言明の真相に近いであろう。

ここで公権的に意味のある憲法解釈の主体があるとすれば、それは、内閣総理大臣ではなく、内閣である。「内閣総理大臣は、内閣を代表して議案を国会に提出」（憲法七二条）する。未だ「議案」（法律案）が提出されていない段階での憲法解釈であるという問題点を割引いたとしても、「行政府の長」であれ「総理大臣」であれ（行政府ないし内閣の）「最高責任者」であれ、首相その人に憲法解釈権力は存しない。憲法解釈権力は、この脈絡では、内閣総理大臣には属さず、内閣にしか属さない。

その限りで、「最高責任者」言明の法的意味の核心は、一般の想定に反して、広く批判された「最高の責任者は私です」の部分にはない。では、「『選挙で多数を得たら憲法解釈を自由に変更できる』、『選挙で与党が勝利することによって国民からお墨付きさえ得られれば、論理的な限界を超えて、いかなる憲法解釈の変更も行える』」との指摘も当を得ないと見るべきであるとすれば、「最高責任者」言明の法的意味（そのようなものがあるとして）の核心は、一体どこに存するのであろうか。

それを知るには、「最高責任者」言明が発せられた発話状況を見るに如くはない。「最高責任者」言明は、横畠内閣法制次長にこれまでの内閣の憲法解釈、すなわち、これまでの内閣法制局の憲法解釈を答弁させようとした大串議員の質問を遮って発せられた。かかる発話状況を勘案すれば、答弁すべきは「法制局長官ではないんです。私なんですよ」という言明が意味するところは、単に答弁の形式的主体を「最高の責任者」であると自称する「私」、すなわち、内閣総理大臣たる自己自身に指定する点にあるのではなく、答弁の対象とされるべき憲法解釈の実質的主体が、内閣法制局（「法制局長官」）ではなく内閣（「私」）であると言明する点にあると見るのでなければならない。「最高責任者」言明が意味するのは、内閣総理大臣ないし内閣が、いかなる憲法解釈（の変更）であろうとできるということではない。「最高責任者」言明は、憲法解釈に関する内閣と内閣法制局の関係についての言明である。その法的意味の核心は、時の首相が、内閣は憲法解釈を行うに当たり内閣法制局の憲法解釈を尊重する必要はないと言明した点に存する。

2

はたして、「最高責任者」言明は、憲法解釈に関する内閣と内閣法制局の関係を内閣優位の優劣関係として同定する（現内閣を「代表」する資格を有する）安倍首相の自己言及である。

内閣法制局が独立の統治部門をなさず、内閣の補佐機構のひとつであることに徴するならば、内閣法制局の憲法解釈が内閣の憲法解釈の前に劣後し、あるいは、吸収・併呑される運命にあることは、至極当然の事態であると感じられるに違いない。けれども、内閣法制局がそのような運命に見舞われるのは、通常の事態ではなかった。かつての内閣法制局の憲法解釈は、内閣によって内閣自らの憲法解釈として採用されるのがむしろ常態であったのである。

それは何故か。

歴代内閣は、内閣を「代表」する内閣総理大臣が内閣法制局の提出する意見を尊重することを以て内閣法制局との関係での基本姿勢としてきたからである。一九七二年から一九七六年にかけて内閣法制局長官を務めた吉國一郎による以下の回顧は、「仕えた」首相の名を替えれば、吉國に限らず基本的には歴代の内閣法制局長官が共通して抱懐するところであろう。「田中［角栄］さん、三木［武夫］さんと二人に仕えたけれど、二人とも非常に専門家を尊重してくれて、何かちょっと言うんですが、『しかし専門家の言うところに従う』ということを、二人とも言われました」[7]（［ ］内引用者）。はたして、組織法上独立の政府機関ではない内閣法制局の憲法解釈に戦後政治史上にその名をとどめる事実上の独立性を付与したのは、専門的憲法解釈に従事する内閣法制局の研鑽と、法専門家集団たる内閣法制局の判断に対する歴代の内閣総理大臣の信頼と敬譲であった。

だが、内閣法制局の憲法解釈に拘束される義務も、内閣法制局の憲法解釈を尊重する責務すらも、法令上負わない内閣を相手として、自らの憲法解釈の専門性のみを盾に内閣自身の憲法解釈と渡り合うのではいずれ限界が訪れることに、歴代の内閣法制局長官も無自覚ではなかった。伝統ある官庁である法制局が内閣法制局に改称される一九六二年に至るまでの時期においてではあるが、一九四七年から一九五四年にかけて法制局長官（但し一九四八年二月一五日～一九四九年五月三一日は法務庁法制長官、一九四九年六月一日～一九五二年七月三一日は法務府法制意見長官）を務めた佐藤達夫は、次のように述べている。「法制局としても、つねに純理の立場から正しいと信ずる意見をもって内閣を助け、その説得に努力すべきものです。ただ、法制局の意見は、内閣を拘束する力をもつかというと、法的にはそこまでの保障はない。そうなると、法制局の意見が内閣諸公のお気に召さない場合、一応そこに対立の形ができて、それは結局、法制局の説得力と内閣の政治的の力との対決ということになるわけです。法制局があんまりつっぱると、それじゃ与党の党人を長官にもって来よう・ということにもなり兼ねないし……。だから、政党内閣制の今日では、政党なり政治家なりの側にもよほどの理解がないと、法制局の存在意義そのものが、抹殺されてしまうことになるわけです」。「たとえば……法制局の意見とちがった解釈が閣議できめられることも観念上はあり得るでしょう。……法制局の意見が、政治論から超越した純理論に立つものである限り、法制局としては内閣に対する説得に全力をつくすとともに、内閣もそれを尊重するということであるべきはずですが、不幸にしてそうならなかった場合ですね……、そのときは、仕方がないから法制局職員は、辞表をたたきつけるか、それでなければ、一応は「内閣としてはこうだ。」と内閣の意見を代弁する外はないでしょう。そうすると野党あたりからは「それは前の法制局の見解とちがうじゃないか。」とやられるにちがいない。しかし、この場合も、理くつで割りきってゆけば、「法制局の（あるいは自分の）見解は変らない。しかし、現内閣の解釈はこうだ。」といって一向さしつかえないじゃないか・という考えも浮んでくるのですけれどね。とにかく、その辺のところは、内閣と法制局との場合、なかなかデリケートな問題を含んでいて、私にもよくわからない。それがわからないままで卒業できたのは、まことに幸福だったわけなんですが……。しかし、何といっても、法制局の専門家の公正な判断というものが、内閣から一顧もされないということになったら、法制局制度としてはすでに墓場への道に追いやられたことになるでしょう。そして、それは大げさにいえば、法治主義の墓場への道にもつながるわけです[8]」（傍点引用者）。

内閣法制局にとっての支えは、一にかかって、専門家としての憲法解釈である。これを内閣が「一顧」だにしないようになれば、「法治主義」は「墓場」へと追い込まれるしかない。

はたして、戦後の国連憲章に書き込まれた集団的自衛権に関して、日本はそれを保有するものの行使はできないとする憲法解釈を一貫して採り続けてきた内閣法制局に、佐藤の考える「法治主義」の帰趨を占わずには済まない事態が、集団的自衛権の行使容認を年来の宿願とする内閣総理大臣の登場によって訪れる。第一次安倍内閣において、安倍首相は、既に集団的自衛権の行使解禁に向けた準備を進め、当時の宮崎礼壹内閣法制局長官にその可否を打診する。宮崎長官の返答は否であった。これまで必ずしも歴史の水面に浮上することのなかった、内閣の憲法解釈と内閣法制局の憲法解釈とが齟齬を来す可能性が、ここに現実の問題となる。宮崎長官は辞表を用意したと伝えられているが、このときは、政官関係に精通する熟練の内閣官房副長官が間に入ることにより、首相は年来の宿願を引っ込め、事態は収束する[9]。

だが、これは問題の決着ではなかった。「足場を固めてからの方がいい」という的場順三官房副長官（当時）の言葉[10]は、意味深長である。

この間の消息を、一九九六年から一九九九年まで内閣法制局長官の任にあった大森政輔は、「あのまま安倍内閣があと一年続いたら[11]」と反実仮想している。「総理の［在任］が長くなってくると、今度は自分の意思に基づく決断をする心理的余裕が出てくるんだね。それが社会情勢、政治情勢と絡み合うと、何をやり出すかわからない。ポリティカル・アポイントメントはできないという法制ではありませんから、とんでもない学者を呼んできて、法制局長官に任命するということもないことではない。そういう閣議整理をして、閣議で決めたらそれまでですからね。任命障害は何もないわけですから。安倍さんは、あの時期だから、集団的自衛権の問題を法制局長官の人事と絡めなかったんだけど、もう少し慣れてから始めたら危なかったと思うね。最後まで頑張ったのは、いまの宮崎［礼壹］長官だけで、宮崎長官さえ攻め落とせば、あの問題は決着がつくんだ、というところまで行ったわけでしょう。外堀を全部埋められたんですね(12)」。

大森の言葉は、二〇〇八年五月二九日のものであるが、二〇〇七年八月二七日に第一次安倍内閣が倒れ、いまだ再登板（第二次安倍内閣の誕生は二〇一二年一二月二六日）が想定されていない時期に、第二次安倍内閣の下で進行するシナリオを読み切っていた。第二次安倍内閣は、人事慣行となっていた内閣法制次長からの内部昇格を見送り、外務省から国際法局長経験者の小松一郎氏（集団的自衛権行使容認論者として知られていた人物である）を、二〇一三年八月八日、内閣法制局に長官として送り込む。

内閣法制局と外務省国際法局（条約局の後身）との集団的自衛権をめぐる積年の対抗を後者優位に展開させ、集団的自衛権の行使容認の布石たらしめようとする官邸主導のこの人事は、それ自体が内閣と内閣法制局との関係を内閣優位に一元化することを鮮明にした首相の広義の自己言及である。その含意は、首相の狭義の自己言及である二〇一四年二月一二日の「最高責任者」言明と相俟って、横畠内閣法制次長（小松長官の逝去に伴い、二〇一四年五月一六日より内閣法制局長官）以下、内閣法制局職員には明瞭であったはずである。それは、内閣法制局の（従来の）憲法解釈は内閣の（新たな）憲法解釈としては採用しないという首相のあからさまな通告にほかならない。

その核心にあるのは、憲法解釈の専門家としての内閣法制局の専門性を尊重しないというメッセージである。これが、鞏固な「論理」解釈を身上とし、そうであるが故に、その時々の内閣の立場に影響されない一定の独立性を事実上獲得してきた内閣法制局の威信を傷つけたことは想像するに難くない。広狭両義の首相の自己言及は、それだけで内閣法制局の組織的活力を阻喪させるに充分であった。

二　内閣法制局の名誉

1

二〇一四年七月一日、内閣は、閣議決定をして、これまで憲法九条により認められないとしてきた集団的自衛権の行使を限定的に認める新たな政府見解を公表した(13)。憲法上許されないとの判断が確立していた集団的自衛権の行使を限定的にであれ容認する立場に政府が転じたのは、「我が国を取り巻く安全保障環境の変化に対応」するためであるとされる。

だが、集団的自衛権の行使が憲法上認められるとする閣議決定の論理構成は、新たな政府見解に対する立場の如何を問わず、心許ないものといわざるをえない。なぜなら、閣議決定は、「政府の憲法解釈には論理的整合性と法的安定性が求められる。したがって、従来の政府見解における憲法第九条の解釈の基本的な論理の枠内で、国民の命と平和な暮らしを守り抜くための論理的な帰結を導く必要がある」（傍点引用者）と言うが、長く違憲とされてきた憲法九条の根本問題に対する立場を突如合憲へと逆転させておきながら、新旧の政府見解が同一の「基本的な論理」の枠内に収まりえているとしたら、そこでの「基本的な論理」は、十分な規範的内実を有しないほどに薄い規範で、合憲の新たな結論に導く論証のほとんど全ては規範の当てはめに依存していると想定するほかないが、そうであるとすれば、そこにいう「基本的な論理」は「基本的な論理」の名に値しないと考えるのが相当であると思われるからである。

閣議決定は、一九七二年一〇月一四日に参議院決算委員会に対し政府から提出された資料「集団的自衛権と憲法との関係」（以下「一九七二年見解」と呼ぶ）を用い、新たな政府見解が、一九七二年見解に現われた「基本的な論理」の枠を逸脱していないと述べ、「我が国と密接な関係にある他国に対する武力攻撃が発生し、これにより我が国の存立が脅かされ、国民の生命、自由及び幸福追求の権利が根底から覆される明白な危険がある場合において、これを排除し、我が国の存立を全うし、国民を守るために他に適当な手段がないときに、必要最小限度の実力を行使することは、従来の政府見解の基本的な論理に基づく自衛のための措置として、憲法上許容されると考えるべきであると判断するに至った」（傍点引用者）と結論している。

詳しく見る。

一九七二年見解の該当部分は、次の通りである（なお、政府の説明に対応させて、文中に①②③の記号を付す）。すなわち、「①憲法は、第九条において、同条にいわゆる戦争を放棄し、いわゆる戦力の保持を禁止しているが、前文において「全世界の国民が……平和のうちに生存する権利を有する」ことを確認し、また、第一三条において「生命、自由及び幸福追求に対する国民の権利については、……国政の上で、最大の尊重を必要とする」旨を定めていることからも、わが国がみずからの存立を全うし国民が平和のうちに生存することまでも放棄していないことは明らかであって、自国の平和と安全を維持しその存立を全うするために必要な自衛の措置をとることを禁じているとはとうてい解されない。②しかしながら、だからといって、平和主義をその基本原則とする憲法が、右にいう自衛のための措置を無制限に認めているとは解されないのであって、それは、あくまで外国の武力攻撃によって国民の生命、自由及び幸福追求の権利が根底からくつがえされるという急迫、不正の事態に対処し、国民のこれらの権利を守るための止むを得ない措置としてはじめて容認されるものであるから、その措置は、右の事態を排除するためとられるべき必要最小限度の範囲にとどまるべきものである。③そうだとすれば、わが憲法の下で武力行使を行うことが許されるのは、わが国に対する急迫、不正の侵害に対処する場合に限られるのであって、したがって、他国に加えられた武力攻撃を阻止することをその内容とするいわゆる集団的自衛権の行使は、憲法上許されないといわざるを得ない」。

政府の説明によれば、一九七二年見解の該当部分は、①②③の三つの部分から成るが、①と②が「基本的な論理」であり、③は「結論」であるとされる。

すなわち、新たな政府見解は、一九七二年見解の該当部分のうち、その「基本的な論理」をかたちづくる①と②は踏襲するけれども、当時の事実認識を踏まえ、これを①②とりわけ②に当てはめた③については、それが当時の事実認識を前提にした当時の安全保障環境下における「結論」であることから、踏襲せず、現在の安全保障環境下における事実認識を前提として、いわば③ともいうべき現在の「結論」を導出する必要があると説明するのである。

我が国及び国際社会の平和安全法制に関する特別委員会における二〇一五年八月三日の横畠内閣法制局長官の答弁を以てこれを言い換えるなら、以下の如くである。「昭和四七年当時の政府、内閣法制局含めてでございますけれども、事実認識といたしましては、まさにこの基本論理、国民の生命、自由及び幸福追求の権利が根底から覆される、そういう場合というのは我が国に対する武力攻撃が発生した場合に限られるのだという、そういう事実認識の下で議論していると、先ほど来申し上げているとおりでございます。……この昭和四七年の政府見解をよく御覧いただければお分かりいただけると思いますけれども、まさに、一つ目［①を指す——引用者注］におきましては、繰り返しませんが、憲法前文それから一三条を引きまして、我が国が自らの存立を全うし国民が平和のうちに生存する権利までも放棄していないことは明らかであるという、そういうことを明記しているわけでございます。さらに、二つ目［②を指す――引用者注］におきまして、平和主義をその基本原則とする憲法が、右に言う自衛のための措置を無制限に認めているとは解されないのであってと言って、先ほど来繰り返しております外国の武力攻撃によって国民の権利等が根底から覆される、そういう急迫不正の事態に対処して、国民のこれらの権利を守るためのやむを得ない措置として武力の行使ができるんだと、そういうことを述べておりまして、それがまさに基本的な論理、なぜ憲法第九条の下でも武力の行使ができるのかということの考え方、論理を述べたのがそこでございます。最後の結論に至るプロセス［③を指す――引用者注］におきましては、まさにそれに当たる、該当する場合というのは、我が国に対する武力攻撃が発生した場合のみであるという事実の認識を前提として結論を導いていると、そういうことでございまして、そこの事実認識が近時の安全保障環境の変化によって変わったということを述べているわけでございます[14]」。

2

多くの識者が既に指摘しているように、これは詭弁である。理由は如何ようにも説明することができる。事実認識が変わったから「結論」が逆転するともし本気で言うのであれば、安全保障環境の重大な変化について立法事実に相当する有意な社会的事実を客観的資料として提示しなければならないが、その提示がない。事実認識が変わったから「結論」が逆転するという命題は「必要最小限度」の概念をスライディング・スケールとして捉えるものであり、それは、同概念を量的概念と捉える立場と親和的であるが、その立場は従来の政府見解と整合しない。そもそも、事実認識が変わったから「結論」が逆転するという命題そのものが憲法九条についてのこれまでの政府見解の根底にあったはずの本来の「基本的な論理」に明白に反している。新たな政府の説明に内在的な視点のみからでも、少なくともこれだけの理由を挙示しうる上、一九七二年見解の該当部分を政府の説明から離れて整序するならば、より明瞭な理由を見出すことができる。①は、その前段こそが憲法上の大原則であり、後段はその大原則への例外の許容である。例外は厳格にのみ許容されるという法学入門の第一頁に忠実に解釈すれば、それを承けた②前段の「自衛のための措置を無制限に認めているとは解されない」は、再び大原則に帰り、制限を強調する命題と読むべきであり、だからこそ、②後段の「その措置は、右の事態を排除するためにとられるべき必要最小限度の範囲にとどまるべきものである」は、必要最小限度を可及的に厳格に解すべきことを要請する命題と読むべきである（大原則は①前段ではなく①後段だとする読解もあるはずだと思う人もいるかもしれない。しかし一九七二年見解がその読解を許さないことは②後段から明らかである。もし①後段が大原則なら②後段は置かれなかったはずである）。かかる最も基本的な読解からは、一九七二年見解に新たな政府見解の立場を正当化する針穴を発見する余地はない。

ここで本稿が強調したいのは、そのことを誰よりも理解しているのは、当の内閣法制局長官その人であるという事実である。厳格な「論理」解釈を職業倫理の根幹に据えてきた内閣法制局長官以下の内閣法制局職員は、何を言ったところで先の答弁が詰まるところは詭弁でしかないことを誰よりもよくわかっているはずなのである。

これは、集団的自衛権の限定的行使を容認した現内閣による一連の策動が派生的にもたらした謂わば悲劇である。「法の番人」とさえ呼ばれることもある法解釈の最高のエキスパートが、ロースクール生がしたならば教員に叱られるような法解釈を自ら実演しなければならない苦境を強いられたのだから。

二〇一四年二月一二日の「最高責任者」言明という形をとった首相の自己言及が、内閣法制局が確立した憲法解釈を内閣は自らの憲法解釈としては採用しないという通告を通して発したのは、憲法解釈の専門家としての内閣法制局の専門性を尊重しないとする内閣総理大臣による内閣法制局に対するメッセージであることを一で述べた。このメッセージが、法専門家として補佐対象たる内閣から事実上一定の独立性を獲得しつつあった内閣法制局の威信を大きく傷つけたことは、先に見た通りである。

けれども、内閣法制局にとっての悲劇は、さらにその先にあった。内閣法制局の悲劇は、自らが多年にわたり峻拒してきた憲法解釈を政府見解として受忍しなければならないことにあるのではない。自らの峻拒する憲法解釈をほかならぬ当の内閣法制局自身が自ら押し立てて擁護しなければならない立場を余儀なくされた点にこそある。内閣は、内閣法制局によって作られた確立した憲法解釈をオーバールールしてまで自己の固有の憲法解釈を押し立てようとしながら、最初から最後まで内閣法制局の頭越しに全てを遂行することはできず、内閣法制局がその職業的良心を懸けてこれまで違憲と断じ続けてきた国家行為の合憲性を、ほかならぬ内閣法制局自身に論証させたのである。

このことが、内閣法制局という名誉ある組織とその人材に、長く残る傷を与えないはずがなかろう。

跋

「一強」ともいわれる「最高権力者」の自己言及の嵐の前には、内閣法制局も、内閣法制局長官も、一溜まりもないかもしれない。一人の長官が辞表をつきつけたとしても、次の長官が屈すれば、内閣法制局が違憲と考える国家行為を解禁したいと考える首相を押しとどめることはできない。一人また一人と斃れ、「法治主義の墓場」（佐藤達夫）に眠る諫官たちは、一人の長官ではなく組織としての内閣法制局が「論理」に立て籠もり抵抗する夢を見る[15]。

法における「論理」の第一次的な発現は「文理」である。「法匪」とは、法の文理に拘泥して不届きを働く悪漢である。周恩来首相にとって高島益郎は「法匪」であったに違いない。その高島について、のちに周恩来は、「中国にもこんな外交官がほしい」と言ったと伝えられている[16]。

法制官僚は、あえて「法匪[17]」となることの名誉を知るべきである。

（1） 朝日新聞一九八八年五月三日一面には、「高島氏は昭和一六年外務省に入り、条約局長、アジア局長、オランダ大使、外務事務次官、ソ連大使などを歴任し、五九年一二月から最高裁判事。外交官時代からスジを通す硬骨漢として知られたが、とくに条約局長時代には四七年の日中国交正常化交渉で日本の法的立場を強く主張し、中国政府と渡り合った」とある。但し、「法匪」の語を直接用いられたわけではないとの伝があり、朝日新聞一九八四年一二月一九日三面は、「日中国交正常化交渉では、条約局長として筋論をかかげ、周恩来首相から間接的ながら、「法匪（ほうひ）」と呼ばれた」（傍点引用者）と報じる。

（2）内閣法制局百年史編集委員会編『内閣法制局百年史』（大蔵省印刷局発行、一九八五年）五〇三—五〇六頁。

（3）参照、蟻川恒正「内閣の憲法解釈」岡田信弘＝笹田栄司＝長谷部恭男編『憲法の基底と憲法論——思想・制度・運用［高見勝利先生古稀記念］』（信山社、二〇一五年）一一五頁（本書Ⅳ-10、二二一頁）。

（4）「平成二五年一月二五日 拉致問題対策本部」首相官邸ホームページ（http://www.kantei.go.jp/jp/96_abe/actions/201301/25rati.html）。

（5）「第一八五回国会　参議院予算委員会会議録　第一号（平成二五年一〇月二三日（水曜日））」参議院ホームページ（http://kokkai.ndl.go.jp/SENTAKU/sangiin/185/0014/18510230014001.pdf）。

（6）「第一八九回国会　衆議院予算委員会会議録　第四号（平成二七年二月四日（水曜日））」衆議院ホームページ（http://www.shugiin.go.jp/internet/itdb_kaigiroku.nsf/html/kaigirokua.nsf/html/kaigirokua/001818920150204004.htm）。

（7）『吉國一郎オーラル・ヒストリーⅠ［東京大学先端研オーラル・ヒストリーシリーズvol．3］』（東京大学先端科学技術研究センター御厨貴研究室＝東北大学大学院法学研究科牧原出研究室編集・発行、二〇一一年）二八—二九頁。

（8）佐藤達夫「長官卒業——法制局のあり方について」内閣法制局史編集委員会編『内閣法制局史』（大蔵省印刷局発行、一九七四年）二九三頁、二九七頁、二九九頁。

（9）朝日新聞二〇一三年三月三日二面。

（10）前掲註（9）。

（11）『大森政輔オーラル・ヒストリー［東京大学先端研オーラル・ヒストリーシリーズvol．7］』（東京大学

先端科学技術研究センター牧原出研究室編集・発行、二〇一五年）二九五頁。

（12） 前掲註（11）二四六頁。

（13） 参照、蟻川恒正「憲法解釈権力――その不在に関する考察」『法律時報』八六巻八号（日本評論社、二〇一四年）六頁（本書Ⅳ-9、二〇三頁）。

（14） 「第一八九回国会　我が国及び国際社会の平和安全法制に関する特別委員会　第六号（平成二七年八月三日（月曜日））」参議院ホームページ（http://kokkai.ndl.go.jp/SENTAKU/sangiin/189/0192/18908030192006c.html）。

（15） 横畠内閣法制次長（当時）は、外務省国際法局長経験者である「小松一郎が新しい内閣法制局長官に決まった［二〇一三年］八月、浮足立つ職員を集めて冷静に呼びかけ」、「ここは『理屈』の役所だから心配する必要はない。新しい長官をしっかりとサポートして、恥をかかせないようにしよう」と言ったという。朝日新聞二〇一四年一〇月三一日四面。「『理屈』の役所」こそ、斃れていった諌官たちが夢見る組織的抵抗を可能とする法制官僚集団の原像だろう。

（16） 朝日新聞一九八八年五月三日前掲註（1）。

（17） 濱田邦夫元最高裁判事は、安保法制を審議する参議院の我が国及び国際社会の平和安全法制に関する特別委員会が二〇一五年九月一五日に開いた公聴会に公聴人として出席し、「この四七年の政府見解なるものの作成過程及びその後のその当時の国会での答弁等を考えますと、政府としては、明らかに外国による武力行使というものの対象はわが国であると、これは日本語の読み方として、普通の知的レベルの人ならば問題なくそれは最後の方を読めば、したがってというその第一判断でそこははっきりしているわけで、それを強引に外国の武力行使というのが日本に対するものに限られないんだというふうに読替えをするというのは、非常にこれは、何といいますか、法匪という言葉がございますが、つまり、法律、字義を操って法律そのもの、法文そのものの意図するところとは懸け離れたことを主張する、これはあしき例であると、こういうことでございまして、とても法律専門家の検証に堪えられないと」と発言している。「第一八九回国会　参議院我が国及び国際社会の平和安全法制に関する特別委員会公聴会会議録第一号」参議院ホームページ（http://kokkai.ndl.go.jp/SENTAKU/sangiin/189/0193/18909150193001.pdf）。この発言は、法案に関する政府の説明に対する批判であり、「今はなきというとちょっと大げさですけれども、内閣法制局というところが六〇年にわたって非常に綿密に政府提案の合憲性を審査してきた」という濱田のもうひとつの発言に照らすとき、内閣法制局への最高度の批判を含んでいると解される。但し、政府見解の文理ないし「法律そのもの、法文そのものの意図」に拘泥するのではなく、「法律そのもの、法文そのものの意図するところとは懸け離れたことを主張する」態度は、厳密には、「法匪」という言葉で従来呼ばれてきた態度とは（その限り）むしろ対極に位置する態度である。安保法制に関する政府の説明が「法律専門家の検証に堪えられない」のは、政府（内閣法制局）が政府見解の文理ないし「法律そのもの、法文そのものの意図」に拘泥することが許容し難いまでに少ないことによる。政府の説明が「法律専門家の検証に堪えられない」のは、そこでの内閣法制局が「法匪」であるからではなく、「法匪」にさえなりえていないからである。

13 天皇の憲法解釈

序

概ね一九八九年から二〇一九年にかけて生起した事象を「平成」という元号でくくり、ひとまとめにして扱うという方法的態度を、私はとらない。それにもかかわらず、「平成の法学」という特集企画に憲法学分野の担当者として参加し、拙い一文を寄せるのは、憲法学に固有の事情による。「天皇」と題された憲法・第一章は、その時々に天皇の地位にあるひとりの人物に対してのみ適用することを予定した、他には例のない条章である。一九八九年にその地位に就き、二〇一九年にその地位を退いた前天皇が、憲法・第一章、とりわけ「天皇は、日本国の象徴であり日本国民統合の象徴」であると定める一条の意味を、誰よりも考え抜いた人物であることは疑いがない。日本国憲法下で就任した最初の天皇が前天皇であり、一条を含む憲法・第一章の諸条項がやがて自分に専属的に適用されることになるという明確な意識をもって自己形成を行い、約三〇年にわたり天皇を

「務め」た人物は、前天皇を措いて他にいないからである。

だが、単にそうした外形的事実によってばかりではなく、一九八九年から二〇一九年まで天皇の地位にあった人物がほかならぬ前天皇であったからこそ現実化したといいうる憲法学上の原理問題がある。私は、これらの憲法解釈問題、憲法原理問題を現時点で批判的吟味に付すことには喫緊の意義があると考える。

前天皇は、のちに「平成」という追号を冠した名で呼ばれる天皇である。上記の問題を考察することは、言葉の全き意味で「平成の憲法学」を考察することになるはずである。この特集企画に参加し、その機会とすることにした。

一

一九八九年から二〇一九年まで天皇の地位にあった人物がほかならぬ前天皇であったからこそ現実化したといいうる憲法上の解釈問題について検討する。

それは、内閣から国事行為ではない行為をするよう要請されたとき、天皇はその要請を拒むことができるか、という問題である。

はじめに、内閣から要請された行為が国事行為であった場合はどうかを確認しておこう。

天皇の国事行為についての助言と承認につき定めた憲法三条に関しては、宮澤俊義のよく知られた命題がある。「天皇の国事行為に対して、内閣の助言と承認を必要とし、天皇は、それに拘束される、とすることは、実際において、天皇を、なんらの実質的な権力をもたず、ただ内閣の指示にしたがって機械的に「めくら判」をおすだけのロボット的存在にすることを意味する」(1)。内閣の助言と承認に反して国事行為を拒む自由は、憲法三条において「なんらの実質的な権力をもた」ないが故に凡そ責任を持たないとされた天皇には与えられていない。

では、内閣から要請された行為が国事行為ではなかった場合はどうであろうか。

そもそも内閣は、天皇に対し、国事行為以外の行為をするよう要請することはできるのか。この点を考えるに当たっては、天皇の行為についての憲法学説の状況を理解しておく必要がある。学説は、大きくふたつに分かれている。ひとつは、二行為説であり、もうひとつは、三行為説である。二行為説は、天皇がなしうる行為は、国事行為と私的行為のみであるとする説であり、三行為説は、天皇は、国事行為と私的行為のほか、一定の公的行為をもなしうるとする説である。三行為説にはいくつかのヴァリエーションがあるが、天皇がなしうる国事行為以外の公的行為として、象徴としての行為を挙げる説がその代表的なものである。

憲法四条一項は、「天皇は、この憲法の定める国事に関する行為のみを行ひ、国政に関する権能を有しない」と定めている。同条項の文理に適っているのは、二行為説であるように思われる。だが、有力化したのは、三行為説であった。二行為説と三行為説の対立を生んだのは、一九五二年一月の第一三回国会の開会式で当時の天皇が述べた勅語をきっかけとした紛議である。その前年に署名され、その後も国民の間に意見の対立が燻っていた平和条約について、天皇が「まことに喜びにたえません」などと述べたのを契機に、天皇の「おことば」をどのように性格づけるか、「おことば」について責任を負うべき者は誰かをめぐり、議論が起こったのである。二行為説と三行為説は、そうした議論の過程で学説形成を進めたが、国事行為でも、また、純然たる私的行為でもない行為に対して、概念上の受け皿を用意したのが三行為説であったことから、三行為説が次第に有力化していった。

三行為説は、はじめ、法制局長官経験者である佐藤達夫が提唱し、のちに、清宮四郎が深化させた。清宮は、国会開会式での天皇の「おことば」を例に、次のように述べている。「「おことば」のような行為は、国事行為ではないが、公的性質の行為であるから、天皇が単独に行ないうる行為ではなく、内閣の直接または間接の輔佐と責任とにおいて行なわれるべき行為である。実例では、「おことば」は、以前は閣議にかけられ、近年は宮内庁の責任において処理されているようであるが、総理府の外局である宮内庁の責任は、同時に内閣の責任である(2)」(傍点引用者)。

清宮の三行為説を、以下では、象徴的行為説と呼ぶ。

それでは、内閣から象徴としての行為をするよう要請されたとき、天皇は、その要請を拒むことはできるのであろうか。

象徴的行為説によれば、「「おことば」のような公的行為［は］内閣の輔佐と責任において行なわれるものであり、天皇は、それについての責任を負わないものと解せられる」(傍点引用者)が、その理由を、「天皇が責任を負わないことは、世襲の天皇の象徴たる地位から当然生ずる結果」と説明しているところから見て(3)、内閣から象徴としての行為をするよう要請された天皇には、その要請を拒む余地はないと考えられているようである。

これに対し、二行為説をとった場合や、象徴的行為説をとりつつも当該行為を象徴としての行為に分類せず、私的行為と捉えた場合は、どうであろうか。これらの場合は、内閣は、天皇に対し、そのような行為をするよう要請することはできないか、できるとしても、天皇には当該行為を拒む余地があるはずである。内閣といえども、天皇の私的行為に対してまでは原則として強いコントロールを及ぼせないと考えられるからである。だが、清宮は、あくまで天皇の「おことば」を例にとっての文脈ではあるが、次のように述べている。「「おことば」のような行為がありうることを容認しながら、これを私的行為とみなすと、そのような天皇の行為は、内閣の輔佐と責任から解放されて野放しにされたものと解されるおそれがあり、そこには、象徴行為として認める場合よりもはるかに大きな危険があるであろう(4)」。

憲法に定めのない行為を天皇が行うことを認めるとしたら、内閣の輔佐と責任のもとに行わせるほうが、それから解放するよりも、危険は「はるかに」少ないとする清宮のこの指摘は、国事行為以外の天皇の行為に対しても、内閣は、その輔佐と責任を通じて広くコントロールを及ぼすことが必要であるとの主張と解釈することができる。

そうであるとすれば、内閣が象徴としての行為をするよう天皇に要請した場合には、その要請自身に内閣の輔佐と責任が化体していると見るべきであるから、天皇はそれを拒むことはできないと解するのが、象徴的行為説の説くところであると思われる。

だが、こうした憲法上の解釈問題は、象徴としての行為をするよう内閣から要請された天皇がその要請を拒むことを考えなければならないような事態が生じない限り、講学上の仮設問題にとどまる。また、実際、そのような事態が人々の耳目に入るということも必ずしもなかった。

ところが、現内閣が、二〇一三年四月二八日に「主権回復・国際社会復帰を記念する式典」を政府主催で開催することを決定し、同式典に当時の天皇・皇后（前天皇・前皇后）の出席を要請したと伝えられたとき、様相は変わった。

現内閣は、この日を一九五二年の平和条約発効六一周年の記念日として盛大に祝おうとしたのであるが、その四月二八日は沖縄の人々によって「屈辱の日」とされてきた日であり、そのことを前天皇は知らないはずがなかった。前天皇は、沖縄と沖縄の人々に深く心を寄せ続けてきたからである。そうして、前天皇は、同式典についての事前説明に来た政府の担当者に、「その当時、沖縄の主権はまだ回復されていません」との言葉を伝えた(5)。その言葉は、「国政に関する権能を有しない」（憲法四条一項）と定められている天皇が、政治的影響力の行使と受けとられないように細心の注意を払って述べた言葉である。

前天皇が同式典の出席要請を現実に拒もうとしたとは考えられない(6)。けれども、内閣による上記式典への出席要請は、このときの前天皇にとって、拒むことを考えなければならない事態を客観的には構成していたと思われる。前天皇が同式典への出席要請を拒むことができたか否かを検討することは、既に講学上の仮設問題ではない。

二

三行為説のヴァリエーションのひとつ（二行為説のヴァリエーションともいえなくはない）に、準国事行為説と呼ばれる説がある。それは、次のような立場である。「天皇の非政治化という憲法原則をつらぬくという観点からすれば、文字どおりに「この憲法の定める国事に関する行為のみ」をみとめ、それ以外には天皇の公的行為を一切否定することが、論理的に一貫しているだろう」。「しかし、天皇という人間を象徴の地位においたということ自体、最小限度の範囲内で、その行う事実行為（法的効果を伴う行為は、はじめから問題になりえない）が公的な意味をもつことは、否定しきれない。その際、天皇が象徴であることを根拠とするとはいっても、「象徴としての行為」という包括的な類型設定をするのではなく、天皇の国事行為が憲法で限定的に列挙されていることに対応して、それに準ずる実質的な理由のあることが必要だと考えるべきである」(7)。この立場からすると、「国会開会式での「おことば」については、国会の召集が形式上、国事行為として認められていること」に「関連」させられる限度で、国事行為に準じて処理されるべき行為とされることになる(8)。

この立場を適用するならば、政府主催の「主権回復・国際社会復帰を記念する式典」への天皇の出席は、国事行為でも、準国事行為でもないから、私的行為の範疇に属すると解すべきものとなる。私的行為となれば、それを行うことができるか否かは、憲法の基本原理に従い、第一に、憲法一条の定める「日本国」および「日本国民統合」の「象徴」の地位に違背するような行為でないこと、第二に、憲法四条一項に照らして、政治的な影響力を及ぼすような行為でないこと、の二点を判断基準として決せられるべきであり、その判断を行うのは、原則として、ほかならぬ天皇自身であると解すべきこととなろう。

このように考えるとすれば、前記式典への出席要請を前天皇が拒むことができるか否かは、上記二点の判断基準に徴して、前天皇が決すべきである。そこで、前天皇自身が、同式典に出席することは、第一の判断基準に照らして、「屈辱の日」を祝う行為に加担する行為として、国民の「統合」ではなく分断を「象徴」することとなりかねず、また、第二の判断基準に照らして、当時、沖縄のアメリカ軍普天間飛行場の辺古野への移設問題が国論を二分する争点を形成しつつあったなかでは、政治的効果をもたらす事態にもなりかねない、と判断すれば、内閣の要請を拒むことも可能であったと解しうるように思われる。

このような解釈論に対しては、もとより異論も提起されえよう。

象徴的行為説からすれば、内閣の輔佐と責任から解放された判断を天皇自身に許すことは、潜在的に政治的意味を帯びる天皇の行為を「野放しに」するおそれがあり、上記解釈論は、天皇の行為に対しては政府がその輔佐と責任を通じて広くコントロールを及ぼす必要があるとする象徴的行為説の趣旨を没却するものと映ずるに違いない。

ここでは、国事行為の場合と比較して、二点を指摘しておきたい。

第一に、それらの行為を天皇が拒むことを許さないとすることの必要性と許容性について。

国事行為に関して、その必要性は明らかである。日本国憲法が国事行為として列挙する諸事由の多くは、大日本帝国憲法下での天皇の大権事項に対応するものであり、そうした諸行為を徹底的に無権力化し、単なる儀礼的・形式的行為とすることは、天皇を統治権を一切持たない単なる象徴として位置づけた日本国憲法の狙いそのものだからである。

国事行為に関しては、許容性も充たされる。何よりも形式的に、憲法三条がそれを正当化するといえる上、実質的に見ても、国事行為は、形式的・儀礼的なものとして一般的に想定される行為を限定列挙したものであるため、それらの行為自体が有する政治性や象徴性が天皇の意思に実質的な負担を課し、それを強制することが天皇に対して受忍し難い苦痛を及ぼすことは通常は考え難いからである。

これに対し、国事行為以外の行為の拒否を認めないとすることに関しては、何らかの程度において政治的意味を持ちうる行為を「野放しに」はできないという見地からの必要性はそれとして肯認することができよう。けれども、拒否を認めないことを許容しうる事情は十分には認められないと思われる。なぜなら、そもそも国事行為についての憲法三条に相当する規定がないほか、天皇に要請される非国事行為の範囲は事実上際限がなく、強制することが天皇に対して受忍し難い苦痛を及ぼす事態が起こりえないとはいえないからである。

内閣が国事行為以外の行為を天皇に強制することに対しては、たとえ必要性を認めることができるとしても、許容性を認めることは困難であるといわなければならない。

第二に、内閣の助言と承認との関係での内閣の輔佐と責任の性格について。

内閣の助言と承認が閣議決定事項として要求されるものであるのに対し、内閣の輔佐と責任は、内閣の責任としては直接または間接の責任である。間接の場合は、(かつて総理府の外局であり、現在は、内閣府設置法四八条に規定のある)内閣府の機関である宮内庁が担当する「皇室関係の国家事務」等に対する(内閣府が内閣の重要政策に関する事務を助けることを任務とすることから導かれる内閣の)監督上の責任を指すにとどまり、直接の場合も、閣議決定を要求する事項とはされていない。何より、内閣の助言と承認とは異なり、内閣の輔佐と責任は、内閣が憲法上負う責任ではなく、そのことは、当の清宮自身が自覚している。(9) そうであるとすれば、「確かに、設置法(法律)上、当該行為を補佐することは内閣の職務権限に属するといえよう。しかし、天皇は、その補佐に拘束されなければならないという憲法上の根拠はない。このように、内閣が天皇の行為を拘束し得ないとするならば、天皇が自らの判断で行った行為につき、内閣が責任を負うことにはなり得ない(10)」と解するのが適切であろう。

以上の二点を前提とするならば、内閣が国事行為以外の行為をするよう天皇に要請し、天皇が自己の判断と責任でこれを拒否した場合、内閣は天皇に対し当該行為を強制することはできないといわなければならない。

このような解釈論が最後に乗り越えなければならない批判は、天皇が自己の責任において、象徴としての地位に違背しない行為であるか、政治的影響力を行使することにならないかを判断し、国事行為以外の行為をするかしないかを決定するのを許すことは、天皇に自ら憲法解釈（憲法一条および憲法四条一項の解釈）をする権限を認めることとなり、天皇は「国政に関する権能を有しない」と定めた憲法四条一項に違反することにならないか、という批判であろう。

この点については、象徴的行為説を前提としたひとつの思考実験として、内閣が天皇に要請した行為がそれ自身憲法違反を疑われるような行為であった場合にも、天皇は内閣の要請に従わなければならないかを問い、自らそれに答えた樋口陽一の次の指摘が決定的に重要である。「結論的にいうならば、そのような場合でも、天皇は、内閣が「これが憲法だ」とするところのものをうけ入れなければならず、それが、天皇にとっての憲法尊重擁護義務の内容だといわなければならない。天皇に憲法の解釈権をみとめることは、「国政に関する権能を有しない」（四条）とした憲法の基本的選択に反することとなるからである」。「違憲と目される行為までを内閣の「ロボット」としておこなうことが、天皇にとって「この憲法を尊重し擁護する」ことだというのは、たしかに矛盾である。しかし、その矛盾を解消しようとして、天皇の憲法尊重擁護義務を形式的なものでなく実質的なものと解することは、天皇に、憲法秩序の〈Deus ex machina〉の役を託することにほかならず、それこそ、日本国憲法が否定した選択肢だったはずである(11)」。

私は、この理が、国事行為に関しては絶対的に貫徹されなければならないと考える。だが、同時に、非国事行為に関しては、天皇が自らの憲法一条解釈、四条一項解釈にもとづき、自己に要請された行為をするならば天皇の象徴性、非政治性を毀損することになるとして拒否することを認めることができると考える。樋口の挙げる例は、憲法七条一〇号の「儀式を行ふこと」の形でされた行為が政教分離違反であると目された場合にも天皇はその行為を拒否してはならないというものであるが、これは国事行為の場合であり、また、憲法二〇条三項違反の例であって、非国事行為の場合ではなく、また、憲法一条違反や憲法四条一項違反の例ではない。

私は、天皇に憲法二〇条三項違反の判断を許すことは、たとえ非国事行為の場合であっても、天皇をして、「機械仕掛けの神（deus ex machina）」の役を果たさせるものであり、認められないと解する。けれども、天皇にとって、自らが「日本国民統合の象徴」であることと背反し、あるいは、自らが保持しなければならない非政治性と背反するような非国事行為をするよう求められた場合にまで、内閣の要請に従わなければならない憲法上の理由はない。むしろ、憲法に定めがないにもかかわらず内閣が非国事行為をするよう天皇に要請する場合には、内閣は、その要請が憲法一条にも憲法四条一項にも違反するものではないとの憲法解釈を天皇に示し、天皇がその憲法解釈に不同意の場合は、同意を得るまで交渉を重ね、どうしても同意が得られない場合には当該行為の要請を断念するのでなければならないと解すべきである。これでは天皇の我儘を認めるだけではないかとの批判があるかもしれないが、自己の地位が「日本国民の総意に基く」（憲法一条）ものであることを厳しく自覚しているはずの日本国憲法下の天皇が、単なる我儘で、国民代表議会たる国会に基礎を置く内閣からの要請を拒むとは考えにくい。そのような拒否をすれば、「日本国民の総意」が天皇とその制度を見放すであろうことを最も恐れるのはほかならぬ天皇自身であるはずだからである。天皇の拒否が考えられる場合は、我儘とは対極の、自己の憲法上の地位が辱められることに対する良心的抵抗というべき場合が通例であろう。前天皇が受けた政府主催の「主権回復・国際社会復帰を記念する式典」への出席要請は、そのことを暗示して余りある(12)。

以上が、内閣から国事行為ではない行為をするよう要請されたとき、天皇はその要請を拒むことができるか、という憲法解釈問題に対する本稿の考察である。

三

次に、一九八九年から二〇一九年まで天皇の地位にあった人物がほかならぬ前天皇であったからこそ磁場が変容したといいうる憲法学上の原理問題について検討する。

それは、国民主権と天皇の制度との関係をどのような緊張関係において構想するか、という問題である。

この問題は、多岐にわたる論点が相互に緊密に連関してかたちづくられている。本稿では、問題の一断面を大づかみに取り出し、粗い見取り図を描くにとどめる。

一九四五年八月一五日以降における国民主権と天皇の制度との関係の基本構図は、天皇の地位を「日本国民の総意に基」づかしめた日本国憲法の根本決定により決定されている。天皇は、新たに主権者の地位におさまった国民に対し、自らの地位とその正統性を全面的に負うことになった。この事態を範型的な形で表現する役を担ったのが、憲法学においては、宮澤俊義である。宮澤は、憲法三条を解説して、同条は、「第四条と相まって、天皇という国家機関がなんらの実権を伴わない「虚器」的な存在であることを、内閣の助言と承認という制度によって、確保しようというのである」[13]と述べている。同じ三条の解説で用いられた「ロボット」という語の陰に隠れて今日では余り取り上げられなくなっているが、天皇を名目のみの虚位とすることを一語で伝える「虚器」の語は、とりわけ天皇の国事行為の性格を示すに当たっては有効な説明概念である。これに対して、宮澤の親友・清宮が憲法一条を解説するに際して用いたのは、「人間天皇」の語であった。「象徴の機能は、その静態において認められるのが普通であるが、人間象徴という、むしろ異例に属する天皇においては、その動態における行為も問題になりうる[14]」とするその記述の鍵をなす「人間象徴」の語は、清宮の象徴的行為説の現実妥当性を説明するに当たっては必須の概念といえるだろう。

「虚器」と「人間象徴」の対照は、しかし、天皇の性格づけについての宮澤と清宮の憲法学説上の強調点の違いを現わしているだけではない。それは、憲法三条と憲法一条の間に横たわっている憲法自身のうちにある亀裂を可視化するものである。そうして、そのこと以上に重要なのは、「虚器」と「人間象徴」の双方が、同じ憲法において同じ天皇という法的人格のなかに共存させられているという事実である。憲法三条と憲法一条は、截然と分かれているのではない。「虚器」である面を強くすると、「人間象徴」の面は痩せ細る。「人間象徴」の面が膨れ上がると、天皇を「虚器」とした土台の底が抜ける。

この共存は、天皇の一身において極度の緊張関係として生きられるのでなければならず、その均衡を乱すことは、それを支えとする国民主権と天皇の制度との均衡を乱し、日本国憲法の統治システムを掘り崩すことにつながる。

一九四五年八月一五日以降における国民主権と天皇の制度との関係は、憲法学においては、宮澤俊義と清宮四郎というふたりの憲法研究者によって展開された上記憲法学説相互の緊張関係を基底に、日本国憲法の統治システムの運行をそれなりに安定的に下支えしてきたといってよい。その均衡は、学説提唱者の死後もなお緩やかに維持された。

ところが、二〇一二年一二月二六日に現内閣が誕生し、国会の両院に占める圧倒的な議席数を背景に、集団的自衛権の行使を容認するいわゆる安保関連法（二〇一五年）や市民生活における活力ある自由を脅かしかねない政府の措置を可能とするいわゆる共謀罪法（二〇一七年）などを強行採決を繰り返しながら次々に成立させていくなかで、象徴としての行為を通して、平和を尊重し、社会的弱者に寄り添う姿を国民の前に示し続けてきた前天皇と前皇后に対する人々の評価が高まり、様相は変わった。

先の戦争での戦没者慰霊のためには国内のみならず遠い外国の地へも旅に出て祈りを捧げ、度重なる大災害に際しては冷静かつ果断に人々のなかに入っていくといった、「忠恕」[15]を背景とした前天皇の行動力は、次第に人々を感化し、それまでにはなお根深くあった世襲制にまつわる旧身分的な嫌悪や昭和天皇の戦争責任の追及など、天皇の制度に対して人々が意識的無意識的に有していた敵対感情が多くの人々の間で溶解し、前天皇個人のみならず天皇の制度それ自体にまで人々の好感が集まるという新たな展開が見られるに至った。加えて、国民主権が数の力を頼みとした強権政治としての性格を強めるなかで、憲法学・政治学のなかにも、前天皇が実践した象徴としての行為に体現されている謙抑的な政治的賢慮に、国民主権シンボルの暴走を制御する最後の砦の役（deus ex machina）を期待するかの如き言説が生まれつつあるように見える。磁場は変容したのである[16]。

もとより、そうした兆候には、とりわけ現政権のもとで失われた価値観や秩序を恢復するためには動員可能な政治的・知的資源は動員するという政治的戦略や、たまたま前天皇が社会階層的にではなく個人として体現しているかに見える穏健で安定的な保守的思想への信頼といった偶発的事情も、少なからず作用しているに違いない。

こうした兆候は、それだけでは、危険であったり、問題を孕んでいるとまでは必ずしも言えない。今日の憲法学において重要なことは、樋口による次の指摘に対し、ひとりひとりの憲法研究者がどのような答えを獲得するかであろう。「憲法規定の下に潜在している「人間」としての天皇の存在そのことが、国政場面でのカウンター・バランスを意味することになっているのは、現天皇在位二九年を経た現在、ひとつの客観的事実である。そのような状況を受益者として受け入れているだけの国民のありようを前にして、どう規範論理を組み立てるべきか[17]」（傍点原文）。

この問いに対しては、ひとりひとりの憲法研究者が答えを見つけていくほかはない。本稿が試みるのは、そのための前段階として、憲法原理にかかわる問題を指摘することである。

前天皇の存在を明らかに踏まえた憲法学・政治学のふたりの碩学の言葉を挙げる。

ひとつは、樋口自身による次の文章である。「もとより、「日本国民」の「統合」は国民みずからが己れの手で形成してゆくほかないのであって、形成途上のその状態を「象徴」する「地位」にあるのが天皇なのである。そうであればこそ、この場面では、天皇という存在を「ロボット」化しようとする政治の誘惑を封じこめることを、主眼とすべきであろう。そのためには、国民主権↓選挙↓内閣↓宮内庁の線による「民主的コントロール」を強調するのではなくて、その逆に、政治からの宮内庁の相対的自立を重要と考える発想が必要と私は考えている。そしてそれは、権力への制限を核心とする立憲主義の観点からすれば、多元的な制度諸機構の存在が致命的に重要な要素となることの、ひとつの表現にほかならない[18]」。

もうひとつは、政治学者の三谷太一郎による次の文章である。「今日のように首相の力が強い時代に必要なのは、首相の統治をチェックする、実質的な意味での権力の分立制である。現在の日本で、権力の分立を実際に担い、政治権力の行き過ぎを防ぎ得る役割を果たすものとして、象徴天皇制があるのではないか。」「明治憲法の時代も、「宮中府中の別」、つまり皇室と政府の間に距離を置くことが権力分立の非常に重要なポイントだった。現在にあっても、この別を明確にする、つまり、府中（政府）の側が宮中（皇室）を府中に取り込まないようにするのが、長い目で見ると日本の政治の安定性にとって大切なのだと思う[19]」。

樋口と三谷は、ここで、期せずして同じ認識に到達しているように見える。今日の政権と政治のありようを前にするとき、いずれも共感措く能わざる言明というほかない。両者ともに、天皇が政治性を発揮することへの警戒もある。けれども、そこでは、天皇の制度が、一方では「立憲主義」（樋口）の役割を担わされ、他方では「権力分立」（三谷）の役割を担わされて、それ自身、多元的な制度機構（権力機構）のひとつとして、対抗的権力としての役割を発揮することが期待されているのである[20]。

「統治担当者」ではない[21]天皇に対し立憲主義の実質的担い手の役を負わせることとは、一九四五年八月一五日以降に形成された国民主権と天皇の制度との関係において、凡そ想定されていなかった事態であるといわなければならない。

私は、今日以降構想されるべき国民主権と天皇の制度との関係において、非国事行為の場面で天皇の制度を支える原理は、統治機関としての原理ではなく、「日本国民の総意」（憲法一条）に支えられる限りで認められる、天皇の地位にある個人が天皇の「務め[22]」を遂行するに当たって行使する自由と責任の原理とすべきではないかと考える。

このようにいうことは、天皇に対し、人権の論理それ自体ではないにせよ、自由と責任の原理を直截適用するものであり、多くの人にとっては、耳慣れない見解に聞こえるに違いない。また、非国事行為の場面では、私は、天皇の象徴性は、あくまで天皇自身の私的行為のなかで発現されると解すべきであると考えるから、これもまた、なにがしかなじみ難いものを感じさせるかもしれない。けれども、非国事行為の場面における天皇は、自らが政治的影響力を行使することなく「日本国」あるいは「日本国民統合」の「象徴」であるためにはどのように行動する必要があるか、いいかえれば、自身の行動が憲法四条一項、憲法一条に違反することにならないかを、自ら厳格に考え、行動することができるのでなければならない（「宮内庁の相対的自立」（樋口）は、このためにこそ必要である）。そうでなければ、国民主権シンボルを背負った統治権力に呑み込まれるほかはない。けれども、それを超えて、国民主権シンボルを背負った統治権力に対して、天皇もまた統治機関として対抗することを期待することは、それ自身、この自由と責任の原理に照らして過大な要求であるばかりでなく、何より、天皇を「統治担当者」とはしないとした日本国憲法の根本決定を揺るがすおそれがある。われわれは、このことに対し、十分すぎるほどに意識的でなければならない。私が、今日以降構想されるべき国民主権と天皇の制度との関係において、非国事行為の場面での天皇の制度を支える原理とすべきは、天皇の地位にある個人が天皇の「務め」を遂行するに当たって行使する自由と責任の原理でなければならないと考える所以である。

以上が、国民主権と天皇の制度との関係をどのような緊張関係において構想するか、という憲法原理問題に対する本稿の考察である。

跋

本稿が取り上げた問題は、一言でいえば、天皇の憲法解釈とでも呼ぶべきものである。ここに、天皇の憲法解釈とは、天皇の性格についての憲法解釈という意味と、その憲法解釈を天皇自らが行うという意味とが、不可分の連関をなしている問題をいう。一九八九年から二〇一九年まで天皇の地位にあった前天皇が、前記の憲法解釈問題を現実化させ、前記の憲法原理問題の磁場を変容させたのは、天皇の憲法解釈という問題を前天皇が自らの問題としたからにほかならない。

（1） 宮澤俊義＝芦部信喜『全訂　日本国憲法』（日本評論社、一九七八年）七四頁。
（2） 清宮四郎『憲法1（第3版）』（有斐閣、一九七九年）一五五頁。
（3） 清宮・前掲註（2）一七三頁。
（4） 清宮四郎「天皇の行為の性質」清宮＝佐藤功編『憲法演習』（有斐閣、一九五九年）一頁、八頁。
（5） 毎日新聞二〇一六年一二月二四日。
（6） 当時在職していた宮内庁幹部も、「国民統合の象徴として沖縄のことを常に案じている陛下にとって、苦渋の思いだった」と推察しつつも、前天皇が「政府の助言には象徴天皇として従わざるを得ない」と考えたに違いないと回顧している。同上。
（7） 樋口陽一『憲法Ｉ』（青林書院、一九九八年）一二二頁。
（8） 同上。
（9） 象徴としての行為につき、清宮は、「この種の行為は、憲法の明文の規定によって閣議事項とされてはいないが、公的性質の行為とみなされる以上、天皇が単独に行いうる行為ではなく、内閣の直接または間接の輔佐と責任とにおいて行われるべき行為であると解するのが妥当であり、それが憲法の趣旨であろう」（傍点引用者）と述べている。清宮・前掲註（4）一〇―一一頁。

（10） 高見勝利「天皇の「おことば」」『法学教室』一五五号（有斐閣、一九九三年）二五頁、三三頁が特に参照されるべきである。

（11） 「天皇が九九条の憲法尊重擁護義務に従おうとすればするほど実は憲法に反する行為をもしなければならなくなる、という逆説的な可能性を、憲法自身が定めているのである。一般に、君主の憲法秩序維持機能への期待が持たれることがあるが、日本国憲法は、よかれあしかれ、そのような deus ex machina（急場にあらわれる救いの神）の役目を、天皇にみとめていない」。樋口・前掲註（7）一二〇頁。

（12） この問題に言及した私の小稿として、「真実に生きる――自らの言葉と歩む天皇」がある。朝日新聞二〇一七年四月二〇日。

（13） 宮澤＝芦部・前掲註（1）六〇頁。

（14） 清宮・前掲註（2）一五四頁。

（15） 参照、薗部英一編『新天皇家の自画像――記者会見全記録』（文春文庫、一九八九年）三四八―三四九頁。

（16） この変容については、参照、高橋和之「天皇の「お気持ち」表明に思う――「象徴的行為」論への困惑」『世界』二〇一六年一二月号（岩波書店）一八七頁、横田耕一「「象徴天皇制と「国体」の呪縛」法律時報編集部編『法律時報増刊 戦後日本憲法学70年の軌跡』（日本評論社、二〇一七年）六一頁。

（17） 樋口陽一「はしがき――奥平康弘さんとの想像上の会話三つ」樋口陽一＝中島徹＝長谷部恭男編『憲法の尊厳――奥平憲法学の継承と展開』（日本評論社、二〇一七年）一頁、三―四頁。

（18） 樋口・前掲註(17)三頁。樋口が「政治からの宮内庁の相対的自立を重要と考える発想が必要」とした点に賛意を表するものとして、加藤陽子「2017 この3冊 上」毎日新聞二〇一七年一二月一〇日。

（19） 三谷太一郎「令和のはじめに 天皇と憲法 インタビュー」毎日新聞二〇一九年五月一日。

（20） 石川健治は、尾高朝雄が「国民主権と天皇制」の主題を国民主権とノモス主権として意味づけるまでの過程において援用した「数の政治と理の政治」という図式における「理の政治」の可能性を前天皇が行い続けた象徴としての行為のうちに見出すとともに、いわゆる宮澤・尾高論争を「絶対デモクラシー」と「立憲デモクラシー」の対抗に見立て、ノモス主権の尾高が支持するのは立憲デモクラシーであると述べて、その今日における「アクチュアリティー」を主張している。石川健治「解説」尾高朝雄『国民主権と天皇制』（講談社学術文庫、二〇一九年）二五七頁、二九五—二九六頁。

（21）　長谷部恭男「日本国憲法における天皇制の姿」樋口ほか編・前掲註（17）一一頁、一二三頁。

（22）　この場面での「務め」は、政府との交渉のなかで最終的には天皇が個人責任を負うべき私的行為と解すべきものであり、天皇が負う責任は統治機関としてのそれではない。

初出一覧（本書に収めるに当たり加除修整を施した。）

Ⅰ　解釈という権力

1　憲法を解釈する権力
山元一・只野雅人・蟻川恒正・中林暁生編『憲法の普遍性と歴史性――辻村みよ子先生古稀記念論集』（日本評論社、二〇一九年）二五頁

Ⅱ　権力の叡智

2　「憲法の番人」に関する考察
『法律時報』八八巻五号（日本評論社、二〇一六年）一一頁

3　九条訴訟という錯綜体
『法律時報』八八巻九号（日本評論社、二〇一六年）五四頁

Ⅲ　権力に応じた義務

4　《通過》の思想家　サンフォード・レヴィンソンの憲法理論
藤田宙靖・高橋和之編『憲法論集――樋口陽一先生古稀記念』（創文社、二〇〇四年）六八八頁

5　裁判官の責任とは何か
『法の支配』一五七号（日本法律家協会、二〇一〇年）四二頁

6　法学原論の見えない系譜――［書評］小粥太郎著『民法学の行方』
『法学セミナー』六五三号（日本評論社、二〇〇九年）一一六頁

7　立憲主義のゲーム
『ジュリスト』一二八九号（有斐閣、二〇〇五年）七四頁

Ⅳ　権力者の錯覚

8　「人事」を尽して我意に任す
『法律時報』八六巻八号（日本評論社、二〇一四年）四頁
9　憲法解釈権力――その不在に関する考察
『法律時報』八六巻八号（日本評論社、二〇一四年）六頁
10　内閣の憲法解釈
岡田信弘・笹田栄司・長谷部恭男編『憲法の基底と憲法論――思想・制度・運用〔高見勝利先生古稀記念〕』（信山社、二〇一五年）一一五頁
11　権力者の自己言及
『法律時報』八九巻五号（日本評論社、二〇一七年）四頁
12　「最高権力者」の自己言及
『法律時報』八九巻五号（日本評論社、二〇一七年）一二頁
13　天皇の憲法解釈
『法律時報』九一巻九号（日本評論社、二〇一九年）九頁

著者略歴

1964年、東京に生れる。東京大学法学部卒業。現在、日本大学教授。
著書に『憲法的思惟』『尊厳と身分』ともに、岩波書店、2016年。

憲法解釈権力

2020年2月20日　第1版第1刷発行
2020年11月20日　第1版第3刷発行

著者　蟻《あり》川《かわ》恒《つね》正《まさ》

発行者　井村寿人

発行所　株式会社　勁《けい》草《そう》書房

112-0005 東京都文京区水道2-1-1　振替　00150-2-175253
（編集）電話 03-3815-5277／FAX 03-3814-6968
（営業）電話 03-3814-6861／FAX 03-3814-6854
平文社・松岳社

©ARIKAWA Tsunemasa 2020

ISBN978-4-326-45121-0　Printed in Japan

JCOPY ＜出版者著作権管理機構 委託出版物＞
本書の無断複写は著作権法上での例外を除き禁じられています。
複写される場合は，そのつど事前に，出版者著作権管理機構
（電話 03-5244-5088，FAX 03-5244-5089，e-mail: info@jcopy.or.jp）
の許諾を得てください。

＊落丁本・乱丁本はお取替いたします。
https://www.keisoshobo.co.jp

樋口陽一　六訂　憲法入門　四六判　一八〇〇円

樋口陽一　近代立憲主義と現代国家　新装版　A5判　四四〇〇円

遠藤比呂通　人権という幻　対話と尊厳の憲法学　四六判　二七〇〇円

小泉良幸　個人として尊重　「われら国民」のゆくえ　四六判　二五〇〇円

木庭　顕　[笑うケースメソッドⅡ]　現代日本公法の基礎を問う　A5判　三〇〇〇円

木庭　顕　新版ローマ法案内　現代の法律家のために　A5判　三四〇〇円

＊表示価格は二〇二〇年十一月現在。消費税は含まれておりません。